1ª edição - Julho de 2022

Coordenação editorial
Ronaldo A. Sperdutti

Preparação de originais
Marcelo Cezar

Capa
Juliana Mollinari

Imagem Capa
Shutterstock

Proibida a reprodução total ou parcial desta obra sem prévia autorização da editora.

Projeto gráfico e diagramação
Juliana Mollinari

© 2022 by Boa Nova Editora.

Av. Porto Ferreira, 1031 | Parque Iracema
CEP 15809-020 | Catanduva-SP
17 3531.4444

Revisão
Maria Clara Telles

Assistente editorial
Ana Maria Rael Gambarini

www.**lumeneditorial**.com.br
www.**boanova**.net

Impressão
Gráfica Loyola

atendimento@lumeneditorial.com.br
boanova@boanova.net

Dados Internacionais de Catalogação na Publicação (CIP)
(Câmara Brasileira do Livro, SP, Brasil)

Leonel (Espírito)
    De frente com a verdade / romance pelo espírito
Leonel ; [psicografia de] Mônica de Castro. -- 1. ed.
-- Catanduva, SP : Lúmen Editorial, 2022.

    ISBN 978-65-5792-052-7

    1. Espiritismo 2. Psicografia 3. Romance espírita
I. Castro, Mônica de. II. Título.

22-116055   CDD-133.9

Índices para catálogo sistemático:

1. Romance espírita psicografado : Espiritismo   133.9

Eliete Marques da Silva - Bibliotecária - CRB-8/9380

Impresso no Brasil – Printed in Brazil
01-07-22-3.000

MÔNICA DE CASTRO
ROMANCE PELO ESPÍRITO LEONEL

DE FRENTE COM A VERDADE

LÚMEN
EDITORIAL

CAPÍTULO 1

O livro que Marcela acabara de ler jazia inerte a um canto, a página final aberta e manchada pela umidade de suas lágrimas. Era um livro de poesias, de João Cabral de Melo Neto, em que a personagem central questionava se não seria melhor saltar da ponte e da vida. Aquela ideia lhe pareceu romântica, e ela se pegou invejando a criatura que, de forma tão corajosa, decidia abandonar as decepções da vida. Por que não podia ela fazer a mesma coisa?

A passos vagarosos, aproximou-se do armário do banheiro e abriu a porta de espelho oxidado, fitando o seu interior com angústia. Remexeu nas prateleiras até que encontrou o que procurava: um vidro de comprimidos para dormir. Revirou-o na mão e fechou a porta, apertando o frasquinho contra o peito. Duas grossas lágrimas escorrerem de seu rosto, e ela suspirou amargurada. De que adiantaria viver? Sua vida havia terminado naquela noite, no exato momento em que Luciana lhe dissera que tudo estava terminado. E ela simplesmente achava que não podia viver sem Luciana.

Ainda se lembrava do dia em que abandonara a família e a cidade de Campos para segui-la. Luciana sempre fora uma menina esperta, travessa e extrovertida, muito segura de si e de suas escolhas. Quando, finalmente, descobriu sua verdadeira orientação sexual, entregou-se a ela sem muitos questionamentos, não dando importância aos comentários maldosos a seu respeito. Em 1966, numa cidade pequena feito Campos de Goytacazes, foi um escândalo sem precedentes. Quando o fato caiu no domínio público, a família se revoltou, os amigos se afastaram, os professores a recriminaram e ela acabou sendo convidada a se retirar da escola normal que frequentava.

Foi por essa época que elas se conheceram. Os pais de Luciana a puseram de castigo, aos quase dezessete anos, proibindo-a de sair de casa e matriculando-a em outro colégio, do outro lado da cidade, onde os rumores ainda não haviam chegado. Apesar da revolta, Luciana concordou com as imposições dos pais. Era menor de idade e não tinha muitas escolhas. Queria sair de Campos, mas não pretendia fugir de casa para se tornar prostituta em uma cidade grande. Tinha ambições maiores. Pretendia terminar o curso normal para poder ingressar numa faculdade no Rio de Janeiro, onde poderia se misturar às multidões e fazer passar despercebida a sua vida sexual.

Quando Luciana entrou na sala no meio do ano, chamou a atenção de muita gente. Era o tipo de garota cujo comportamento fugia aos padrões. Entrou calada, porém, sorridente, e foi sentar-se no único lugar vago na sala, ao lado de Marcela. Como era nova na escola e não conhecia ninguém, logo travou conversa com Marcela, que, por sua timidez, não tinha muitos amigos. Da conversa, passaram aos encontros, e daí a um relacionamento mais íntimo não demorou muito. Em breve, as duas estavam namorando, sem que a família de Marcela sequer desconfiasse, e a de Luciana preferisse não saber.

Terminado o ano letivo, já agora com dezoito anos completos e formada professora, Luciana decidiu partir.

Chamou os pais e comunicou-os de sua decisão. Os pais demonstraram alívio e não se opuseram. Era mesmo melhor para eles verem-se livres daquela filha ingrata, a ovelha negra da família que só lhes trazia problemas e que manchara a sua reputação de gente honesta e direita. O pai ainda lhe deu dinheiro para as primeiras despesas, com a condição de que ela se arranjasse no Rio de Janeiro e não retornasse mais a Campos, a não ser que se *emendasse* e voltasse a ser uma *moça decente*. Luciana não questionou. Apanhou o dinheiro, arrumou a mala e partiu sem maiores complicações.

Para Marcela, as coisas não foram assim tão fáceis. Os pais nada sabiam sobre seu romance com Luciana e não queriam permitir que ela partisse com a amiga para uma cidade grande e cheia de tentações como o Rio. Não lhe deram nenhum apoio e chegaram mesmo a proibi-la de ir. Frágil demais para enfrentá-los, Marcela não insistiu, mesmo porque Luciana prometera escrever-lhe sempre. As cartas de Luciana chegavam regularmente, até que, um dia, a moça lhe escreveu dizendo que havia passado num concurso público e que agora dava aulas numa escola do município. Alugara um pequeno apartamento de quarto e sala no subúrbio e convidava Marcela para ir viver com ela.

A felicidade foi tanta que Marcela pensou que o peito fosse explodir. Mas o que poderia fazer? Contar aos pais seria loucura, porque eles jamais a deixariam partir. Aos dezenove anos, decidiu que o melhor seria fugir. Como não podia contar com a ajuda financeira do pai, escreveu a Luciana, que lhe enviou dinheiro suficiente para a viagem. Às escondidas, Marcela comprou a passagem e, no dia e hora marcados, subiu no ônibus e foi embora, ao encontro de Luciana, talvez para nunca mais retornar à terra natal.

Foi assim que seu relacionamento começou. Luciana estava indo bem na profissão e passou no vestibular para odontologia. Com sua ajuda, Marcela ingressou na faculdade de letras e conseguiu um emprego de auxiliar numa escola particular. Mais tarde, mudaram-se para um apartamento melhor, num bairro de classe média, e levavam a vida em paz e tranquilidade, sem ninguém para se intrometer em suas vidas. Os vizinhos nada sabiam sobre seu relacionamento e, para todos os efeitos, elas eram apenas estudantes vindas de outra cidade que dividiam um apartamento.

Essas lembranças fizeram estremecer o coração de Marcela. Haviam sido felizes por quase oito anos, e agora Luciana lhe dizia que tudo estava terminado. O que faria da vida dali para a frente? Na verdade, não tinha mais vida. A vida de Marcela havia acabado na hora em que Luciana cruzara a porta do apartamento, dizendo que não pretendia mais voltar. Ela ainda não entendia o que havia feito de errado. "Nada", dissera Luciana, mas ela não acreditava. Alguma coisa havia acontecido. Chegou a pensar que Luciana havia conhecido outra pessoa, mas ela lhe assegurou que não. Simplesmente o amor que as unira no passado havia terminado, e ela achava que já era hora de cada uma seguir o seu próprio caminho.

Mas os caminhos de Marcela estavam entrelaçados aos de Luciana, ou assim ela pensava. Não podia e não queria viver sem ela. Quando ela se foi, Marcela ficou desesperada e se atirou num choro profundo, até que apanhou um livro de poesias, que era a única coisa que a fazia se acalmar. Começou a ler *Morte e Vida Severina*, até que aquela passagem lhe chamou a atenção. Assim como a personagem, ela também duvidava se ainda valia a pena viver. A miséria também havia invadido a sua vida, pela carência de amor. *Saltar da ponte* lhe parecia a única solução, e aquelas pílulas seriam sua ponte para a outra vida, para o nada, para uma existência em que o vazio não a faria sentir a falta da presença de Luciana.

Marcela sentou-se na cama e ficou olhando o vidro de remédios, ainda hesitando entre tomá-los ou não. De vez em quando, olhava para o livro no chão e para o retrato de

Luciana na mesinha de cabeceira, e seus olhos voltavam a derramar lágrimas sentidas.

— Ah! Luciana, não posso viver sem você! Por que fez isso comigo, por quê?

Ao pensar na amada, Marcela sentia que não havia outra saída para a sua dor. Ou era a morte, ou a vida vazia. Preferia morrer. Decidida, levantou-se e foi apanhar água na cozinha. Voltou para o quarto e derramou o vidro de remédios nas mãos, enfiando-os todos na boca e sorvendo a água em goles largos. Repetiu esse movimento até não restar mais nenhum comprimido no frasco. Chorando cada vez mais, deitou-se na cama, acomodando-se sobre os travesseiros. Apanhou o retrato de Luciana, agarrou-se a ele e fechou os olhos. Agora era só esperar a chegada da morte.

Ao sair do apartamento que dividia com Marcela, Luciana sentia a garganta estrangular. Afinal, foram muitos anos de convivência, e, por mais que ela não quisesse continuar a viver com Marcela, não lhe era indiferente. Haviam sido amigas, amantes e confidentes por muito tempo. Dividiram alegrias, tristezas e dificuldades. Venceram na vida sozinhas, lutando contra tudo e contra todos, firmando-se no mundo como mulheres e pessoas de bem. Aquilo não era um nada. Ao contrário, era algo para se lembrar e orgulhar por toda a vida.

Naquele último ano, as coisas entre as duas não iam nada bem. Luciana sentia vontade de conhecer outras pessoas, de viajar, de frequentar seminários e congressos relacionados à sua profissão. Mas Marcela, embora não se opusesse, ficava insegura com a sua ausência, telefonando a toda hora para os hotéis em que ela se hospedava, cobrando as ligações não retornadas, temendo que ela se interessasse por mais alguém. Mas o que Luciana queria era viver com liberdade.

Embora gostasse de conhecer pessoas interessantes, não era sexualmente que procurava se envolver com elas. Apreciava as conversas intelectuais, principalmente aquelas relacionadas a sua profissão.

Pena que Marcela fosse tão insegura e assustada. A muito custo conseguira passar num concurso também, para dar aulas de português numa escola científica. Ela, Luciana, deixara o magistério para se dedicar à odontologia, para se entregar exclusivamente ao pequeno consultório que, com muito sacrifício, conseguira montar no Méier, juntamente com Maísa, uma amiga de faculdade. Afinal, fora para isso que juntara dinheiro por tantos anos, para poder realizar o seu sonho de ter um consultório que fosse seu.

A insegurança e os medos de Marcela foram, talvez, os maiores responsáveis pelo fim de seu relacionamento. Luciana era muito decidida e segura, independente e confiante, tudo o que Marcela não era. Isso a decepcionava, porque Marcela era o seu oposto e não lhe causava admiração. Nunca fazia o que Luciana esperava, encolhia-se diante de tudo e de todos, sempre com medo de que descobrissem o seu relacionamento. Tal atitude foi cansando Luciana cada vez mais, até que, saturada e sem ver perspectivas de mudança em Marcela, decidiu que o melhor mesmo, dali em diante, seria se separarem.

Durante muito tempo, Luciana sentiu-se responsável por Marcela, por tê-la convencido a deixar Campos e a segurança dos pais. Fora Maísa quem lhe mostrara que Marcela era dona de sua vida e capaz de decidir o seu próprio caminho.

— Sei como se sente — dissera Maísa. — Marcela veio de Campos atrás de você. Mas veja o que fez por ela. Não fosse por você, ela não estaria formada nem teria o emprego que tem. Se é professora de letras, é graças a você.

— Não é bem assim, Maísa — contestou Luciana. — Marcela sempre foi muito inteligente.

— Mas não é nada decidida. É medrosa e insegura. Foi você quem lhe deu forças, quem a encorajou a ser alguém.

Agora está na hora de ela caminhar com as próprias pernas. Não é justo que você se mantenha presa a quem não ama só por sentimento de culpa ou gratidão.

Maísa tanto falou, que Luciana resolveu tomar aquela decisão. Gostava muito de Marcela, mas não podia mais viver com ela. Queria liberdade para desfrutar da indepen- dência recém-conquistada. E depois, não era justo abrir mão de seus planos para satisfazer as carências de Marcela. Ela agora era uma mulher mais madura e capaz de gerir a própria vida.

Por isso, tomou aquela atitude. Foi difícil terminar uma relação de mais de sete anos, mas ela estava decidida. Pro- curou ser o mais amável possível, sem deixar de ser sincera. Expôs a Marcela os seus sentimentos, seus anseios, e afir- mou que a decisão era irrevogável. Não a amava mais, em- bora lhe tivesse muito afeto. Queria o melhor para ela, mas queria o melhor para si também. Podiam continuar sendo amigas, mas sem envolvimento emocional ou sexual.

Quando Marcela desatou a chorar e atirou-se em seus braços, implorando-lhe que não partisse, Luciana quase de- sistiu, mas algo dentro dela lhe dizia que seria pior. Estaria alimentando uma mentira e passaria a viver insatisfeita para que Marcela não sofresse. Não era justo nem com ela, nem com Marcela. O melhor, para ambas, era a separação, por mais que Marcela não conseguisse enxergar dessa forma. Com firmeza, Luciana desvencilhou-se de Marcela, apanhou a mala e partiu apressada, esquecendo-se até de deixar suas chaves. Sabia que Marcela não a seguiria, com medo de que os vizinhos percebessem que ela estava desesperada por ter sido abandonada por outra mulher.

Luciana partiu, e Marcela ficou chorando atrás da porta, até que resolveu tomar aquela atitude extrema e deses- perada. Embora Luciana não soubesse de suas intenções, uma inquietação começou a se alastrar pelo seu peito, e um medo indizível se apossou de seu coração. E se Marcela fizesse alguma besteira? Luciana foi caminhando com aquela sensação horrível, tomou um táxi e se dirigiu para o apartamento de Maísa, com quem iria morar dali em diante. Maísa não era homossexual, mas era pessoa de cabeça aberta e sem preconceitos, cujos pais a enviaram cedo para estudar no Rio de Janeiro.

Ao chegar à casa de Maísa, a amiga estava terminando de lavar a louça do jantar, e Luciana pousou a mala na saleta e foi ao seu encontro na cozinha.

— Sinto se não a esperei para jantar — disse Maísa —, mas você demorou muito e eu estava morrendo de fome. Mas ainda tem arroz e feijão na panela. É só fritar um bife. Ah! E tem salada na geladeira.

— Não quero nada, Maísa, obrigada.

Maísa enxugou as mãos no pano de prato e aproximou-se de Luciana, que se sentou à mesa.

— E aí? Como é que foi? Correu tudo bem?

— Pior do que eu imaginava. Marcela não quis aceitar e ficou desesperada. Tive que largá-la chorando e sair meio na marra.

— Que coisa chata.

— Sim, foi muito chato. E triste também.

— Mas o importante é que você conseguiu.

— Consegui... é, consegui. Mas estou preocupada. Sinto que Marcela é capaz de alguma besteira.

— Será?

— Não sei. Meu coração está pequenininho.

— Você quer que eu dê um pulo lá e veja se está tudo bem?

— Você faria isso?

— É claro. Não me custa nada. E depois, também não quero que Marcela faça nenhuma besteira.

De posse das chaves que Luciana esquecera de entregar, Maísa chegou ao apartamento de Marcela. Tocou a campainha uma, duas, três vezes, e nada de ela abrir. Encostou o ouvido na porta, mas não escutou nada. Ou ela havia saído, ou não queria atender, ou, o que era pior, alguma coisa havia acontecido. Maísa não podia esperar mais. Apanhou a chave na bolsa e meteu-a na fechadura, abrindo-a com mãos trêmulas.

— Marcela! — chamou. — Oi! Você está aí?

O apartamento estava escuro e em total silêncio, e Maísa foi acendendo as luzes por onde passava. Acendeu a sala, o corredor, e deu uma espiada na cozinha, do outro lado. Ela parecia deserta, e Maísa seguiu para o quarto. A porta estava fechada, e ela bateu de leve. Ninguém respondeu, e ela bateu novamente. Silêncio. Experimentou a maçaneta, que cedeu de imediato. Maísa empurrou a porta, que foi se abrindo lentamente, e acendeu a luz. Rapidamente, passou os olhos pelo quarto e viu...

Num átimo, compreendeu tudo. Marcela deitada na cama, o retrato de Luciana em seus braços, o frasco de remédio no chão. Maísa soltou um grito de pavor e correu para a outra, tentando escutar seu coração. As batidas pareciam fracas, a respiração, quase inexistente. Mais que depressa, correu para o telefone e ligou para o pronto-socorro. Deu o endereço ao atendente, explicou mais ou menos a situação, largou o fone no gancho e arrancou o retrato de Luciana das mãos de Marcela, saindo às pressas logo em seguida.

Coração aos pulos, Maísa desceu as escadas correndo e foi ocultar-se do outro lado da rua, sob a sombra de um poste cuja lâmpada estava queimada. Pouco depois, uma ambulância apareceu, e homens vestidos de branco entraram apressados no edifício. Mais atrás, uma patrulhinha estacionou, e dois guardas desceram. Alguns vizinhos apareceram nas janelas, mas ninguém sabia de nada, ninguém a havia visto. Maísa tinha medo de qualquer coisa que se relacionasse à polícia, por causa de seu envolvimento com o movimento estudantil na faculdade. Fizera parte da UNE e chegara a ser fichada na polícia, mas o pai do namorado, que era desembargador no Tribunal de Justiça, conseguira soltá-la. De lá para cá, jurara a si mesma que não se envolveria mais com política ou a ditadura, e evitava qualquer contato com a polícia.

Instantes depois, os enfermeiros apareceram carregando a maca, com o corpo de Marcela estendido, e Maísa apertou os dentes na mão cerrada. Estaria ela morta? Não saberia dizer. Esperou até que os guardas saíssem também e voltou para casa.

— E então? — indagou Luciana, logo que ela abriu a porta. — Como é que ela está?

Maísa estava lívida feito uma folha de papel. Apanhou um copo d'água e bebeu avidamente, jogando-se pesadamente no sofá.

— Você nem queira imaginar — começou ela a dizer. — Quando cheguei lá, encontrei Marcela deitada na cama, agarrada ao seu retrato, com um vidro de pílulas para dormir caído no chão.

— Meu Deus! Ela está morta?

— Não sei. Quando saí, ela estava respirando.

— Você a deixou lá?

— É claro que não. Liguei para a emergência e me mandei. Ah! E tirei a foto de suas mãos.

Maísa apanhou na bolsa o retrato de Luciana, estendendo-o a ela.

— Por que fez isso? — quis saber Luciana.

— Você sabe que não posso ter complicações com a polícia. Pensei que você também não quisesse. Imagine o que a polícia não vai dizer quando descobrir que ela tentou se matar por sua causa.

— Mas o que aconteceu a ela? Para onde a levaram?

— Para o hospital, é claro.

— Que hospital? Como é que vamos saber para onde ela foi?

— Quer um conselho, Luciana? Sei que é difícil, mas é melhor esquecer o que houve. Não há nada que você possa fazer. Marcela está sendo cuidada, não é mais problema seu.

— Como pode ser tão fria, Maísa? E se ela morrer?
— Não quero que ela morra, mas não podemos fazer mais nada. Agora, é com os médicos.
— Você está é com medo de que a polícia venha bater aqui, não é?
— Já disse que não posso me envolver...
— Eu sei, eu sei! Mas eu também não posso ficar aqui sentada sem saber o que aconteceu a Marcela. Tenho que fazer alguma coisa.
— Acho melhor você não fazer nada. A polícia vai querer saber quem foi que telefonou.
— Posso dizer que fui eu.
— Ah! É? E por que se mandou? Só foge quem é culpado. Pelo amor de Deus, Luciana, não me crie problemas. Mais tarde, posso pedir ao Breno para ver se o pai dele descobre alguma coisa.

Embora contrariada, Luciana acabou aquiescendo. Tinha medo de comprometer Maísa, que tudo fizera para ajudar. Em consideração a ela, esperaria até o dia seguinte, quando Breno, seu namorado, poderia obter algum tipo de informação através do pai. Mas se ele não conseguisse nada, ela mesma iria procurar Marcela, nem que tivesse que telefonar para todos os hospitais da cidade.

Quando Marcela abriu os olhos, a primeira coisa que viu foi um moço louro, olhos azuis, todo vestido de branco, sorrindo para ela.
— Eu morri? — divagou ela, ainda meio zonza.
— Isto aqui não é o céu nem eu sou o seu anjo da guarda — respondeu o rapaz, endereçando-lhe um sorriso compreensivo. — Você está no hospital do Andaraí, e eu sou o médico de plantão.
— Médico? Hospital? Mas o que...?

Só então Marcela se lembrou do que havia acontecido: de Luciana, do desespero, dos remédios. Sentiu-se profundamente constrangida com a situação. Tinha medo de que descobrissem que ela havia tentado se matar por causa de outra mulher.

— Está tudo bem — confortou o médico. — Conseguimos chegar a tempo.

— Obrigada — falou ela timidamente.

Em seguida, fechou os olhos e adormeceu. Certificando-se de que ela voltara a dormir, o médico auscultou-a ainda uma vez e foi cuidar de outros doentes. Não conseguiu, contudo, desviar os pensamentos daquela moça. Havia algo nela que lhe chamara a atenção. O que levaria uma jovem tão linda àquele ato extremo? Na certa, fora abandonada pelo namorado e não conseguira suportar a separação. E onde estariam seus pais? Por que ninguém aparecera para cuidar dela?

Mais tarde, ao retornar à enfermaria, Marcela já estava acordada, tomando a sopa que a enfermeira deixara a sua cabeceira.

— Olá — cumprimentou ele gentilmente. — Que bom que já está melhor.

— Obrigada... — murmurou ela, enfiando a colher de sopa na boca para não precisar dizer mais nada.

— Você se chama Marcela, não é?

— Como é que soube?

— A polícia me informou.

— Polícia? Mas eu não fiz nada de errado!

— Bem, você tentou se matar, e isso é caso de polícia. Sabe como é, eles têm que saber se foi tentativa de suicídio mesmo.

— Isso foi... uma loucura. Eu estava fora de mim.

— Não precisa falar nada. Sei o quanto deve ser doloroso para você. Procure não se lembrar de coisas tristes agora.

— Obrigada, doutor...

— Flávio. Mas não precisa me chamar de doutor, não.

Marcela achou encantador o sorriso de Flávio e abaixou os olhos, envergonhada. Nunca, em toda a sua vida, tivera tal pensamento com relação a um homem.

— Quando vou ter alta?

— Amanhã. Você está muito bem, e não vejo motivos para mantê-la aqui. — Notando o seu ar de tristeza, Flávio considerou: — O que há? Não está contente por poder sair?

— Estou... Mas é que...

A frase morreu em seus lábios. Em lugar de palavras, o que saiu de sua boca foram soluços angustiados e sentidos, e ela afundou o rosto no travesseiro, chorando copiosamente. Penalizado, Flávio alisou os seus cabelos, sentindo estranha comoção a dominá-lo, e retrucou com ternura:

— Chorar faz bem à alma e ao coração. Deixe que as lágrimas lavem o seu peito de toda a dor.

Ouvindo tão ternas palavras, Marcela redobrou o pranto, agarrando a mão que a acariciava. Só depois de muitos minutos foi que ela parou, e, durante todo aquele tempo, Flávio permitiu que ela segurasse a sua mão, apertando a dela como a lhe transmitir força. Quando ela, finalmente, se acalmou, enxugou os olhos e, evitando encará-lo, disse em tom de desculpas:

— Sinto muito, doutor Flávio... É que é tudo tão difícil...!

— Eu sei, compreendo. Você passou por momentos realmente difíceis. Esteve entre a vida e a morte, e, embora eu não saiba nem queira saber que motivos a levaram a tão desesperado ato, sei que deve ter sido algo também muito difícil. Mas você está viva, e é isso o que importa.

— Estou sozinha no mundo. Nada mais me resta...

— Não diga isso. Você é jovem, tem a vida toda pela frente.

— Sinto que minha vida acabou...

Flávio estava certo de que Marcela havia passado por grave decepção amorosa, mas não queria constrangê-la nem reavivar lembranças dolorosas.

— Sua vida mal começou — tornou ele, animador. — Pessoas e coisas vêm e vão de nossas vidas, deixam marcas em nossos corações, mas não têm o poder de levar nossa alegria com elas. Você só precisa se recuperar e descobrir quantas coisas boas pode fazer por você.

— Não posso fazer nada por mim.

— Não é verdade. Pode dar o melhor de si. E a sua contribuição para o mundo?

— Não tenho nada para dar ao mundo.

— Não acredito. O que você faz?

— Sou professora de literatura.

— É mesmo? Viu só como você é útil e importante? Quantos alunos dependem de você, neste momento, para se educar e crescer?

— Há muitos professores de literatura no mundo.

— Mas se você sumir, o mundo vai ter um a menos. Não será uma pena?

Marcela não pôde deixar de sorrir. O doutor Flávio estava se esmerando para animá-la, e ela ficava contradizendo tudo o que ele dizia, com um pessimismo que já começava a ser desagradável.

— O senhor tem razão, doutor. O que fiz foi uma tolice, mas eu estava desesperada.

— Desespero também vem e vai. Se tivermos paciência e confiança, ele desaparece como veio.

— O senhor é sempre assim tão otimista?

— Muito mais quando deixam de me chamar de senhor — ela riu com mais desenvoltura, e ele sentiu que estava preso àquele sorriso ingênuo e até mesmo infantil. — Sabia que tem um lindo sorriso? — prosseguiu ele, fazendo-a corar.

— Está sendo gentil — retrucou ela, ao mesmo tempo feliz e embaraçada com aquele elogio.

— Quantos anos você tem?

— Vinte e seis, quase vinte e sete.

— Tudo isso? Parece mais jovem.

— Obrigada. E você, quantos anos tem?

— Vinte e nove — e, baixando a voz, acrescentou em tom jovial. — E ainda estou solteiro.

Ela tornou a rir e, quando deu por si, estava em animada conversa com aquele médico desconhecido. Ficaram conversando amenidades por quase uma hora, até que a enfermeira veio chamá-lo para atender outro paciente.

— Virá me ver antes de eu ir embora? — indagou ela, só então se dando conta do quanto a companhia dele lhe fazia bem.

— É claro! Ou pensa que vou deixá-la me abandonar assim?

Ele sorriu e lhe atirou um beijo com as mãos, que ela fingiu apanhar no ar. Por uns momentos, desligara-se da realidade, presa ao encantamento daquele médico. O que seria aquilo? Por que sentira tanta simpatia por um estranho? Marcela nunca tivera um namorado. A única pessoa com quem se relacionara fora Luciana. O que estaria acontecendo agora que a fazia interessar-se por um homem? Será que estaria mesmo interessada? Ou se deixara levar pela gentileza com que ele a tratava em momento tão difícil? De qualquer forma, era muito bom sentir-se admirada e desejada, ainda mais por um rapaz bem-apessoado como o doutor Flávio.

CAPÍTULO 2

Enquanto isso, Luciana se retorcia de preocupação, colada a Breno, namorado de Maísa, que tentava descobrir o paradeiro de Marcela. Alguns telefonemas depois, finalmente descobriu-a no hospital do Andaraí, onde dera entrada dois dias antes e fora imediatamente socorrida, submetendo-se a uma lavagem estomacal para retirada dos muitos remédios para dormir que havia ingerido. Naquele momento, encontrava-se bem e fora de perigo.

— Graças a Deus! — exclamou Luciana, bastante aliviada. — Por instantes, temi pelo pior.

— Viu? — tornou Maísa. — Ela está bem. Está satisfeita?

— Gostaria de visitá-la.

— Não sei se seria boa ideia — rebateu Breno. — A polícia pode fazer perguntas.

— Mas que medo da polícia, vocês dois, hein?

— Sabe que Maísa não pode se envolver.

— Sei, sei. Mas e eu? Não tenho nada com isso.

— Por favor, Luciana — pediu Maísa — , não vá lá. Ela está bem. Você pode visitá-la depois.

— Mas ela vai achar que eu não estou me importando!

— Ou pode pensar que você se arrependeu e quer voltar.

— Ora, Maísa, francamente, isso não é hora de pensar nisso.

— Mande-lhe algumas flores — sugeriu Breno.

— Isso também pode não ser uma boa ideia — contrapôs Maísa. — A polícia pode querer saber quem foi que mandou as flores.

— Querem saber de uma coisa, vocês dois? — redar-guiu Luciana, irritada. — Vou mandar-lhe flores, sim. E se a polícia fizer perguntas, azar. Direi que fui eu que chamei a emergência e que fugi apavorada.

Sem dar atenção aos protestos de Maísa, Luciana comprou um lindo buquê de rosas amarelas e enviou a Marcela, no hospital. Queria ir pessoalmente, mas ainda não estava certa se seria mesmo uma boa ideia. Maísa dissera tantas coisas sobre polícia, que ela, no fundo, tinha medo de comprometer a amiga. Mas flores, ela pensava, não fa-riam nenhum mal.

Para a polícia, o caso estava encerrado antes mesmo de começar. Assim que viram a moça estirada na cama, com o vidro de remédios ao lado, os policiais concluíram que se tra-tava mesmo de uma tentativa de suicídio. Não havia dúvidas. Os vizinhos disseram que ela morava com uma amiga, e eles deduziram que a tal amiga fugira com o namorado dela, o que a levara ao gesto extremo. Não havia mais o que questionar.

───❦───

Ao despertar na manhã seguinte, Marcela sentiu o perfu-me suave das flores invadindo suas narinas e surpreendeu-se vendo que elas haviam sido enviadas por Luciana.

— Enfermeira! — chamou ela, com o cartãozinho nas mãos. — Quem trouxe estas flores?

— O rapazinho da floricultura. Não são lindas?

— E a pessoa que as enviou? Não veio também?

— Ninguém veio visitá-la, sinto muito.

— Não tem importância.

— Não fique triste. Você vai sair hoje. O doutor Flávio, em pessoa, disse que virá para assinar a alta. Ele não é bonitão? — ela assentiu, sem graça. — E parece que gostou de você.

— Acho que não é bem assim. Ele estava apenas sendo educado.

— Muito educado! Ora, vamos, menina, não ligue para esse antigo namorado. Foi por causa de um rapaz, não foi? Que você tentou se matar? Esqueça-o. Ele não a merece.

Marcela sorriu meio sem jeito e ocultou o cartão entre as mãos. Não queria que ninguém soubesse que ela tentara se matar por causa de uma mulher.

— Vou esquecer — afirmou ela, achando que seria melhor que todos pensassem que a tentativa de suicídio fora devido a um namorado.

— Ah! Veja, o doutor Flávio já chegou. Adeus, menina, e boa sorte.

— Bom dia — cumprimentou ele, tomando-lhe o pulso nas mãos. — Sente-se bem?

— Sim.

— Ótimo — em seguida, auscultou-a novamente, examinou seus olhos e apertou sua barriga. — Sente alguma dor?

— Não.

— Muito bem. Você já pode ir. Tem alguém para buscá-la?

Instintivamente, Marcela olhou para as flores ao lado da cama e respondeu com tristeza:

— Não.

Foi então que Flávio notou as rosas amarelas e retrucou com um certo desapontamento:

— Vejo que você tem um admirador.

— Não. São... de uma amiga.

— Uma amiga? Tem certeza?

— Tenho.

Ela exibiu o envelope onde Luciana depositara o cartãozinho e, ao ler o nome da moça, Flávio suspirou mais animado.

— Menos mal. Pensei que mais alguém estivesse interessado em roubar o seu coração.

— Mais alguém?

— Não diga nada, mas eu sou o outro alguém — ela corou violentamente e não respondeu. — Desde ontem, não consigo parar de pensar em você. Será que não podemos nos encontrar fora daqui?

— *Nos encontrarmos fora daqui?*

— Sei que o momento não é o mais apropriado, mas gostaria de, ao menos, ser seu amigo.

— Meu amigo?

— Será que você vai ficar repetindo tudo o que eu digo? Por que não me dá uma resposta direta? Se você não quiser se encontrar comigo, tudo bem, eu vou embora e nós nunca mais nos veremos. Mas se você me der uma chance, prometo que não vai se arrepender.

Pelo jeito como falava, Flávio parecia muito interessado nela. E, pelo visto, nada sabia sobre seu envolvimento com Luciana. Marcela ficou se perguntando o que todos teriam pensado ao encontrá-la inconsciente, agarrada ao retrato da outra, mas não teve coragem de perguntar. Talvez Flávio não soubesse desse detalhe, e não seria ela quem iria lhe dizer. Ainda mais porque se sentia imensamente atraída por ele. Não compreendia de onde vinha tanta atração, mas, naquele momento, não tencionava questionar. Podia ser que Flávio representasse apenas um amigo, alguém em quem pudesse se apoiar naquele momento tão difícil, e depois ela se desinteressasse dele com a mesma velocidade com quem se interessara. Fosse como fosse, precisava ocultar-lhe a verdade a qualquer custo.

— Gostaria muito de encontrá-lo fora daqui — sussurrou ela, finalmente.

— Sério?

— Sério. Você me parece uma boa pessoa, e estou precisando de um amigo.

— Excelente! Onde é que você mora?

— Dê-me um pedaço de papel, que escreverei meu telefone e o endereço.

Ele catou no bolso um pedacinho de papel, uma caneta e estendeu-os a ela, que os apanhou e anotou tudo. Devolveu-os, e ele a fitou com interesse.

— Quando poderei vê-la?

— Quando quiser.

— Saio do plantão às sete. Posso passar na sua casa às oito? Apanhá-la para jantar?

— Às oito horas está bom. Estarei esperando. — Marcela abaixou novamente os olhos, engoliu em seco e prosseguiu constrangida: — Flávio... Não sei como lhe dizer isto, mas... estou sem dinheiro. Quando me trouxeram para cá, vim sem a carteira. Será que você podia me emprestar dinheiro para o táxi? Pago-lhe quando você chegar lá em casa.

Ele retirou algumas notas do bolso e depositou-as na mão de Marcela, acrescentando com carinho:

— Vá com calma, menina. Não deixe que nada mais lhe aconteça. De hoje em diante, você tem um amigo que se interessa por você.

Marcela podia sentir a sinceridade na sua voz, e uma calma inigualável foi tomando conta dela. Ele teve que sair para atender outros doentes, e ela se levantou, indo aprontar-se para sair. Meteu o cartãozinho de Luciana no bolso, apanhou as flores do vaso e se foi.

———❧———

O apartamento parecia vazio sem os vestígios de Luciana. O armário sem roupas, um buraco na estante onde ficavam seus livros. Marcela estava sozinha, e uma profunda tristeza a foi dominando por inteiro. De repente, a lembrança de Luciana lhe trouxe lágrimas aos olhos, e ela se atirou na cama, chorando sem parar. Ficou deitada por quase uma hora, acariciando o lugar que ainda guardava o cheiro de Luciana.

Tudo parecia um sonho, ou melhor, um pesadelo. As flores que Marcela colocara no vaso, em cima da escrivaninha, davam-lhe a certeza de que Luciana se fora de vez. Ela era sempre muito segura e não costumava voltar atrás em suas decisões. Nunca se arrependia de nada, porque pesava muito os prós e os contras antes de agir.

Luciana não tinha medo de viver. Fazia o que bem entendia e enfrentava as dificuldades com coragem e persistência, sem depender de ninguém. Não era feito ela, medrosa e insegura, dependente do amor e da presença de mais alguém. Desde que saíra de Campos, nunca ficara sozinha. As duas, até então, estavam sempre juntas, saíam juntas, viajavam juntas. Luciana não se importava com o que as pessoas pensassem dela e, embora não assumisse publicamente que vivia com outra mulher, não se escondia do mundo nem inventava mentiras para manter as aparências.

Na faculdade, Marcela sempre se esquivara das outras moças, com medo de que lhe fizessem perguntas e acabassem descobrindo sua relação com Luciana. Para todos os efeitos, elas eram apenas duas amigas que vieram de Campos e dividiam agora um apartamento. Se alguém desconfiou, não disse nada, e Marcela também não pediu a opinião de ninguém. Os rapazes, no começo, ainda tentaram umas investidas, mas ela era tão fria, tão distante e fechada que eles logo desistiram.

Só vivia para Luciana. Por que ter outros amigos se Luciana lhe bastava? Embora ela lhe dissesse que era bom ter novas amizades, Marcela não conseguia. O medo e a insegurança a afastavam de todos, e ela pensava que, enquanto tivesse Luciana, não precisaria de mais ninguém. Achava que a outra também agiria assim e ficou um tanto decepcionada quando ela voltou para casa, um dia, em companhia de Maísa. Marcela ficou ofendida e magoada, com ciúmes e insegura. Mas Maísa mostrou-se desligada de tudo aquilo e apareceu depois com o namorado, deixando claro que não estava interessada em Luciana. O ciúme foi passando, até que ela teve certeza de que as duas eram apenas amigas, e Luciana havia se aproximado de Maísa porque ela era uma moça livre, que também saíra de casa, no interior, para vir estudar no Rio, e não se importava se elas eram lésbicas ou não. Bem diferente das outras garotas, que viviam com os pais e estavam acostumadas a fazer tudo certinho.

Foram tempos maravilhosos ao lado de Luciana, mas aquilo agora havia acabado. Por causa dela, Marcela quase cometera uma loucura. Nem sabia por que não tinha morrido. Alguém a socorrera, mas ela não sabia quem fora. E o retrato de Luciana, ao qual se agarrara antes de perder a consciência? Onde teria ido parar? Procurou-o rapidamente, mas não o encontrou por ali. Talvez Luciana tivesse voltado e a encontrado desmaiada, chamando então os médicos e levando consigo o retrato. Só podia ser isso.

A campainha do telefone soou estridente, e Marcela levou um susto, correndo para ele com ansiedade. Talvez fosse Luciana. Só podia ser Luciana!

— Alô? — atendeu com excitação.

— Marcela, é você?

A voz de homem a assustou, e ela respondeu decepcionada:

— Eu mesma. Quem é?

— Flávio. Já se esqueceu de mim?

Ela se lembrou do médico novamente, e seu coração se desanuviou. De repente, a imagem de Luciana desapareceu de seus pensamentos, e uma alegria incontida tomou conta de sua alma.

— Doutor Flávio! É claro que não me esqueci do senhor.

— Pensei que já tivéssemos superado a fase das formalidades.

Ela riu gostosamente e retrucou de bom humor:

— Desculpe-me, Flávio. É que minha mãe me ensinou a ser uma moça educada.

— Você é. Educada e maravilhosa. — Ela não respondeu, intimamente sorrindo ante aquelas palavras. — Ei! Você ainda está aí?

— Estou aqui.

— Que bom. Pensei que já tivesse me abandonado antes mesmo de começar a sair comigo.

— É claro que não.

— Ótimo. E agora, deixemos as brincadeiras de lado. Liguei para saber como você está passando.

— Estou bem.

— Nenhuma depressão? Sabe como é, a volta para casa costuma trazer lembranças que reavivam o desejo de morrer.

Ele foi tão direto que ela se chocou e respondeu com hesitação:

— Não quero morrer... Não mais.

— Fico feliz. Então, descanse por hoje, ou melhor, até a noite, e arrume-se bem bonita. Vou levá-la a um lugar especial.

— Que lugar?

— Você vai ver. Um beijo e até mais.

— Outro...

Flávio desligou o telefone, e ela pousou o fone no gancho. O que seria aquilo que estava sentindo? Nunca se interessara por nenhuma outra pessoa além de Luciana, mas agora se pegava pensando naquele médico. Era bonito, charmoso e muito espirituoso. E estava interessado nela. Será que ela estaria se interessando por ele também? Ou estaria apenas sensibilizada com tanta atenção? Pensando nisso, Marcela desejou que aquele sentimento que começava a brotar pelo médico não se extinguisse com o passar do tempo. Estava sendo muito bom sentir-se desejada por ele, e mais, desejá-lo também. De repente, ficou imaginando como seria fazer amor com um homem, e seu corpo encheu-se de desejo. Que novas sensações seriam aquelas que estava experimentando?

Subitamente, percebeu que queria estar bonita para quando ele chegasse. Deixando de lado a saudade de Luciana, abriu a porta do armário e começou a revirar suas roupas. Não tinha nada deslumbrante. Não costumava ser feminina, vestia-se com simplicidade, geralmente de calça jeans e camiseta de malha. Mesmo quando ia trabalhar, colocava uma saia reta e sem graça, sapatos rasteiros e quase não usava maquiagem. Só um pouco de *rouge* e batom bem clarinho.

Naquela noite, contudo, usaria algo especial. Queria impressionar Flávio. Antes, queria impressionar a si mesma. Uma vontade de se fazer bonita para ele a foi dominando, e ela amaldiçoou o armário. Precisava sair e comprar roupas novas. Iria começar uma nova vida dali em diante, e a mudança no guarda-roupas seria a primeira que empreenderia. Tomou um banho rápido, vestiu-se apressada e foi às compras.

Ainda bem que era período de férias escolares, e ela podia fazer de seu tempo o que bem entendesse. Passou a manhã toda fazendo compras, o que a ajudou a não pensar em Luciana. Comprou coisas bonitas, que nunca antes havia usado, e voltou para casa satisfeita, carregada de embrulhos. Fez uma arrumação no armário, separando as peças que já não queria mais, e usou o lado de Luciana para guardar as roupas e os sapatos novos.

A tarde passou, e ela nem percebeu. Ao terminar a arrumação, estava cansada e com fome, mas valera a pena. Juntara duas sacolas de roupas usadas, que entregaria num asilo, e o armário estava limpo e arrumado, cheio de roupas bonitas penduradas e sapatos brilhantes enfeitando a sapateira. Terminara tudo bem a tempo. O relógio da sala batera as seis horas. Era hora de começar a se aprontar.

Marcela tomou um banho demorado, lavou os cabelos e escolheu o vestido branco que comprara especialmente para aquela noite. Calçou sandálias de salto alto, que não estava acostumada a usar, e passou a maquiagem desajeitadamente. Atrapalhou-se um pouco com a sombra e o lápis de olho, mas insistiu até conseguir um bom resultado. O cabelo precisava de um corte, mas não estava ruim, e ela o penteou vigorosamente, deixando-o solto por cima dos ombros. As unhas estavam pintadas com um esmalte quase branco, e ela decidiu que, da próxima vez, usaria um tom mais vivo, como um rosa ou um vermelho. Ao final, olhou-se no espelho, deu uma, duas voltas, apreciando o efeito que a roda do vestido fazia, e sorriu satisfeita, muito satisfeita. Nunca se achara tão bonita como naquele dia.

Às oito horas em ponto, Flávio tocou a campainha, e seu coração deu um salto. Será que ele a acharia bonita? Queria, desesperadamente, que ele a achasse bonita. E Luciana? Se a visse daquele jeito, será que aprovaria? Não, não queria pensar em Luciana. Balançou a cabeça de um lado a outro, apanhou a bolsa nova e saiu cambaleante, tentando se equilibrar no imenso salto a que não estava acostumada.

— Você está linda — elogiou Flávio assim que ela apareceu, beijando-a de leve no rosto. — Realmente deslumbrante.

— Obrigada — falou ela, abaixando os olhos e corando levemente.

Foram a um restaurante elegante, onde Flávio já era conhecido e havia reservado uma mesa. Escolheram os pratos, e ele pediu champanhe. Esperou até que o garçom os servisse e levantou a taça, dizendo com animação:

— Ao futuro e à vida — e, olhando fixamente em seus olhos, concluiu: — E a nós dois.

Ela apenas sorriu e brindou com ele. Estava feliz e satisfeita, nem pensava em Luciana.

— Como foi o seu dia? — indagou ele, para puxar assunto.

— Foi bom. Fiz umas compras e arrumei o armário.

— Muito bem! Nada como jogar fora o velho para começar vida nova.

— É verdade.

Flávio evitava tocar no assunto do quase suicídio, e ela também não queria falar sobre aquilo. Não havia pensado em nada para lhe dizer. Só o que sabia era que não poderia lhe contar a verdade. O que ele pensaria se descobrisse que ela fora amante de outra mulher e que tentara se matar por causa dela? E, mais ainda, que estava apaixonada por ela e queria muito que ela voltasse? Ah! Se Luciana voltasse, ela largaria tudo e correria para ela. Nem pensaria mais em Flávio.

— Você mora sozinha? — perguntou ele, de forma casual.

— Moro.

— E os seus pais, onde estão?

— Em Campos, onde nasci.

— Tem contato com eles?

— Não. Faz tempo que não os vejo.

— Não sente falta deles?

Fazia muito tempo que Marcela não pensava nos pais. Depois que ela fugiu de Campos, telefonara para os tranquilizar, mas o pai a recebera mal, dizendo que não tinha mais filha. Ficara sabendo do seu envolvimento com Luciana e se chocara. Não queria vê-la nunca mais. Dois anos depois, ligou para eles novamente, no Natal, e descobriu que agora tinha um irmãozinho, e o pai fora bem claro ao afirmar que não precisava mais dela. Tinha um filho que lhe traria orgulho e alegrias e jamais o decepcionaria como Marcela o fizera.

Ela ficou contente com o nascimento do bebê e demonstrou o desejo de conhecê-lo, mas o pai foi categórico: não queria que ela se envolvesse com o pequeno e não pretendia deixar que ele soubesse que, um dia, tivera uma irmã. Marcela ainda tentou apelar para a mãe, mas ela, encantada com o caçula temporão, endossou as palavras do pai e pediu para que ela nunca mais os procurasse.

Flávio, contudo, jamais poderia conhecer essa parte da sua vida, e ela respondeu com receio:

— Saí de Campos há oito anos, e acabamos perdendo contato. Hoje, somos quase estranhos.

— Mas por quê? Vocês brigaram?

— Não é que tenhamos brigado. Fugi de casa aos dezoito anos. Queria estudar, viver numa cidade grande, e meus pais não concordavam. Sabe como é: gente de cidade pequena, eles tinham medo de que eu me perdesse aqui no Rio.

— Entendo. Mas por que você não os procurou depois de formada? Já maior de idade, dona do seu nariz, com emprego.

— No começo, foi difícil. Mas eu consegui me formar e passar num concurso.

— Seus pais não sentem orgulho de você?

— Devem sentir... Não sei bem. Eles não aprovam mulheres que trabalham fora.

— Você é uma moça muito corajosa e determinada. Poucas, no seu lugar, teriam ido tão longe. A maioria vem para cá e, ante as dificuldades, acaba se perdendo e caindo na vida, ou então consegue um emprego de doméstica ou balconista. Não que eu tenha algum tipo de preconceito com essas profissões, em absoluto. Acho que todas são necessárias e valorizo muito quem trabalha assim. Mas esse não é o sonho de quem se muda para a cidade grande, não é mesmo?

— Acho que não.

Marcela respondeu com temor, embora ele nada percebesse. Então ele a achava corajosa e determinada? Mas como, se ela era insegura e amedrontada? Era o que parecia, porque ele não a conhecia, não conhecia Luciana, não sabia que fora ela a responsável por todo o sucesso na sua vida. E agora, sem ela, sentia-se perdida e abandonada, sem ninguém para cuidar dela. Talvez Flávio cuidasse dela. Era um homem bom e, ele sim, determinado e muito seguro de si mesmo.

— Você está me ouvindo? — tornou ele, percebendo que ela não lhe prestava mais atenção. — A comida chegou.

— O quê? — ela se assustou, vendo o prato que o garçom colocara diante dela. — Oh! Desculpe-me, Flávio, de repente, me desliguei.

— Percebi. São lembranças ou fantasmas?

— Acho que um pouco dos dois. Estava pensando na minha família.

— Só nisso?

— Sim. Por quê?

— Por nada.

É claro que Flávio achava que ela pensava no suposto ex-namorado, causa de todo o seu infortúnio, mas ela nada fez para diluir essa impressão. Evitaria ao máximo tocar naquele assunto com Flávio ou com qualquer outra pessoa. Ele, por sua vez, julgando que ela ainda não estava pronta para falar, e não querendo invadir a sua privacidade, silenciou e não fez mais perguntas a esse respeito.

— O que fazem seus pais? — retrucou ele, como se de nada desconfiasse.

— Minha mãe é dona de casa, e meu pai tem uma padaria.

— Você tem irmãos?

— Tenho. Deve estar com uns seis anos agora.

— Deve ser bom ter um irmão pequeno.

— Você é filho único?

— Sou.

— Na verdade, é como se eu também fosse. Quando ele nasceu, eu já tinha ido embora de Campos. Fui criada sozinha.

— Você não o conhece?

— Não.

Era a primeira vez que Marcela falava sobre sua família com alguém além de Luciana, o que a deixou confusa. Mas Flávio, notando o seu desconforto e não conseguindo mais conter a admiração, perguntou sem rodeios:

— Você quer me namorar?

— O que foi que disse? — tornou ela perplexa.

— Sei que a hora não é a mais oportuna. Você passou por momentos difíceis e talvez ainda não se sinta pronta para iniciar uma nova relação. Mas, desde que a vi hoje pela manhã, não consigo parar de pensar em você. Estou sendo sincero, foi amor à primeira vista.

Ela riu em dúvida e objetou:

— Amor à primeira vista... Não sei se acredito nisso.

— Eu também não acreditava, até conhecer você. Quando a vi, meu coração deu uma cambalhota e quase foi parar no estômago. Parecia até que já a conhecia antes.

— Você está sendo romântico.

— Pode até ser. Mas uma coisa é certa: você me impressionou como nenhuma outra jamais o fez. Em um dia, cativou mais o meu coração do que tantas outras já tentaram fazer em anos.

— Convencido. Só para me dizer que já teve muitas mulheres apaixonadas por você.

— Não é nada disso. Tive muitas namoradas, não nego, e algumas se apaixonaram mesmo por mim. Mas eu jamais me interessei por nenhuma delas. Não como estou interessado em você.

— E quem me garante que esse interesse não vai passar um dia? Talvez você descubra que eu sou como todas as outras e se desinteresse de mim também.

— Você não é como as outras.

Aquela conversa estava deixando-a confusa e transtornada. Como será que ele reagiria se soubesse de Luciana? Ele tinha razão: ela não era como as outras. Seria certo enganá-lo, deixando-o pensar que ela só se relacionara com homens? Esse pensamento a assustou, e ela contrapôs acabrunhada:

— Você não se incomoda com o fato de eu... ter feito o que fiz?

— O que você fez? Nada. Foi um ato de desespero. Sei que não faria isso de novo.

— Como pode ter tanta certeza?

— Eu estarei aqui para ajudá-la. Não sei o que se passou entre você e seu namorado, e nem me interessa saber.

— Não interessa?

— Não. Se você quiser me contar, muito bem. Antes de tudo, quero ser seu amigo, e você pode confiar em mim. Mas se não quiser falar, não faz mal. O que você fez da sua vida antes de me conhecer não é problema meu.

— Tem certeza?

— Tenho.

— Qualquer coisa?

— Se está tentando me dizer que se entregou ao seu namorado, não precisa se preocupar. Não sou do tipo conservador e não me importo com isso. Não me importaria nem se você já tivesse dormido com a torcida do Flamengo inteira.

Como ele era inocente! Achava que ela dormira com outro homem e que não era mais virgem. É claro que ela não era mais virgem, mas perdera a virgindade em suas loucuras com Luciana. O que ele diria se soubesse que ela foi deflorada por outra mulher? Teria a mesma compreensão que demonstrava agora? Pensou em lhe contar a verdade para ver como ele reagiria. Se não a aceitasse, não tinha problema. Era praticamente um desconhecido, e ela não sentia nada por ele.

Ia se preparar para lhe contar tudo sobre Luciana quando algo surpreendente aconteceu. Eles estavam sentados, de frente um para o outro, e Flávio, inesperadamente, puxou a sua cabeça, aproximando-a da sua, e pousou-lhe delicado beijo nos lábios, que ela correspondeu com medo e prazer.

— Isso é para você ver como não faz diferença o que você fez com seu namorado — falou ele, os lábios ainda se roçando. — Posso amá-la e respeitá-la ainda assim, tenha você dormido ou não com outros homens.

Aquele beijo encheu-a de desejo, e ela se pegou pensando novamente em como seria fazer sexo com ele. Quanto mais pensava, mais o desejo aumentava, e seu coração começou a bater mais forte, a respiração foi se acelerando, e um suor frio desceu de sua testa. Ele a beijou novamente e sussurrou em seu ouvido:

— Vamos sair daqui.

A decisão de lhe contar sobre Luciana se esvaiu naquele beijo, e ela nada disse. Ele pagou a conta, e saíram para a noite. Entraram no carro, e ele dirigiu até um motel. Marcela estava assustada, nunca antes havia entrado em um motel, nunca antes se vira numa situação daquelas com alguém além de Luciana. Era a primeira vez que se relacionaria com um homem. Um pânico a invadiu, e ela pensou em desistir, mas a mão direita de Flávio, deslizando entre suas coxas, fez com que ela reconsiderasse e só pensasse nele.

Ao levá-la para o quarto, Flávio agiu gentilmente, despertando-lhe sensações que ela nunca antes havia experimentado com Luciana. Ela não entendia. Como podia ser que ela, que sempre fora apaixonada por Luciana, se pegava agora ardendo de desejo por um homem, suspirando e gemendo sob seu corpo e em seus braços? Em dado momento, não conseguiu pensar em mais nada, entregando-se à paixão daquele homem com um ardor incontrolável. Amaram-se por quase toda a noite e, ao final, ela estava feliz e extasiada, certa de que nunca sentira tanto prazer em sua vida.

Olhando para ele, Marcela teve certeza de que agora mesmo é que não conseguiria lhe contar nada. Os momentos que vivera com ele naquela noite haviam sido maravilhosos e inigualáveis, e ela começava a sentir que não suportaria perder alguém novamente. Se Flávio desistisse dela, a frustração seria muito grande. Por outro lado, se ele tivesse que partir, seria preferível que o fizesse logo no começo, enquanto ela ainda não o amava. Marcela, no entanto, sabia que já não poderia mais lhe contar a verdade. Envolvera-se com ele em apenas uma noite, de tal forma que não podia mais prescindir da sua presença.

Não lhe contaria nada sobre Luciana. Ele nada sabia a respeito e não precisava saber. Não fora ele mesmo que lhe dissera que seu passado não lhe interessava? Que ela não tinha que lhe contar nada, se não quisesse? Então, ela podia se sentir desobrigada de lhe contar a verdade. A dúvida era muito grande, e ela não conseguia se decidir realmente, até que ele a beijou de novo e recomeçou a acariciá-la, sussurrando com paixão:

— Você é a mulher mais maravilhosa que já conheci. Estou apaixonado...

Beijou-a com ardor, e ela se entregou a ele outra vez, finalmente sepultando, no mais profundo de seu ser, a vontade de lhe contar sobre Luciana.

CAPÍTULO 3

Fazia muito calor, e Luciana caminhava esbaforida, pulando de sombra em sombra para escapar do sol escaldante. Como gostaria de estar de férias! Mas trabalhava em seu próprio consultório particular, e profissionais liberais não podiam se dar ao luxo de ter férias enquanto ainda não se firmassem e fizessem nome. E era para isso que se esforçava.

Mais alguns minutos e alcançou o edifício comercial em que ficava o consultório. Subiu de elevador e entrou encalorada em seu consultório, indo direto beber água. Na outra sala, o barulho do motor se fazia ouvir, e ela se sentou para se refrescar. Ainda bem que a sala tinha ar-condicionado. Fora o único luxo que ela e Maísa puderam pagar. Mais alguns minutos, a sala se abriu, e o paciente de Maísa saiu.

— Precisamos contratar uma secretária — disse ela, fechando a porta depois que o rapaz se foi. — Está ficando difícil atender os clientes e ainda ter que atender telefones, marcar consultas e cuidar da parte bancária.

— Você tem razão. Providenciaremos isso mais tarde.

— Mais tarde, não. Tem que ser para já.

— Podemos pôr um anúncio no jornal.

— Não seria melhor pedirmos numa agência? E se aparecer aqui alguma louca, espiã do governo...?

— Deixe de bobagens, Maísa. Você agora não se envolve mais com essas coisas. Vou colocar um anúncio no jornal e marcar entrevistas para depois do expediente. O que você acha?

— Se você garante que não tem perigo, para mim, está bom.

— Não tem perigo. Pode crer.

— Então está bem. Você cuida disso?

— Cuido, pode deixar.

— Ah! Já ia me esquecendo. Sabe quem eu vi hoje de manhã, quando vinha para cá?

— Quem?

— A Marcela. E adivinhe só!

— O quê?

— Estava de mãos dadas com um rapaz.

— Com um rapaz? Está brincando!

— Não estou, não. E parecia bem feliz.

— Será que ela virou *hetero*[1] agora?

— Vai ver que depois que você a deixou, ela ficou tão decepcionada que resolveu experimentar outras coisas. E pela cara dela, acho que gostou. Se bem que não posso culpá-la. Os homens são realmente muito bons...

Luciana riu bem-humorada. Já estava acostumada àquelas brincadeiras de Maísa e não se importava.

— Ela viu você? — retrucou interessada.

— Acho que não. Se viu, fingiu que não viu. Não posso culpá-la.

— Por quê? Ela não tem motivos para fingir que não a viu. Ou será que tem?

— Você sabe como as pessoas são preconceituosas. E se o namorado não aceitar que ela já tenha tido um caso com outra mulher?

_____

1 Hetero: prefixo de heterossexual, utilizado na linguagem coloquial.

— Então não deve gostar dela de verdade, não é mesmo? Quem ama não se importa com essas coisas.

— Você não conhece os homens. São muito legais e bonzinhos, mas machistas que só vendo.

— Isso não é motivo para se viver na mentira.

— Ei! Calma aí. Você nem sabe se ela mentiu para ele.

— Isso também não me interessa. Marcela é página virada na minha vida.

— Será que você não está com ciúmes?

— Não é isso. Nós convivemos por oito anos, e a gente se apega, de uma maneira ou de outra. Gosto de Marcela e quero-lhe muito bem, mas o que ela faz da sua vida não é problema meu.

— Tem certeza de que não é ciúme?

— Se fosse para sentir ciúmes, não a teria deixado.

— Bom, isso é verdade, mas você sabe como são essas coisas do coração: a gente não quer mais o outro, mas quando o vê com mais alguém, bate um sentimento de posse, o orgulho cutuca a vaidade, e lá vamos nós, enveredando pelo caminho do ciúme.

— Eu não. Não sou ciumenta nem possessiva, e não quero mais nada com Marcela. Se ela encontrou alguém que a faça feliz, ainda que seja um homem, é muito bom para ela. Fico feliz com isso também.

— Você é muito engraçada, Luciana. Se fosse comigo, estaria me roendo de despeito.

— Ainda bem que eu não sou como você.

O som da campainha interrompeu a conversa, e o primeiro cliente de Luciana chegou. Maísa se foi, e ela se concentrou no trabalho, afastando Marcela de seus pensamentos e só voltando a pensar nela no final da tarde. Fazia tempos que não a via. Desde que a deixara. Soube que ela melhorou e teve alta do hospital, mas não a procurou depois disso.

Como será que estaria? Pelo que Maísa lhe contara, parecia feliz. Encontrara um homem e devia estar namorando.

Luciana não entendia bem como aquilo fora acontecer. Tinha certeza de que Marcela não gostava de homens, mas podia estar enganada. Só se ela realmente estivesse tentando modificar sua conduta para se adaptar aos padrões sociais e deixar de sofrer. Ou então, talvez estivesse tentando algo novo para ver se a esquecia. Qualquer das duas hipóteses não seria boa, porque Marcela estaria levando uma mentira para sua vida. Mas ela podia ainda estar apaixonada pelo rapaz. Seria isso possível?

Receber notícias de Marcela fez com que Luciana sentisse vontade de vê-la novamente, de saber como estava, de conversar com ela. Não estava com ciúmes nem queria voltar, mas ainda se sentia um pouco responsável por ela. Tinha-lhe afeição, gostaria mesmo de ser sua amiga. Preocupava-se com o seu futuro e não queria que ela sofresse. Se ela estivesse mesmo apaixonada pelo rapaz, não teria com o que se preocupar. Mas se o estivesse namorando só para fugir do sofrimento e da desilusão, estaria cometendo um erro muito grande, pois acabaria sofrendo ainda mais e fazendo outra pessoa sofrer também.

No dia seguinte, foi colocar o anúncio no jornal, que sairia no domingo, e elas tencionavam marcar as entrevistas para o dia seguinte, se possível. Ocupada com seus afazeres, Luciana deixou de se preocupar com Marcela e concentrou a atenção no trabalho. O número de clientes aumentava a cada dia, porque ela e Maísa eram realmente muito boas no que faziam, e eles, satisfeitos, as recomendavam a amigos e parentes. Precisavam mesmo de uma secretária, e com urgência.

Na segunda-feira, logo pela manhã, o telefone do consultório começou a tocar. Como Maísa atendia de manhã, e ela, à tarde, resolveram se revezar ao telefone, marcando as entrevistas para depois das seis horas. Muitas moças apareceram. O desemprego era grande na época, e as oportunidades de trabalho eram poucas, principalmente para quem não tinha experiência. Sensíveis a esse problema,

Luciana e Maísa não fizeram tal exigência, aceitando moças inexperientes, que nunca haviam trabalhado, desde que demonstrassem garra e vontade de aprender.

Entrevistaram muitas moças, deixando algumas para o dia seguinte. No primeiro dia, nenhuma delas lhes pareceu adequada. A maioria queria ganhar muito além do que elas podiam pagar e preferiam ficar sem o emprego a aceitar trabalhar por menos do que desejavam. Na terça-feira, as entrevistas continuaram, e uma moça, em especial, chamou a atenção de Luciana. Era bonita, de boa aparência, e muito viva e inteligente. Não tinha experiência, mas demonstrou paciência e não se queixou das condições. Precisava trabalhar para ajudar no sustento da família e queria crescer na vida. Chamava-se Cecília e acabara de concluir o curso científico, aos dezenove anos.

— E então, o que você achou? — perguntou Maísa, depois que as entrevistas se encerraram.

— Gostei dessa aqui — respondeu Luciana, exibindo a ficha de Cecília. — Não tem experiência, mas não é muito exigente e tem boa vontade.

— Hum... Não sei, não. Achei-a um pouco ambiciosa.

— E daí? Um pouco de ambição não faz mal a ninguém. Ajuda a crescer e progredir.

— Não sei. Algo nela não me agradou.

— Você está de implicância só porque ela é bonitinha.

— Ah! É por isso que quer contratá-la? Porque ela é bonitinha?

— Não seja boba. Quero contratá-la porque acho que ela serve para o cargo. Como não tem experiência, podemos treiná-la do nosso modo. Aposto como ela vai aprender tudo com facilidade e rapidez, e não demonstrou repulsa a sangue e injeções. Você sabe que teremos que ensinar a auxiliar a preparar massas, anestesias e radiografias, não sabe? — Maísa assentiu. — Então? Cecília me parece perfeita para isso.

Maísa suspirou profundamente e deu de ombros:

— Está bem. Não sei o que você viu nessa Cecília, mas se gostou dela... seja feita a sua vontade.

— Ótimo! Vou telefonar para ela amanhã, dizendo que a vaga é dela, e ela pode começar na quinta-feira mesmo, se não tiver problemas.

Na quinta-feira, logo pela manhã, Cecília se apresentou no consultório, pronta para trabalhar. Como Luciana previra, aprendeu tudo rapidamente, demonstrando eficiência e cordialidade com elas e com os clientes. Até Maísa ficou satisfeita.

— É — falou ela — , tenho que reconhecer que estava errada. Cecília está se saindo muito bem.

— Eu não disse?

Depois que tudo retomou a normalidade, Luciana voltou a pensar em Marcela. Como estaria se saindo? Estava em casa, lendo uma revista odontológica, quando lhe ocorreu telefonar. O telefone tocou várias vezes até que alguém atendesse, e Luciana desligou assustada, ao ouvir a voz de um homem do outro lado.

— Está tudo bem? — quis saber Maísa, vendo que ela batera o telefone apressada.

— Liguei para Marcela... Um homem atendeu...

— Você não devia estar surpresa. Não sabe que ela está namorando um rapaz?

— Luciana está com ciúmes — afirmou Breno, namorado de Maísa.

— Não estou, não. E parem de me amolar, vocês dois.

Maísa e Breno trocaram olhares maliciosos, e a moça continuou:

— Estou pensando em convidar Marcela para o nosso casamento. O que você acha?

— O casamento é seu. Faça como quiser.

— Não precisa ser mal-educada — rebateu Maísa.

— Tem razão, desculpe-me. Mas é que você agora deu para cismar que estou com ciúmes de Marcela, quando não estou.

— Tudo bem, Luciana, eu é que devo pedir desculpas. Não soube a hora de parar com a brincadeira.

— Eu também, Lu — acrescentou Breno. — Não queremos que fique aborrecida conosco.

— Ah! Deixem para lá — arrematou Luciana.

— Mas você ainda não respondeu a minha pergunta — prosseguiu Maísa. — Acha que eu devo convidar a Marcela?

— Quer mesmo saber a minha opinião?

— Se não quisesse, não perguntava.

— Você gosta dela?

— Gosto. Conheço-a há tanto tempo quanto conheço você.

— Então convide. Acho mesmo que ela se sentiria magoada se soubesse que você se casou e não a convidou. Afinal de contas, nós terminamos, mas não é por isso que nos tornamos inimigas nem que os amigos tenham que se afastar dela.

— Luciana tem razão — concordou Breno. — Marcela sempre foi nossa amiga e seria uma falta de consideração não a convidarmos.

— Está combinado, então — assentiu Maísa, colocando o nome de Marcela na lista que estavam fazendo. — Marcela será convidada. Com o namorado?

— Naturalmente.

— Mande dois convites individuais para a festa — sugeriu Breno. — Assim, ela pode levar quem quiser.

— Boa ideia. Dois convites para Marcela. E Cecília? Devo convidá-la também?

— Quem é Cecília? — quis saber Breno.

— Nossa nova secretária.

— Seria uma descortesia não a convidar — ponderou Luciana. — Ela trabalha para nós.

— Tem razão. Mas vou mandar apenas um convite individual para ela.

— O certo seria mandar dois. Você não sabe se ela tem namorado.

— Ai, ai, ai. Vá lá: dois convites para Cecília também. Assim desse jeito, essa lista vai ficar imensa.

— Não foi você quem quis fazer festa? — perguntou Luciana.

— Meu pai não abre mão — esclareceu Breno. — Sabe como é, casamento do filho advogado, muitos parentes, amigos desembargadores...

— Sei, sei.

Enquanto os dois continuavam discutindo sobre a lista de convidados, Luciana se afastou e foi para o quarto, pensando se Marcela levaria o namorado. E Cecília? Será que levaria também o seu? Será que tinha um namorado? De repente, Luciana se deu conta de que pensava em Cecília com uma insistência maior do que desejava. Achava a moça bonita e inteligente, admirava-a mesmo. Era esperta e ambiciosa, e não tardaria muito para deixar aquele emprego e partir para uma colocação melhor em uma grande empresa. Tinha tudo para isso.

Desde que rompera com Marcela, Luciana decidira não se envolver com mais ninguém durante um bom tempo. Precisava pensar na carreira, alugar um apartamento só para ela. Depois que Maísa se casasse, teria que entregar aquele. O proprietário já dissera que não queria mais alugar, e ela precisaria sair. Queria alugar um outro, maior e próximo da praia. Quem sabe até não poderia comprar um? Talvez fizesse um financiamento na Caixa Econômica e realizaria o sonho de ter a casa própria.

Com tudo isso, não estava em seus planos se envolver com ninguém. Gostava de ser independente e não queria outra pessoa dependendo dela. Contudo, havia certas coisas de que não conseguia abrir mão. Gostava de sexo e pensava se não poderia encontrar alguém com quem passar horas agradáveis, sem envolvimento nem cobranças. Mas onde encontraria uma pessoa assim? Se quisesse um homem, seria mais fácil. Mas uma mulher que procurava outra mulher era complicadíssimo. Ser homossexual era algo seriamente reprovado pela sociedade, e quem era lésbica esforçava-se para não parecer que era. Mesmo ela, que não tinha vergonha de ser como era, não saía por aí falando que gostava de mulheres nem adotava nenhum comportamento escandaloso que pudesse chocar alguém.

Agora, porém, seu corpo reclamava o contato de outro corpo, e ela se pegou pensando em Cecília. Nem sabia se a moça era homossexual. De vez em quando a surpreendia olhando-a com uma certa admiração, mas aquilo não queria dizer nada. Admiração era um sentimento que estava além do sexo e podia ter vários motivos.

E Marcela? Não, decididamente, não queria mais contato com Marcela. Pensar nela causava-lhe preocupação, despertava-lhe ternura, mas não desejo. Pensava em Marcela como uma irmã, não como amante. O mesmo não acontecia com Cecília. Pensar na moça enchia-a de desejo, e ela se esforçou ao máximo para tirá-la de sua cabeça. Cecília devia ter namorado e comportar-se como qualquer moça *normal* de sua idade.

Resolveu não pensar em mais ninguém e foi para o chuveiro. Talvez uma ducha fria acalmasse seus sentimentos. Depois do banho, foi para a cama e apagou a luz, adormecendo logo em seguida, sem sonhos ou fantasias a lhe povoar a mente.

CAPÍTULO 4

Os trovões ao longe prenunciavam a tempestade de verão que estava prestes a cair, enquanto uma lufada de vento quente entrava pelas janelas da casa de Flávio, agitando as cortinas e fazendo com que algumas portas batessem em seu interior. Na correria, os criados, tentando conter a ventania, não ouviam a campainha da porta da frente, que tocava sem parar.

— Vocês estão surdos? — zangou Dolores, surgindo no alto da escada. — A campainha quase estourando de tanto tocar, e ninguém abre?

— Desculpe, dona Dolores — falou uma das criadas. — Estávamos tão ocupados com a ventania que nem ouvimos a campainha.

Mais que depressa, correu a abrir a porta da frente, e Ariane entrou no exato momento em que uma chuva grossa começou a cair.

— O que foi que houve com todo mundo? — reclamou ela. — Estou há quase uma hora tocando!

— Perdão, dona Ariane, é que estávamos tentando fechar as janelas e...

— Deixe para lá. Dona Dolores está?

— Estou aqui mesmo — falou Dolores, dando beijinhos no ar, perto das bochechas de Ariane. — Como você está?

— Mais ou menos... Flávio sumiu.

— Sumiu? Pensei que ele estivesse saindo com você.

— Comigo? Não.

— Mas ele sai todas as noites...

— Ele tem saído com alguém?

Dolores a encarou em dúvida. Nos últimos dias, Flávio só voltava tarde da noite, e ela podia jurar que era em companhia de Ariane que ele estava.

— Estranho — divagou ela. — Com quem será que ele anda? Se não é com você, então, com quem é?

— Era isso que eu gostaria de saber. Pensei que você tivesse dito que ele seria meu.

— E vai ser. Só não entendo o que está acontecendo mas, assim que descobrir, dou um jeito nisso.

— Está demorando muito! Já estou ficando impaciente.

— Vá com calma, Ariane. Você sabe que faço muito gosto no seu casamento com Flávio, não sabe? — Ela assentiu. — Por isso, não ponha tudo a perder. Sua ansiedade pode acabar afastando-o de você. Flávio não gosta de ser pressionado.

Ariane sentou-se no sofá da sala e ficou olhando a chuva pela porta envidraçada que dava para a piscina.

— Precisamos descobrir se ele está saindo com alguém.

— Cuidarei disso. E foi muito bom você vir me procurar antes de tomar qualquer atitude. Tem que deixar essas coisas por minha conta.

— Quero me casar com ele, Dolores. Você sabe o quanto gosto dele.

— Sei, sim. E é por isso que você é a moça ideal para ele. Bonita, culta. É a mulher perfeita para me dar netos.

— Ele não pode me usar assim desse jeito. Fez o que fez comigo para depois cair fora.

— Ele não vai cair fora. Vai se casar com você, e ambos serão muito felizes aqui. Como eu não fui — acrescentou em voz baixa, para que Ariane não pudesse ouvir.

O casamento de Dolores terminara no dia em que o marido descobrira que ela o traía com Nélson, seu sócio e pai de Ariane. Justino não fez nenhum escândalo. Simplesmente apanhou as suas coisas e saiu de casa, entrando com o pedido de desquite na semana seguinte. Tudo correu de forma amigável, para evitar escândalos, e Justino rompeu a sociedade com Nélson, montando sua própria clínica depois disso.

Apesar do desquite, continuava amigo do filho, a quem sempre via, e lhe ofereceu um emprego em sua clínica, logo que ele se formou. Flávio aceitou prontamente. Era uma clínica ortopédica, e ambos gostavam muito do que faziam. Apesar de não precisar trabalhar em hospital, Flávio quis auxiliar numa emergência e fazia plantão, uma vez por semana, no hospital do Andaraí, onde conhecera Marcela.

Justino jamais contou ao filho que a mãe o traíra. Para todos os efeitos, seu casamento terminara porque os dois já não se amavam mais. Flávio aceitou tudo com naturalidade. Já havia completado os vinte e um anos e era maduro o bastante para compreender.

Dolores, por sua vez, não terminou o relacionamento com Nélson. A esposa dele, Anita, nunca desconfiou de que houvesse algo entre os dois. Era uma mulher feia e apagada, e engordara excessivamente depois do nascimento do último de seus quatro filhos, não conseguindo mais retornar ao peso antigo. Essa mudança na aparência da mulher acabou direcionando os olhares de Nélson para Dolores. Apesar de madura, era uma mulher muito bonita, jovem ainda, esbelta e quase sem rugas. Casara-se aos dezesseis anos, grávida de Flávio, pelo que se sabia, e mantinha ainda a aparência da juventude.

Um casamento entre Flávio e Ariane interessava muito a Dolores. Ela era uma mulher possessiva e autoritária, e não queria correr o risco de ter que se deparar com uma nora que a enfrentasse. Por isso, era preciso escolher bem a mulher com quem Flávio se casaria, e Ariane era perfeita. Apesar de dotada de rara beleza, não dava valor à inteligência, além de não se interessar por assuntos financeiros ou domésticos. Era fútil e facilmente manipulável. Desde que houvesse muitas lojas para fazer compras e festas onde pudesse se exibir, estava satisfeita. E depois de casados, ela e Flávio iriam viver em casa de Dolores, sob suas ordens, onde ela poderia controlá-los e aos netos que chegariam.

No princípio, Flávio até que se interessou por Ariane, atraído pela sua beleza e elegância. Mas depois, com o tempo, acabou se cansando dela, achando-a fútil e vazia, sem objetivos ou ideais. Ariane só se interessava por festas, joias e roupas, além de ser arrogante e maltratar os criados e pessoas humildes. Esse comportamento desagradava a Flávio aos extremos. Acostumado à gentileza e cordialidade do pai, que demonstrava respeito por qualquer ser humano, a atitude soberba de Ariane foi desgastando-o. Aprendera com o pai a dar valor às pessoas e aos sentimentos, e não a coisas ou dinheiro, e o jeito de Ariane acabou convencendo-o de que ela não era a mulher ideal para ele.

Só que Ariane não queria aceitar que Flávio não estava mais interessado nela. Estimulada por Dolores, continuou a frequentar a sua casa, convidando-o muitas vezes para sair. De vez em quando, ele aceitava e a levava ao cinema ou para jantar, sem qualquer tipo de envolvimento, sem nem mesmo a beijar. Apenas como amigos. Mas depois que Flávio conheceu Marcela, deixou de aceitar os convites de Ariane e passou a evitá-la, dando sempre uma desculpa para não ir mais a sua casa.

— Há tempos que Flávio está distante — queixou-se Ariane. — Nem me telefona mais.

— Quando ele chegar, vamos resolver tudo. Direi que a convidei para jantar, e ele vai ter que ficar em casa. Você vai ver.

Ariane suspirou desalentada e concordou. Mais tarde, quando Flávio chegou, não conseguiu esconder o desagrado por vê-la sentada na sala, em animada conversa com a mãe.

— Boa noite — cumprimentou ele da porta, já se virando em direção às escadas.

— Flávio! — chamou a mãe. — Não vem cumprimentar Ariane?

Ele voltou para a sala e estendeu a mão para ela.

— Como vai, Ariane? Tudo bem?

— Mais ou menos — foi a resposta direta. — Por que não tem ido me procurar?

— Muito trabalho.

— Não podia ao menos telefonar?

— Tenho andado ocupado.

Notando que ele começava a se irritar, Dolores resolveu intervir:

— Por que não sobe, toma um banho e nos acompanha ao jantar?

— Lamento, mas não posso. Tenho um compromisso.

— Com quem? — sondou Ariane.

— Com uma amiga.

— Você está saindo com alguém?

— Por favor, Ariane, não quero conversar sobre isso, está bem?

— Mas nós estávamos saindo juntos!

— Como amigos, nada mais.

— Você está namorando outra moça? — intercedeu Dolores novamente.

— Isso não é problema seu — irritou-se Flávio. — Não gosto de interrogatórios. E agora, com licença. Já estou atrasado.

Depois que ele saiu, Dolores encarou Ariane, que mantinha a boca entreaberta, perplexa com a atitude de Flávio.

— Você viu? — rugiu ela, colérica. — Eu não lhe disse? Ele está saindo com alguma vagabunda e não quer nos contar.

— Acalme-se, Ariane, nós não temos certeza. Ele não disse que estava.

— E precisava dizer? Você viu pelo jeito como ele falou. Há alguém na sua vida, e eu preciso descobrir quem é.

— Você não vai fazer nada disso. Quer pôr tudo a perder?

— Vou perdê-lo se não agir logo. Não posso ficar aqui sentada enquanto outra mulher me toma o namorado.

— Tenha calma, já disse! Precisamos agir, sim, mas com cautela. Não quer que ele tome raiva de você, quer?

— É claro que não!

— Pois então, deixe de ser impulsiva e espere. Eu mesma vou me inteirar dessa história. Sou mãe, sei como agir e como fazer para ele confiar em mim.

— E enquanto isso, o que eu faço?

— Vá para casa e aguarde. Logo darei notícias.

— Agora?

— Acho melhor. Se ficar, vai espantá-lo ainda mais.

Mesmo contrariada, Ariane obedeceu e saiu furiosa. Dolores esperou alguns minutos e subiu ao quarto do filho. Bateu à porta de leve, até que ele abriu, com a toalha enrolada na cintura.

— O que quer, mãe? Estava indo tomar banho.

Ela entrou e se sentou na cama, cruzando as pernas e fixando nele um olhar perscrutador.

— Seu pai vai bem?

— Não foi para falar de papai que você veio aqui. É por causa de Ariane, eu sei.

— Calma, meu filho, não se zangue comigo. Não tenho culpa se a moça gosta de você.

— Mas eu não gosto dela.

— Mas fez parecer que gostava. Saiu com ela várias vezes. O que esperava que ela pensasse?

— Nunca disse que gostava dela nem lhe fiz nenhuma promessa. Ao contrário, sempre deixei claro que saíamos como amigos.

— Amigos muito íntimos, não é mesmo?

— Não sei o que ela lhe disse, mas, seja o que for, não é verdade. Jamais tive intimidade alguma com Ariane.

— Tem certeza?

— Absoluta. Mesmo no começo, quando realmente estávamos namorando, nunca fomos além de uns beijos e abraços. Mas depois que terminamos e passamos a sair como amigos, nunca mais nem a beijei.

— No entanto, ela se encheu de esperanças. Acha que você é namorado dela.

— Não posso fazer nada. Ela se iludiu porque quis.

— Eu também me enganei. Jurava que vocês dois estavam apaixonados.

— Olhe, mãe, não é porque você gosta de Ariane que eu tenho que gostar também.

— Está certo, meu filho, já entendi. Você não gosta dela, mas saía com ela. De repente, deixou de sair. Posso saber por quê?

— Não quero ser grosseiro, mas isso não lhe interessa.

— Não será porque você conheceu outra pessoa?

— E se for? Qual o problema?

— Problema nenhum. Queria apenas que você confiasse em mim e me contasse. Sou sua mãe, não estou contra você.

— Sei que você gostaria que eu me casasse com Ariane...

— Gostaria, mas não posso obrigá-lo a isso. Se você escolheu outra moça, não irei me opor. Trata-se da sua felicidade, e é você quem tem que escolher a mulher com quem vai se casar.

Flávio fitou-a perplexo. Nunca poderia imaginar que a mãe fosse se mostrar tão compreensiva. Sempre achou que ela fazia questão de que ele se casasse com Ariane e não admitiria que qualquer outra tomasse o seu lugar, mas agora estava surpreso.

— Aceitaria se eu lhe dissesse que estou apaixonado por outra moça?

A palavra apaixonado soou muito forte para Dolores, que engoliu em seco e mentiu de forma convincente:

— Você tem o direito de se apaixonar por quem quiser. E eu nada posso fazer além de aceitar.

— Não vai se opor?

— De jeito nenhum — continuou a mentir, sentindo a raiva esquentar-lhe o sangue. — Gostaria até de conhecer a moça.

— Não vai destratá-la?

— É claro que não! Antes de tudo, sou uma mulher de boa educação.

— Hum... Não sei. Talvez você não goste dela.

— Por quê? Ela não é de boa família?

— É, é de boa família.

— O que ela faz?

— É professora de português numa escola normal.

— Professora?

Dolores mal conseguiu conter a indignação. Achava ótimo que as moças frequentassem a escola normal para ter boa instrução, adquirir cultura e status, mas daí a dar aulas era outra história. A tal moça não devia ser de família rica, caso contrário, não teria que trabalhar para sobreviver.

— Ela dá aulas porque gosta ou para se manter?

— As duas coisas.

— O que o pai dela faz?

— É dono de uma padaria, lá em Campos, de onde ela veio para estudar. Cursou a faculdade de Letras aqui no Rio e está pensando em fazer pós-graduação.

Flávio disse isso tão cheio de orgulho que nem percebeu o olhar horrorizado que Dolores lhe endereçava. Então o filho se atrevia a trocar uma moça fina feito Ariane pela filha de um padeiro, uma mulherzinha sem berço, sem linha e pobre!? Era muita coragem.

— Seu pai a conhece?

— Ainda não. Mas vai conhecê-la em breve.

— O que ele acha disso?

— Você sabe como papai é: gosta de todo mundo. Já gosta de Marcela antes mesmo de a conhecer, o que não é nada difícil, por sinal. Marcela é uma moça adorável.

— Marcela... é esse o nome dela?

Ele assentiu e tornou com orgulho:

— Não é bonito?

— Você disse que ela veio de Campos. Não mora com a família, então.

— Não, mora sozinha. Mas por pouco tempo. Se tudo correr bem, pretendo me casar em breve.

Aquilo já era demais, e Dolores deu um salto da cama, virando-se para a janela para que Flávio não notasse o seu ar de repulsa. Jamais permitiria que o filho se casasse com uma mulher qualquer, uma *fulaninha* sem eira nem beira, interessada apenas na fortuna da família.

— Se é assim tão sério — falou ela entredentes — , preciso conhecer essa moça. Afinal, ela vai ser minha nora.

— Calma, mãe. No momento certo, vou trazê-la aqui.

— Por que não a convida para jantar?

— Marcela é muito tímida. Preciso ir devagar.

— Mas eu quero muito conhecê-la! Por favor, Flávio, faça isso por sua mãe. Convide-a para jantar aqui em casa no sábado.

— No sábado? Não vai ser possível. Temos um casamento para ir.

— Casamento de quem?

— De uma amiga dela.

— No domingo, então.

— Vou ver. Conversarei com ela e depois lhe direi. E agora, mãe, se me der licença, gostaria de tomar um banho. Não quero deixar Marcela esperando.

— Sim, claro.

Mordendo os lábios para não gritar, Dolores saiu do quarto do filho. Aquilo era um insulto! Casar-se com alguém fora de seu círculo social era inadmissível. Não entendia como Flávio podia interessar-se por alguém assim e ficou imaginando um jeito de destruir aquele romance. Mas como? Se agisse de forma direta, Flávio se zangaria e sairia de casa. Ela o conhecia bem demais para saber que ele era decidido e não admitiria intromissões em sua vida. Não. Ela precisava agir, mas de forma velada, sem que ele soubesse o que estava fazendo. Ainda não sabia bem o que faria, mas o primeiro passo seria conhecer a moça. Em seguida, alertar Ariane e orientá-la para que ela não fizesse nenhuma besteira. Depois, pensaria numa estratégia para acabar com aquele namoro e fazer com que Flávio se interessasse por Ariane novamente. E o que tivesse que fazer, tinha que ser bem-feito.

A clínica ortopédica estava cheia aquela manhã. Flávio terminava de atender o último paciente quando o telefone na sua mesa começou a tocar, e a recepcionista anunciou que Marcela acabara de chegar.

— Peça que ela me aguarde um instante. Já estou terminando.

Deu as últimas orientações ao paciente, prescreveu a medicação e levou-o até a porta, saindo atrás dele. Sentada na recepção, Marcela observava o movimento dos clientes, e ele se aproximou, estendendo a mão para ela.

— Minha querida — falou, beijando a ponta de seus dedos. — Que bom que foi pontual.

— Eu sempre sou pontual! — afirmou ela de bom humor. — Principalmente quando estou apaixonada.

Os olhos de Flávio brilharam, e ele a puxou com delicadeza. Apresentou-a às moças da recepção e foi conduzindo-a ao consultório do pai.

— Está nervosa? — indagou ele, sentindo-a um tanto quanto trêmula.

— Um pouco.

— Pois não precisa. Meu pai é uma pessoa muito bacana. Você vai ver. — Flávio bateu de leve na porta do pai, que se abriu no mesmo instante. — Está sozinho?

— Estou — disse Justino. — Entre.

Flávio entrou puxando Marcela pela mão, e Justino a cumprimentou com um sorriso.

— Esta é a Marcela, pai — apresentou Flávio.

— Muito prazer — respondeu ele. — Flávio fala muito em você.

— No senhor também — acrescentou Marcela, com um certo acanhamento.

— Não precisa me chamar de senhor — objetou ele, com jovialidade. — Não quero parecer tão velho.

A simpatia de Justino e a sua naturalidade logo colocaram Marcela à vontade, e ela se descontraiu, entregando-se a animada conversa. Flávio marcara aquele encontro para que ela e o pai se conhecessem e estava feliz porque eles estavam se dando bem. Ao final de uma hora de conversa, o telefone tocou, e a recepcionista anunciou a chegada do próximo cliente.

— Bem — falou Justino —, o dever me chama.

— Vou levar Marcela para almoçar — avisou Flávio. — Meu próximo paciente só virá às três horas.

— Muito bem. Foi um prazer conhecê-la, Marcela. Flávio e você formam um lindo casal.

Marcela corou levemente e respondeu com timidez:

— Obrigada, doutor Justino. O senhor é muito gentil.

Com um sorriso, se despediram, e Flávio foi com Marcela almoçar. Ficaram juntos até quase três horas, quando ele a deixou em casa e retornou para atender o próximo cliente.

— Vamos nos ver mais tarde? — quis saber ele, parando o carro em frente ao seu edifício.

— Se você quiser...

— Eu sempre quero.

— Então, estarei esperando.

Ela saltou e ficou olhando até que o carro sumisse na primeira esquina. Como se sentia feliz! Pensava no quanto amava Flávio e como fora bom encontrá-lo em um momento tão difícil da sua vida, quando ela achava que não suportaria viver sem Luciana. Flávio era tão amoroso, tão atencioso, tão amigo, que ela começou a se desligar de Luciana. Ainda sentia o peito doer todas as vezes em que pensava nela, mas a dor não era mais insuportável. Era como sentir saudade de alguém que já tivesse morrido. Sentia falta de Luciana, mas sabia que ela nunca mais iria voltar. Por isso, teve que se utilizar de todos os meios para se acostumar a viver sem ela. E estava conseguindo. Ou melhor, fora Flávio quem conseguira.

Ainda se perguntava se o amor que sentia por Flávio não era apenas uma fuga. Temia que sim, que não o amasse de verdade e que, assim que pusesse os olhos em Luciana novamente, toda a loucura de seu amor por ela retornasse em um segundo. Precisava se certificar de seus sentimentos, e o casamento de Maísa viera bem a calhar. Ela queria ir, fazia questão. Só estando diante de Luciana para ver a sua reação e se certificar de que o que sentia por Flávio já era maior do que o amor que um dia sentira por ela.

Enquanto isso, Flávio entrava no consultório quando faltavam exatos cinco minutos para as três horas, e o paciente já o estava esperando. Durante o resto da tarde, concentrou-se no trabalho, e só ao final do expediente foi que tornou a ver o pai, quando ele saía de seu consultório.

— Será que podemos conversar? — perguntou Justino.

— É sobre Marcela? — Ele assentiu. — O que foi? Não gostou dela?

— Gostei muito, e esse é o problema.

— Não estou entendendo.

— Marcela é uma moça encantadora, mas nota-se que não pertence a nosso círculo social.

— Não pensei que você fosse preconceituoso.

— E não sou. Mas sua mãe é. Preocupa-me a reação que ela vai ter quando conhecer a moça.

— Está se preocupando à toa. Já contei a mamãe, e ela aceitou.

— Aceitou? Assim, sem mais nem menos?

— Pediu-me até para convidá-la para jantar.

— Não acha isso estranho?

— No começo, até que achei. Mas depois, acabei me convencendo. Mamãe não me parecia fingir quando disse que aceitaria a moça por quem eu me apaixonasse.

— Sei... Muito estranho. Dolores não é disso.

— Não está sendo severo demais com ela? Mamãe tem lá as suas manias, mas quer o meu bem.

— Aí é que está: ela quer o seu bem de acordo com o julgamento dela. E algo me diz que ela está interessada é no seu casamento com Ariane.

— Pode até ser. Os pais de Ariane são amigos da família, Nélson já foi seu sócio. Aliás, não entendo até hoje por que vocês brigaram.

— Nós não brigamos. Apenas nos incompatibilizamos para a sociedade.

— Tudo bem. O problema é de vocês, e eu não tenho nada com isso. Quanto a mamãe, acho que você está se preocupando demais. Ela pode não ter ficado muito satisfeita, porque realmente queria que eu me casasse com Ariane, mas quando lhe disse que amava Marcela, ela aceitou prontamente. Acredito até que com uma certa relutância. Mas mamãe não se opôs ao nosso namoro e está se esforçando para aceitar Marcela. Temos que louvar esse seu esforço.

— Não quero levá-lo a desconfiar de Dolores, mas eu a conheço muito bem. Temo que ela esteja aprontando alguma.

— Não se preocupe, pai. Mamãe não é perfeita, e eu sei que Marcela não é a mulher com quem ela sonhou para nora. Mas ela me conhece e sabe que eu não aceito interferências em minha vida. Se quiser que continuemos nos entendendo, sabe que tem que respeitar a minha escolha. E é isso que ela está tentando fazer.

Justino suspirou profundamente e apertou o ombro do filho.

— Espero que você esteja certo, Flávio. Eu lamentaria muito se você e Marcela acabassem brigando por causa de alguma armação da sua mãe.

— Ela não vai armar nada, pai, não se preocupe. E depois, não sou nenhum idiota. Se ela aprontar, eu logo vou perceber.

— Espero.

Por mais que se esforçasse para acreditar no que Flávio dizia, Justino tinha certeza de que Dolores não se conformaria assim tão facilmente. Não era de seu feitio aceitar com passividade aquilo que não lhe agradava. Ela era maquiavélica e, com certeza, estava maquinando algum plano diabólico para terminar com o namoro de Flávio e atirá-lo nos braços de Ariane. O filho estava cego de amor e feliz com a reação de Dolores, e não conseguia perceber a falsidade por detrás de suas palavras.

Mais tarde, depois que Flávio saiu, Justino foi à casa de Dolores. A mulher estranhou a sua visita e não conseguiu esconder o desagrado que a sua presença lhe causava.

— O que está fazendo aqui? — perguntou ela, de mau humor. — Veio pedir para suspender a pensão?

— Embora você não precise do meu dinheiro — respondeu ele calmamente — , não sou homem de fugir às minhas obrigações. Se a Justiça diz que eu tenho que lhe pagar pensão, ainda que você não a mereça, não vou discutir nem me recusar. É o meu dever.

Ela o olhou com desprezo e retrucou com frieza:

— Por que veio então? Para falar com Flávio é que não pode ser.

— Tem razão, não é para falar com Flávio. É para falar com você.

— O que é? O que faço da minha vida não lhe diz respeito.

— Fique sossegada — tornou ele em tom irônico. — Não ia me dar ao trabalho de vir até aqui para falar da sua vida. Tenho coisas mais importantes a fazer.

— Então diga logo o que é e vá embora.

— Vim para falar de Flávio. Ele me disse que você aceitou de imediato a moça com quem ele está namorando.

— É verdade. E daí?

— E daí que não sou tolo. Você está aprontando alguma.

— E se estiver, o que você tem com isso?

— Tudo. Flávio é meu filho, e não vou admitir que você interfira na sua felicidade.

— Ele é meu filho também, e ninguém melhor do que a mãe para saber o que é felicidade para seu filho.

— Você não sabe o que é isso. Só pensa em dinheiro e em colecionar bens materiais.

— Você não tem nada com isso, já disse. E depois, não lhe dou o direito de entrar na minha casa para vir questionar a minha relação com meu filho.

— Tenho o direito de me preocupar com ele e de tentar livrá-lo da sua ambição.

— Como se atreve? Quem é você para me falar em ambição? Tem uma clínica que rende rios de dinheiro. Vai querer me convencer agora de que também não é ambicioso?

— Há uma grande diferença nisso aí, Dolores. A minha ambição não prejudica ninguém. Tive vontade de crescer, esforcei-me e cresci. Mas fiz isso honestamente, sem ter que passar por cima de ninguém, sem manipular nem destruir a vida de outras pessoas.

— Acha mesmo que eu quero destruir a vida de Flávio? Do meu próprio filho? Quero o melhor para ele.

— Você quer que ele faça o que você acha que é melhor para você.

— Ele está namorando uma moça pobre e sem berço. Acha que isso é o melhor para ele?

— A moça é maravilhosa. E depois, quem tem que decidir isso não é você. É ele.

— Aposto como é uma aventureira, querendo se casar com ele pelo dinheiro.

— Por que a julga antes mesmo de a conhecer?

— Não preciso conhecê-la para saber o que ela quer. Conheço bem esse tipo de gente.

— Deixe-os em paz, Dolores. Dê a seu filho a chance de ser feliz.

— Ora, mas que despropósito! Então não faço tudo para ele ser feliz? Só não quero que ele se envolva com nenhuma aventureira, que faça a escolha errada e venha a sofrer depois.

— Não acredito que Marcela seja nenhuma aventureira, mas, ainda que fosse, Flávio tem o direito de fazer as escolhas erradas também.

— Não se eu puder evitar.

— Você está tentando evitar que ele viva a própria vida, o que não é certo. E depois, a moça é muito direita e correta.

— Você é quem diz, que é tão tolo quanto ele.

— Sou tolo porque sou decente?

— Isso não tem nada a ver com decência. Flávio vai trazer a moça para jantar, e se ela for o que você e ele estão dizendo, ninguém tem com o que se preocupar. Darei o meu consentimento para que eles namorem e se casem.

— Primeiro: ainda que ela não seja o que pensamos, você não tem o direito de fazer nada para interferir. Se ela for uma aventureira, como você diz, cabe a Flávio descobrir e decidir se quer ou não ficar com ela. Segundo: você não tem que dar o seu consentimento para nada. Flávio é um homem de quase trinta anos e não precisa da sua autorização para se casar.

— Você está me cansando, Justino. Por que não arranja uma mulher e me deixa em paz?

— Estou-lhe avisando, Dolores. Se fizer algo contra Marcela, vai se ver comigo.

— Vai me ameaçar agora, é?

— Não. Mas lembre-se de que sou capaz de destruir a imagem de mãe perfeita que você empurra para o seu filho. A propósito, Nélson vai bem, não vai?

— Você não se atreveria!

— Experimente.

Sem esperar resposta, Justino rodou nos calcanhares e foi embora, deixando Dolores entregue a uma fúria quase incontrolável. Ela ficou andando de um lado para outro na sala, maldizendo o dia em que o ex-marido descobriu o caso que ela mantinha com Nélson. Talvez fosse melhor terminar tudo com ele. Se Flávio viesse a descobrir, ela podia inventar uma desculpa qualquer, uma aventura passageira. Sim, faria isso. Flávio ficaria indignado, mas acabaria entendendo. De toda sorte, ela já estava mesmo se cansando de Nélson, e já era hora de ele deixá-la em paz.

CAPÍTULO 5

Havia chegado a hora do casamento de Maísa, e ela estava atrasada para entrar na igreja. Luciana chegou cedo. Era madrinha e foi se colocar no altar, ao lado de um primo de Maísa, que faria par com ela como padrinho. Havia outros casais de ambos os lados, mas ela não lhes prestou atenção. Passou os olhos pela igreja, procurando por Cecília, sem a encontrar. Avistou Marcela ao fundo, em companhia de um rapaz atraente, e sentiu uma pontada de alegria no coração. Gostava de Marcela e torcia para que ela fosse feliz. Se ela escolhera construir a sua felicidade ao lado de um homem agora, Luciana entendia e respeitava. O que importava era a sua felicidade.

O órgão começou a tocar a Marcha Nupcial, e todos os olhares se voltaram para a entrada da nave, onde Maísa despontou, linda em seu vestido de noiva cintilante. A cerimônia transcorreu sem maiores problemas, e a posterior recepção ocorreria em um clube próximo, onde os noivos receberiam os cumprimentos.

Já no clube, Luciana foi sentar-se a uma mesa com antigos colegas de faculdade e ficou observando o movimento dos convidados. As pessoas chegavam e iam se espalhando pelas mesas, mas ela não via quem procurava. Até que Marcela chegou em companhia de Flávio, e Luciana olhou-a com admiração. Ela estava muito atraente. Nunca a vira tão bonita, num vestido altamente feminino, usando uma maquiagem luminosa e que lhe assentava tão bem. Seu rosto irradiava felicidade, e Luciana não conseguiu conter o impulso. Levantou-se de sua mesa e foi direto para o lugar onde Marcela e o namorado haviam se sentado.

— Oi, Marcela — cumprimentou Luciana, beijando-a amigavelmente nas faces. — Como tem passado?

Marcela levou um susto. Por mais que esperasse encontrá-la ali, vê-la parada diante dela, sentir os seus lábios em seu rosto deixou-a confusa e transtornada. Luciana estava muito bem, e Marcela também não se lembrava de tê-la visto tão linda como naquele dia. Luciana sempre usava roupas femininas, se maquiava e pintava as unhas. Mas aquele vestido azul-celeste que usava a deixava simplesmente deslumbrante, e Marcela pensou que não poderia existir, no mundo, mulher mais bonita do que Luciana.

— Não me apresenta ao seu namorado? — continuou ela, agora em dúvida sobre se tomara a decisão mais acertada ao ir procurar a outra.

— Este é Flávio — apresentou Marcela, maquinalmente. — Flávio, esta é Luciana, uma amiga.

— Velha amiga — acrescentou ela, estendendo a mão para ele.

— Muito prazer — cumprimentou Flávio, apertando a mão dela. — Não quer se sentar conosco?

Para surpresa e temor de Marcela, Luciana aceitou o convite e se sentou ao lado deles. Naquele momento, olhando para ela, Marcela notou o quanto era importante que Flávio jamais descobrisse a verdade sobre as duas. Achara

Luciana linda, maravilhosa, estonteante. Mas, estranhamente, não sentia mais por aquela beleza nada além de uma profunda admiração. Fixando bem o seu rosto e o seu corpo, Marcela descobriu que não tinha mais nenhum desejo por ela, e seu coração, ao palpitar dentro do peito, alertou-a da possível tragédia que seria se Flávio viesse a saber que ela e Luciana, um dia, haviam sido amantes.

Marcela não conseguia dizer nada. Estava atônita e amedrontada. Desde que conhecera Flávio e se envolvera com ele, temia que ele descobrisse que ela fora lésbica e que a desprezasse por isso. No entanto, seu temor nunca fora tão intenso como o que agora sentia. Pensava que, ao ver Luciana fosse sentir um baque no coração, e toda aquela louca paixão retornaria e desabaria sobre ela como uma avalanche. Luciana lhe causava admiração, mas não lhe despertava mais nenhum sentimento de amor ou de paixão.

— Você não diz nada? — era a voz de Flávio, que parecia soar ao longe, como num sonho.

— Eu... — balbuciou ela, tentando encontrar o que dizer — quero ir ao toalete. Você me acompanha, Luciana?

— Claro.

As duas se levantaram, e Marcela conduziu Luciana para um canto no jardim, fora do salão de festas, onde ninguém as podia ver. Por uns instantes, Luciana pensou que ela fosse tentar beijá-la ou começar a chorar, mas Marcela não fez nada disso. Agarrou a outra pelos braços e começou a suplicar de forma atropelada:

— Pelo amor de Deus, Luciana, não diga nada ao Flávio. Ele não pode saber! Nunca poderá descobrir!

— Ei! Calma. Saber o quê? Descobrir o quê?

— Estou apaixonada por ele... realmente apaixonada...

— Puxa, Marcela, isso é muito bom. Fico feliz por você.

— Mas ele não pode saber! Não vai compreender e vai me abandonar.

Pela carga de temor em suas palavras, Luciana começava a entender a que ela estava se referindo. Marcela era uma moça fraca e medrosa, sempre tentando esconder de todos sua condição de lésbica. Quando saíam juntas, nunca deixava que a tocasse, ainda que de forma inocente, porque Luciana também não era dada a cenas em público. E agora, seu medo dobrava de intensidade, porque ela não queria que o namorado descobrisse o que ela era ou fora.

— Você não contou a ele sobre nós? — perguntou Luciana.

— Eu!? De jeito nenhum! Flávio não vai entender, ninguém entende.

— Como é que você sabe? Ele me pareceu bem simpático.

— Você não o conhece. A família dele é super conservadora. Ele é médico, o pai é dono de uma clínica ortopédica. Acha que eles vão aceitar uma coisa dessas?

— Não acha que está exagerando? Afinal, você não fez nada de mais.

— Nada de mais? Nós duas fazíamos amor, Luciana! Isso não é nada de mais?

— Na época, você me pareceu bem à vontade.

— Mas isso foi antes. Agora, não posso.

— Você o ama realmente, Marcela?

— Amo. Sei que pode parecer estranho, mas amo Flávio desde o primeiro dia em que o vi... naquele hospital.

— Vocês se conheceram no hospital?

Marcela balançou a cabeça e esclareceu:

— Foi ele que me atendeu naquele dia... em que fiz aquela loucura.

— Entendo. E você não lhe contou por que tentou se matar?

— Como poderia? Ele demonstrou interesse por mim desde o começo. Pensa que eu fiz aquilo por causa de um ex-namorado, e eu fui deixando que ele acreditasse nisso, até o estimulei a crer nessa versão. Não sei como ele não descobriu... Não soube do seu retrato, Lu. Lembro-me de ter agarrado o seu retrato quando comecei a me sentir sonolenta. Ele deve ter caído no chão.

— Não caiu. Foi Maísa quem o encontrou e o retirou das suas mãos.

— Maísa? Quer dizer então que foi ela que me socorreu?

— Foi, sim. Naquele dia, quando saí de casa, fiquei preocupada com você e pedi a Maísa para dar um pulo lá. Foi sorte, porque ela chegou bem a tempo de chamar os médicos, e você foi salva.

— Por que ela não me disse nada?

— Sabe como é a Maísa: morre de medo de complicações com a polícia. Quando ela viu você e o vidro de remédios ao lado, ligou para a emergência, tirou o retrato das suas mãos e foi embora.

— Maísa... Só agora descobri quem me salvou. Ninguém sabia de nada. Preciso agradecer a ela. Foi graças a ela que pude conhecer o Flávio.

— Você pode fazer isso depois. No momento, o que me preocupa é esse seu medo de que seu namorado descubra sobre nós.

— Olhe, Luciana, não quero que você fique chateada por causa do Flávio. Eu realmente amei muito você e quase morri por sua causa.

— Eu não estou chateada. Quando saí, expliquei-lhe direitinho o que estava sentindo. Gosto de você como uma irmã e quero a sua felicidade. Se Flávio é a pessoa que você escolheu para fazê-la feliz, se você o ama de verdade, então, fico feliz também.

— Obrigada — tornou ela, olhos úmidos de emoção. — Também gosto muito de você, embora de uma forma diferente agora.

— Creio que nós duas desenvolvemos um amor mais sublime, não foi? — Marcela assentiu. — Isso é muito bonito, e eu estou realmente contente. Não queria que você ficasse magoada ou com raiva de mim.

— Por que não me procurou?

— Tive medo de que você não compreendesse o meu interesse e voltasse a sofrer. Mas tive notícias suas o tempo todo. Breno conseguiu descobrir o hospital em que você estava, e eu sempre ligava. Até mandei flores.

— É verdade. Guardo o cartãozinho até hoje.

— Podemos ser amigas daqui para a frente, Marcela. E é como amiga que vou lhe dar um conselho: não inicie um relacionamento na mentira...

— Eu não minto para Flávio.

— Mas está escondendo dele algo que pode ser importante para o futuro de vocês dois.

— Sim, pode ser importante. Tão importante que ele vai terminar comigo se souber.

— Não vai.

— Como é que você pode saber? Você nem o conhece.

— A melhor coisa é sermos francos. Se disser a verdade e ele a amar, ainda que não a compreenda de imediato, vai refletir e acabar aceitando. Afinal, o que importa é o amor de vocês dois no presente.

— Não posso correr esse risco. Tem ideia do que eu sofri quando você me deixou? — Marcela não esperou resposta e foi logo dizendo: — Sofri tanto que queria morrer... Por amá-la demais. Depois, conheci Flávio e tudo se transformou. Penso que o amo como jamais amei você. Não digo isso por despeito nem para que você fique chateada. Digo porque é a verdade. Vim aqui hoje, não só porque gosto de Maísa, mas para fazer um teste comigo mesma. Queria encontrar você para ver o que sentia.

— E...?

— Achei-a linda, maravilhosa, a mulher mais deslumbrante do mundo. Mas não é para mim. Só o que senti foi admiração e uma certa emoção por revê-la após quase quatro meses. Afinal, fizemos uma história juntas.

— É isso mesmo, temos uma história. Uma história que você quer negar e apagar. Ninguém apaga o passado. Precisamos aceitá-lo como ele foi, porque não podemos mais modificá-lo. É com as experiências do passado que precisamos viver no presente e construir o futuro.

— Não estou negando o passado. Apenas não quero que ele venha à tona.

— Quanto tempo acha que vai conseguir esconder isso de Flávio? E se ele descobrir por outra pessoa?

— As únicas pessoas que sabem de nós são você, Maísa e Breno.

— Nenhum de nós vai contar, com certeza. Ainda assim, ele pode descobrir.

— Como? De que jeito?

— Não sei... Uma carta, uma foto, sei lá.

— Vou me desfazer de tudo. Se quiser, envio para você.

— Não é esse o problema, Marcela, é a mentira. Não seria mais honesto lhe contar a verdade?

— Honesto, seria. Mas eu não posso, não tenho coragem. Não vou me arriscar a perder tudo novamente.

— Pense bem. Ninguém constrói uma vida feliz sobre a mentira. Você vai perder a paz e o sossego, sempre com medo de que ele venha a descobrir. E a desconfiança? Qualquer coisa, vai achar que ele descobriu.

— Não é bem assim. Pretendo esquecer esse assunto. Nosso relacionamento morre hoje aqui conosco. De agora em diante, agiremos como se sempre fôssemos amigas.

Luciana ia retrucar, mas uma voz de homem interrompeu a sua conversa, fazendo com que ambas se sobressaltassem:

— Há, há! Aí estão vocês! Posso saber por que tanto segredinho?

Marcela afastou-se de Luciana e apertou Flávio de encontro ao peito, para que ele não visse as pequenas lágrimas que tinha presas nos olhos.

— Não estamos de segredinho — justificou Marcela. — É que Luciana tinha algo a me contar. Algo particular.

— Sei... Bem, isso não é problema meu. Vocês são amigas, e eu não posso me interpor entre a sua amizade. Mas agora, podemos voltar?

— Podemos.

— Não vem conosco, Luciana?
— Vão indo. Vou depois.

Eles se afastaram, e Luciana ficou olhando-os pensativa. O que Marcela estava fazendo era uma loucura inconsequente, mas ela não tinha o direito de interferir. Se fosse ela, teria contado a Flávio na primeira oportunidade, mas Marcela não pensava assim. Era medrosa, tão medrosa que preferia arriscar-se numa mentira a revelar a verdade. Flávio não a deixaria. Ele parecia apaixonado e acabaria entendendo. Não fora compreensivo ao pensar que ela tentara o suicídio por causa de um ex-namorado? Por que não demonstraria a mesma compreensão ao saber que o ex-namorado não era namorado, mas namorada? Que diferença havia se a pessoa se apaixonava por um homem ou uma mulher? Ela mesma, por mais que só gostasse de mulheres, não teria nenhum problema em manter um relacionamento com um homem se, porventura, se apaixonasse por ele. Mas a primeira coisa que faria seria lhe contar a verdade, quer ele a aceitasse, quer não.

De volta à festa, Luciana viu Marcela conversando a sós com Maísa e deduziu que ela deveria estar agradecendo por ter-lhe salvado a vida. A conversa terminou rapidamente, e ela voltou para junto de Flávio, que havia ido buscar algumas bebidas. Luciana estava chateada e sem vontade de conversar, por isso, evitou a mesa dos amigos. Apanhou uma taça de champanhe e saiu de novo para o jardim. Havia uma piscina ao fundo, e ela se debruçou sobre a grade que a separava da área da festa, bebendo seu champanhe em silêncio. Passado algum tempo, ouviu passos na grama, e a sombra de uma mulher se aproximou. Luciana pensou que Marcela havia voltado e se virou, sentindo o coração disparar involuntariamente, ao ver a moça que se aproximava.

— Está se escondendo aqui? — perguntou Cecília, caminhando para perto dela.

— Não... Vim aqui para pensar. E você? Chegou agora?

— Nesse instante.

— Não a vi na igreja.

— Ah! Não tenho paciência para sermão de padre. Acho casamento religioso uma chatice.

Luciana não aprovou o comentário, mas não disse nada. Cecília ainda era jovem e não devia compreender aquelas coisas.

— Veio sozinha? — tornou Luciana, fixando nela o olhar.

— Vim.

— E o namorado?

— Não tenho namorado.

— Não acredito! Uma garota linda feito você!

— Você também é linda e não parece ter ninguém.

Pela primeira vez, Luciana corou. Havia, nas palavras de Cecília, uma segunda intenção que ela podia claramente perceber, embora temesse acreditar que era o que ela pensava que deveria ser.

— Não tenho tempo para namoros.

— Por quê? Você já tem consultório montado, só trabalha à tarde e não tem uma agenda cheia de compromissos.

— Não estou interessada em ninguém.

— Não? Que pena.

O olhar de Cecília, seus lábios carnudos e úmidos pareciam convidar Luciana para um beijo, mas ela se conteve. Embora a conversa da moça soasse comprometedora, Luciana tinha medo de estar enganada e de assustá-la. Além disso, não descartava a possibilidade de que Cecília já houvesse percebido a sua preferência e estivesse simplesmente brincando com ela, para depois rejeitá-la como se nada houvesse notado.

Contudo, não podia deixar passar aquela oportunidade. Esperara por Cecília a noite toda, e agora que ela estava ali, tinha que arranjar um meio de não permitir que se fosse.

— Bom... — divagou com cautela — talvez esteja interessada em alguém, afinal.

— É mesmo? Em quem? Por acaso ele está na festa? — Ela não respondeu. — Ou será que não é ele?

— Por que diz isso? — redarguiu Luciana calmamente.

— Por nada. Brincadeira.

— E você? Está interessada em alguém daqui?

— Não sei. Pode ser.

— Pode ser? E em quem seria?

— Estamos fazendo um jogo de adivinhação?

— Não estou fazendo jogo nenhum. Posso ser clara e objetiva, mas o respeito me aconselha cautela.

— Por quê? A quem estaria desrespeitando?

— A você, talvez.

— A mim? Por quê?

— Será que você não sabe? — Ela meneou a cabeça, olhando para Luciana com olhar divertido. — Se não sabe nem desconfia, então é melhor eu me calar.

— Pode dizer.

Luciana já estava ficando cheia daquela brincadeira e revidou friamente:

— Não tenho nada a dizer.

— Não acredito. Você tem algo a me falar, mas lhe falta coragem.

— Engana-se, Cecília. O que me falta é colocar de lado o fato de que você trabalha para mim, e não posso correr o risco de perder uma boa assistente. Nem quero que você saia por aí dizendo que eu não a respeitei e que me aproveitei da minha condição de patroa para... — calou-se abruptamente, fitando a outra nos olhos.

— Para quê?

Ao invés de responder, Luciana puxou Cecília para si e beijou-a nos lábios, com insegurança e medo de que ela a repelisse. Cecília, no entanto, não fez nada disso. Correspondeu ao beijo com ardor e começou a acariciar Luciana.

— Vamos para o meu apartamento — sugeriu Luciana, soprando em seu ouvido.

As duas saíram rapidamente. Luciana só se despediu de Maísa e Breno, que olharam para Cecília de soslaio e sorriram, já sabendo do que se tratava.

— Olhe lá, hein? — brincou Maísa. — Não vá me fazer perder a secretária.

Luciana piscou para ela e saiu com Cecília. Da porta do salão, ainda teve tempo de dar uma última espiada em Marcela, que dançava com Flávio e nada percebera. Foram para o apartamento de Maísa, que agora estava vazio, e amaram-se por toda a noite. Ao final, Luciana estava saciada e feliz, e Cecília parecia assustada e insegura.

— Tudo bem? — perguntou Luciana, alisando os cabelos dela.

— Tudo...

— Então, por que essa carinha?

— É que nunca fiz isso antes. Você foi minha primeira experiência.

— E...?

— Foi maravilhoso! Imagine só! Eu, que sempre acreditei em príncipe encantado, namorando outra mulher!

— Espere um momento. Quem foi que disse que nós estamos namorando?

— E não estamos?

— Olhe, Cecília, não quero magoar você, mas não posso mentir. Não estou querendo me envolver com ninguém por enquanto.

— Mas... e nós? E o que aconteceu?

— Também achei maravilhoso e podemos repetir. Mas sem compromissos.

— Como assim?

— Você ainda é a minha secretária, e eu sou sua chefe. Não gostaria que você misturasse as coisas.

— Fica difícil. Depois do que houve esta noite, não posso mais ver você somente como chefe.

— Lamento, mas tem que ser assim. Do contrário, nossa relação no trabalho vai acabar se tornando insustentável.

— E você vai me despedir, não é?

— Não foi isso que eu disse. Só não quero que esse nosso relacionamento atrapalhe suas obrigações no trabalho. Você não é minha namorada; é minha secretária.

— Mas como espera que eu me porte com você depois desta noite? Não posso fingir que não houve nada.

— Na frente de Maísa e dos clientes, aja com naturalidade, como se nunca tivesse havido nada mesmo. Quando estivermos a sós, podemos nos comportar de maneira mais íntima.

— Não entendo. Você diz que não quer me namorar, mas podemos ter intimidades?

— Podemos ter um relacionamento, se você quiser. Eu quero. Gosto de você, acho-a linda e inteligente, mas não quero nenhum compromisso sério. Passei oito anos da minha vida ao lado de uma pessoa e agora não quero me prender a ninguém.

— Que pessoa? Uma mulher?

— Não interessa.

— Diga-me apenas se foi com uma mulher.

— Sim, foi com uma mulher, e não pretendo me envolver com outra tão cedo.

— Mas, e se eu me apaixonar por você? E se você se apaixonar por mim?

— Se isso acontecer, aconteceu. Ninguém pode mandar no coração. Mas quero que fique bem claro que entre nós não há nenhum compromisso. Se você não quiser aceitar assim, eu compreendo. Essa noite foi ótima, mas, a partir de amanhã, tudo pode voltar a ser como antes e podemos agir como se nada tivesse acontecido.

Naquele momento, uma raiva imensurável se apossou de Cecília, que teria mandado Luciana para o inferno, não fosse o interesse que a movia. Desde que começara a trabalhar, tinha certeza de que Luciana era lésbica, pelo seu comportamento e pelos olhares discretos que lhe lançava.

Estava na cara que Luciana a admirava, e ela começou a arquitetar o seu plano.

O consultório estava indo muito bem, e o dinheiro entrava em quantidade. Fazia um mês que ela estava trabalhando lá, e logo na primeira semana teve aquela ideia brilhante. Luciana parecia uma mulher dura e meio rebelde, o que Cecília atribuiu ao fato de ela ser lésbica num mundo masculino cheio de preconceitos. E era solitária também. Ela não sabia da existência de outra na vida de Luciana e pensava que ela vivia sozinha por medo de se expor. Agora, contudo, via que a solidão de Luciana era deliberada, e que ela não tinha ninguém porque não queria se envolver.

Aquilo atrapalharia seus planos. Cecília estava disposta a conquistar o coração, a confiança e a carteira de Luciana. Se ela se apaixonasse, tinha certeza de que tudo lhe daria para torná-la feliz. E Cecília queria uma vida fácil. Estava trabalhando e era ambiciosa, mas não pretendia seguir carreira como secretária. Aquilo não tinha futuro. Só arranjara aquele emprego porque o pai exigira, ameaçando colocá-la para fora de casa, caso ela não colaborasse com as despesas. Mas não queria trabalhar. Queria alguém que a sustentasse e precisava se empenhar para alcançar o seu intento.

Quando aceitou aquele emprego, não imaginava que estaria ali a chance que procurava. A princípio, concordou com o trabalho porque precisava do dinheiro e o salário era bom. Mentiu para as donas do consultório, fazendo-as crer que o mais importante era estar empregada, e esforçou-se o máximo que pôde para aprender aquele ofício chato e maçante. Aprendeu a tirar radiografias e preparar massas e injeções, embora tivesse horror a tudo aquilo e visasse apenas o dinheiro.

Logo nos primeiros dias, percebeu o interesse de Luciana. Por mais que ela tentasse disfarçar, Cecília conhecia muito bem aqueles olhares. Estava acostumada a ser assediada pelos rapazes e, embora nunca antes houvesse se envolvido com uma mulher, as reações não eram muito diferentes. O desejo falava igual nas pessoas de qualquer sexo e qualquer preferência. No começo, estranhou a ideia de se entregar a outra mulher e precisou de um tempo até se acostumar, mas o casamento de Maísa pareceu uma boa oportunidade para experimentar sua nova forma de sedução.

Deu certo. Contando com o interesse de Luciana, que fatalmente estaria esperando que ela comparecesse à festa, Cecília se atrasou de propósito. Não gostava mesmo de cerimônia religiosa e dispensou-a, só aparecendo na recepção bem mais tarde, quando achou que Luciana já devia ter perdido as esperanças de que ela fosse. Dito e feito. Luciana estava sozinha e triste, e demonstrou uma alegria contagiante logo que a viu. Dali para o sexo, foi um pulo. Cecília usou com Luciana as mesmas manhas que utilizava quando queria envolver algum homem, e ela caiu feito um patinho. Na hora do beijo, pensou que fosse desistir, mas até que gostou e correspondeu sem maiores problemas.

Tudo estava saindo muito mais fácil do que ela imaginava. O único problema era que Luciana não queria se envolver, e ela precisava fazer com que Luciana se apaixonasse por ela. Mas como? Precisava ser esperta e agir com calma, ou a outra se afastaria dela e ainda a dispensaria do emprego. Ao contrário do que ela imaginara, Luciana era uma mulher segura e decidida, e não uma lésbica solitária e amarga, pronta para cair nos braços de qualquer uma que lhe desse atenção e lhe saciasse o desejo.

Pensando nisso, Cecília engoliu a raiva e retrucou com aparente docilidade:

— Acho que você tem razão, Luciana. Um envolvimento não seria bom para nenhuma de nós. Nós temos uma relação de trabalho que poderia ficar abalada se nos envolvêssemos emocionalmente. E eu preciso do emprego.

— Fico feliz que pense assim. Também preciso da secretária, e você é muito boa no que faz.

Luciana encerrou a conversa com um beijo e foi tomar banho, deixando Cecília remoendo a raiva.

Na segunda-feira, quando Luciana chegou ao consultório, cumprimentou Cecília formalmente, porque havia um cliente na sala de espera. Maísa viajara em lua de mel e só retornaria dali a quinze dias, de forma que ela estava sozinha, atendendo, inclusive, alguns pacientes de Maísa com casos mais urgentes.

No fim do dia, depois que todos os clientes haviam saído, Cecília começou a arrumar a mesa, guardando fichas e somando os cheques, quando Luciana se aproximou. Cecília não queria parecer ansiosa e limitou– se a olhá-la, contendo a ansiedade. Se demonstrasse excessivo interesse, Luciana logo se cansaria dela, e era por isso que precisava se fazer de difícil.

— Deseja alguma coisa, Luciana? — perguntou ela, de forma estudadamente profissional.

Luciana não respondeu. Puxou-a para si e amou-a ali mesmo, no sofá da sala de espera, para regozijo de Cecília. Efetivamente, aquele era o caminho certo. Luciana não gostava de mulheres carentes nem que se apegassem a ela, e Cecília estava disposta a fazer o papel de desligada e desinteressada.

Ao final, Luciana se levantou e começou a se vestir, falando com satisfação:

— Você é maravilhosa, Cecília. Sabia que não me enganaria com você.

— Gosto muito de você, Luciana, mas cheguei à conclusão de que também não quero me envolver. Ainda sou muito nova, quero experimentar outras coisas na vida.

Com uma expressão indefinível no olhar, Luciana considerou:

— Fez uma opção segura e sensata, mas tenha cuidado com o que vai experimentar.

Não esperou resposta. Atirou um beijo no ar, apanhou a bolsa e saiu em direção ao ponto de ônibus. Precisava comprar um carro, mas primeiro, tinha que pensar no apartamento. Maísa se mudara, e o proprietário não queria alugar para ela. Dera-lhe um prazo de noventa dias para que ela se mudasse, tempo mais do que suficiente para encontrar outro lugar.

No consultório, Cecília exultava. Tinha certeza de que Luciana saíra com os pensamentos voltados para ela, embora com medo de assumir. Não sabia, sequer imaginava, que Luciana deixara de pensar nela assim que cruzara a porta da rua, os pensamentos tomados por coisas práticas que requeriam a sua atenção.

CAPÍTULO 6

    De tanto Dolores insistir, Flávio acabou por concordar em levar Marcela a um almoço em sua casa, no sábado seguinte ao casamento de Maísa. Marcela estava insegura, sem saber como se portar diante de uma mulher tão distinta e requintada.
    — Você não tem que se preocupar com nada — tranquilizou Flávio. — Mamãe pode parecer meio austera a princípio, mas não é nenhuma megera.
    — Não é isso... — argumentou Marcela. — É que nunca me vi numa situação como essa antes.
    — Que situação? De conhecer a mãe do namorado?
    Ela ficou confusa e terminou por gaguejar:
    — É... isto é, assim, tão de repente.
    — Não é de repente. Já estamos juntos há quatro meses, e pretendo assumir um compromisso formal com você. — Notando o seu embaraço, ele emendou: — Você não quer?
    — Quero...
    — Você não me parece muito segura. Será que não me ama?

— Amo...

— Se me ama, do que tem medo?

— De nada... Na verdade, tenho medo do meu passado...

Aquele era um terreno espinhoso, e Marcela temia acabar revelando mais do que deveria. O que diria a mãe de Flávio se soubesse que ela tentara se matar por causa de outra mulher? Era preciso ocultar a verdade a qualquer preço.

— Se você está com medo de que mamãe saiba que você tentou suicídio por causa de um ex-namorado, não precisa se preocupar. Ela não sabe de nada e, se depender de mim, nunca vai saber.

— Você não lhe contou?

— Não. Por que contaria? Minha mãe não tem nada com a minha vida ou a sua, e não sou homem de ficar dando explicações. Nem ela, nem meu pai sabem dessa particularidade da sua vida.

— Obrigada, Flávio — murmurou ela aliviada. — Eu não saberia o que dizer se ela descobrisse a verdade.

— Você não precisa dizer nada. Não por vergonha ou medo, mas porque a sua vida só a você diz respeito. Você não é obrigada a revelar a sua vida a ninguém. O seu passado só a você pertence.

— Você acha mesmo isso? — admirou-se Marcela.

— É claro que acho.

— Não gostaria de conhecer o meu passado?

— Já sei de tudo o que interessa. O que você fez antes de me conhecer não é da minha conta. Se dormiu com um, dois ou dez homens, não é problema meu.

Marcela não disse nada. Ele parecia muito honesto no que dizia, ainda mais porque pensava, realmente, que ela tivera outro homem antes dele. Mas o que diria se sua paixão anterior não fosse por um homem, mas por outra mulher? De qualquer forma, não iria lhe dizer. Não até ter certeza de que ele entenderia e não a julgaria nem condenaria.

Quando o sábado chegou, fazia um dia de muito sol e céu azul, e Flávio foi buscar Marcela por volta das onze horas. Ela estava muito bonita num vestido branco florido, e ele a elogiou várias vezes. A própria Marcela se envaidecia de sua recém-descoberta feminilidade e tudo fazia para agradá-lo e deixá-lo impressionado com a sua beleza.

Chegaram à casa de Flávio às onze e meia, e Dolores estava sentada na varanda dos fundos, bebendo um refresco, à sua espera. Quando eles entraram, ela se levantou e estendeu a mão para Marcela, dizendo com uma cordialidade estudada e falsa:

— Mas então, é você a Marcela. Agora entendo por que Flávio ficou tão impressionado com você.

O rosto de Marcela ardia profundamente, mas ela conseguiu se controlar e apertou a mão de Dolores.

— Muito prazer em conhecê-la, dona Dolores. Flávio fala muito bem da senhora.

— Isso não me surpreende. Tenho um filho maravilhoso e espero que ele esteja me arranjando uma nora à altura.

— Deixe disso, mamãe — cortou Flávio, notando o constrangimento de Marcela.

— Não seja implicante — repreendeu ela. — Marcela e eu vamos ser muito amigas, não é Marcela?

— Vamos... — respondeu Marcela hesitante.

— Viu só? Por isso, não me amole. Tenho certeza de que ela corresponde bem às minhas expectativas de mãe e não vai me decepcionar.

Para desfazer o mal-estar, Flávio tomou Marcela pela mão e desceu com ela os três degraus que iam dar no jardim.

— Vou mostrar a casa a Marcela — avisou à mãe. — Voltaremos na hora do almoço.

Dolores pensou em protestar, mas tinha que se controlar. Sua vontade era de desmascarar aquela caça-dotes ali mesmo, mas precisava agir com cautela. Flávio parecia muito interessado na moça, e ela não podia tratá-la mal. Não entendia o que o filho vira naquela lambisgoia. Era bonita, de fato, mas beleza não era tudo, e Ariane era ainda mais bonita e tinha mais classe. Não sabia se era inteligente, mas devia ser, porque Flávio lhe dissera que ela era professora de português, formada em literatura.

Pelo seu comportamento, parecia uma moça apagada e insegura, e acabaria dependendo de Flávio para tudo. Aquilo poderia ser uma vantagem, porque pessoas fracas eram facilmente manipuláveis, mas ela não tinha estilo. Era uma pobretona sem eira nem beira, não tinha berço nem educação. Tinha jeito de empregadinha e ar subalterno. Bem se via que era de origem humilde, para não dizer inferior. E ela, Dolores Cândida Raposo, jamais permitiria que seu filho se casasse com uma *gentinha* feito ela.

No jardim, Marcela e Flávio passeavam de mãos dadas, e a moça ia dizendo:

— Sua mãe não gostou de mim.

— Bobagem! Minha mãe é assim mesmo.

— Ela pensa que eu não sirvo para você.

— Ela disse isso? Eu não ouvi.

— Dava para perceber pelo jeito dela.

— Impressão sua. Ela quer apenas conhecê-la melhor, e é natural que se interesse pela mulher com quem vou me casar.

— Casar!?

— Eu não disse que queria assumir um compromisso sério?

— Mas você não falou em casamento.

— Estou falando agora. Quer se casar comigo?

— Tenho medo...

— Você não me ama?

— Amo.

— Tem certeza? — Ela assentiu. — Certeza absoluta?

— Tenho...

— Então, não há o que temer.

— Mas... e se sua mãe não me aceitar?

— Esqueça minha mãe. Quem tem que aceitá-la sou eu, não ela.

— E se ela descobrir o meu passado?

— De novo com essa história de passado? Você fala como se fosse uma criminosa ou algo parecido. Já esteve presa?

— Deus me livre!

— Andou metida em algum sequestro, roubo ou prostituição?

— É claro que não!

— Então, isso de passado é tolice, e você não devia voltar a essa história. O seu passado não me interessa, já disse.

— Tem certeza? E se eu tiver feito algo que você não aprove?

— O quê?

— Sei lá... Ter vivido com outra mulher, por exemplo.

— Como é que é? — ele soltou uma gargalhada. — Mas que besteira! Desde quando você é mulher de se envolver nessas esquisitices?

— Acha esquisitice?

— Ser lésbica? — Ela aquiesceu. — Acho, sim. Mulher direita não se mete com esse tipo de gente.

— Você é preconceituoso!

— Não sei se sou preconceituoso. Olhe, Marcela, não sei por que estamos conversando sobre isso. Não tem nada a ver com você.

— Sei que não... Mas gostaria de saber o que você pensa a respeito.

— Por quê?

— Por nada. Curiosidade, apenas. Você é médico, e não dizem que os médicos não podem ter preconceito?

— Não é bem assim. Se aparecer no meu consultório uma lésbica ou um homossexual, vou atendê-los normalmente.

A vida é deles, e eu não tenho nada com isso. Minha função é cuidar da vida e da saúde das pessoas, e é o que pretendo fazer, independentemente da pessoa que precise de meus cuidados. Mas não entendo muito bem a escolha que essa gente faz e não gostaria de ninguém na minha família envolvido com isso. Muito menos a mulher com quem vou me casar. — Marcela engoliu em seco, decepcionada, e Flávio considerou: — Você não tem nada a ver com isso, tem?

— É claro que não! — mentiu ela, agora decidida a não deixar que ele descobrisse a verdade. — Deus me livre de ter relações com uma mulher! Acho nojento.

Assim que terminou de dizer essas palavras, Marcela sentiu-se mal. Estava traindo um sentimento que a alimentara por oito anos, traindo a pessoa com quem dividira a sua vida por todo aquele tempo e que lhe dera muito mais do que amor e amizade; traindo a si mesma, negando que fora feliz e se realizara ao lado de Luciana. Como podia agora se desfazer de tudo aquilo, falando coisas que não pensava ou sentia, apenas por medo de perder o homem por quem se julgava apaixonada?

Sua consciência lhe dizia que aquele era o momento de revelar a Flávio toda a verdade. Talvez ele não fosse tão preconceituoso, afinal. Se realmente a amasse, saberia entender aquele seu momento e não a julgaria ou criticaria pelo que fizera. Afinal, não fora ele mesmo quem dissera que o seu passado não lhe importava? Por outro lado, era o mesmo Flávio quem dizia que mulher direita não se metia com *aquelas coisas*, e que não gostaria de se envolver com mulheres daquele tipo. Do mesmo tipo que ela era.

O medo a fez calar-se novamente. Não negaria para si mesma tudo o que vivera e sentira por Luciana, mas também não podia correr o risco de perder a pessoa que amava naquele momento. Luciana fora o grande amor de sua vida, mas o que ela agora sentia por Flávio ia crescendo a cada dia, e Marcela começava a pensar que não poderia viver sem ele, assim como um dia achou que não conseguiria viver sem Luciana. Só que Luciana fora passado. Flávio representava o presente e o futuro.

— Vamos voltar? — ela ouviu Flávio dizer, enquanto a puxava pela mão. — Estou vendo mamãe acenando da varanda.

Efetivamente, Dolores acenava para eles da porta, chamando-os para o almoço. Flávio foi conduzindo Marcela pela alameda do imenso jardim, e a conversa se perdeu no ar. Apesar de achar estranho aquele assunto, Flávio não pensou mais nele. Não tinha nada a ver com Marcela, e ele preferia nem imaginar que ela pudesse ter-se envolvido com lésbicas.

— O almoço está servido — anunciou Dolores, logo que eles subiram os degraus da varanda. — Não vamos deixar a comida esfriar, não é mesmo?

Os três entraram na sala de jantar, e Dolores indicou o lugar em que Marcela deveria se sentar, do lado oposto de Flávio.

— O que temos para comer? — indagou Flávio, cheirando as travessas.

— Mandei fazer lagosta com salada de camarão — avisou Dolores. — Marcela me parece uma moça simples, e eu não queria fazer nada formal.

Lagosta? Marcela jamais comera lagosta em toda a sua vida. Nem sabia como retirá-la da travessa e colocá-la no prato, mas Flávio não se deixou intimidar. Mandou que a servissem e cortou tudo para ela, sob o olhar malicioso da mãe.

— Marcela é, realmente, uma moça de gostos simples, mamãe — esclareceu ele. — E ninguém que é simples come lagosta. Por que não escolheu um prato menos complicado?

— Oh! Desculpe-me, querida. Pensei que você estivesse acostumada e soubesse se servir.

Flávio fuzilou-a com o olhar, mas não respondeu. Parecia claro agora que a mãe estava se esforçando para deixar Marcela mal, mas ele não iria permitir. No começo, não quis acreditar, achando que a insegurança de Marcela a fazia imaginar coisas, mas agora reconhecia que servir um prato de lagosta a uma pessoa como Marcela era, no mínimo, maldoso.

— Coma, meu bem — disse ele para Marcela, vendo que ela não se mexia. — Você vai gostar.

Bem lentamente, Marcela levou o garfo à boca e experimentou a lagosta. Estava gostosa, mas ela temia fazer algo inapropriado e olhou para Flávio, pedindo socorro. O olhar que ele lhe devolveu transmitiu-lhe tranquilidade, e ela acabou comendo tudo, lutando contra a vergonha e o embaraço.

— Flávio me disse que o seu pai é padeiro — comentou Dolores, com aquele ar de maldisfarçada malícia.

— Meu pai é dono de uma padaria, sim — confirmou Marcela.

— A vida de um padeiro deve ser emocionante! — ironizou ela, mordiscando a lagosta e evitando o olhar de censura do filho. — Levantar todo dia às quatro da manhã para fabricar todo tipo de pão!

— Não sei se é emocionante — respondeu Marcela, sentindo o rubor cobrindo-lhe as faces. — Mas é um trabalho digno, e meu pai se esforçou muito para conseguir o seu próprio negócio.

— Imagino que sim... — deu um risinho mordaz e prosseguiu — Há quanto tempo você saiu de casa?

— Desde que vim estudar no Rio, há cerca de oito anos.

— E não tem visto os seus pais desde então?

— Não...

— Campos é muito longe, mamãe — intercedeu Flávio. — Não dá para ficar indo e vindo a toda hora.

— Ah! E a passagem de ônibus deve ser muito cara também.

— Isso não nos interessa, não é mesmo? — era Flávio novamente.

— Nem um pouco! — disse Dolores. — Bem, você veio para o Rio estudar Letras, não é mesmo?

— Sim, senhora.

— E hoje dá aulas.

— Dou. Numa escola normal.

— É muito bom ter um emprego nos dias de hoje, não é? Quer dizer, ser professora é melhor do que estar desempregada.

— Marcela é professora concursada — defendeu Flávio. — E muito capaz.

— Imagino que sim. E deve ganhar bem.

— O suficiente para viver com uma certa tranquilidade — respondeu Marcela, cheia de orgulho.

— O que isso nos importa, mãe? — censurou Flávio. — Quanto Marcela ganha é problema dela.

Dolores ignorou o comentário de Flávio e prosseguiu em tom inquisidor:

— Suponho que você pretende deixar de trabalhar depois que se casar com meu filho.

— Quem foi que disse que vamos nos casar? — explodiu Flávio.

— Não é para isso que estão namorando? Com certeza, os dois não têm mais idade para namoricos de passatempo. Flávio já vai fazer trinta anos, e você não é mais nenhuma garotinha.

— A idade de Marcela não é problema seu, mamãe — rebateu Flávio, bastante aborrecido. E, virando-se para a moça: — Já terminou de comer?

Marcela aquiesceu e limpou os lábios no guardanapo, preparando-se para se levantar da mesa quando Dolores a impediu:

— Deixem de bobagens, vocês dois, e terminem de almoçar.

— Você está sendo grosseira, mamãe — afirmou Flávio. — Está me envergonhando na frente de Marcela.

— Estou? Perdoem-me, não era essa a minha intenção. Você sabe como eu sou, Flávio, vou falando as coisas sem nem me dar conta. Não sabia que estava ofendendo Marcela.

— Não faz mal — contemporizou Marcela. — Não foi nada.

— Viu só? Ela nem se aborreceu.

— Marcela só está sendo gentil, coisa que você não é.

— Já pedi desculpas. Não queria ofender ninguém.

— Deixe para lá, Flávio — disse Marcela. — Tenho certeza de que sua mãe não fez por mal. Não vamos nos aborrecer por causa disso.

— Muito bem, Marcela. Você é uma moça sensível e sensata.

— Então, vamos mudar de assunto — retrucou Flávio carrancudo.

A conversa mudou de rumo, e Dolores riu intimamente. Não podia perder a chance de humilhar a moça, ainda que não houvesse ninguém para assistir. Contudo, precisava refrear a sua ânsia de mostrar a Flávio que tipo de mulher era aquela, porque ele acabaria se zangando, e sua atração por ela aumentaria. Afinal, nada melhor do que uma mocinha desprotegida e carente para atrair a atenção de um homem firme e protetor feito Flávio. Mas sabia que precisava destruir aquele namoro. Jamais permitiria que seu filho estragasse a vida com uma professorinha de escola normal sem classe nem distinção.

Como faria para separar aqueles dois? A moça viera de Campos e não via a família havia anos. Por que saíra de sua cidade e nunca mais retornara? Por que sequer mantinha contato com os pais? Uma moça que sai de casa cedo para viver numa cidade grande, na certa, não tem o apoio da família. Que pai permitiria que a filha solteira fosse morar sozinha no Rio de Janeiro? A não ser que a família não ligasse para ela. Ou então, que ela tivesse fugido de casa.

Descobrir tudo sobre seu passado talvez fosse um caminho, mas Flávio não se deixaria impressionar por nada que se referisse à família de Marcela. Flávio não era de se importar com regras de etiqueta e linhagem, e se os pais de Marcela não fossem pessoas dignas ou honestas, ele não ligaria. Decididamente, encontrar segredos escabrosos dos pais da moça não serviriam para nada. O que ela precisava era de algo na vida da própria Marcela, algo que lhe dissesse respeito diretamente e que chocasse ou desgostasse o filho a tal ponto que ele nunca mais quisesse olhar para ela.

Enquanto isso, em casa de Ariane, a situação começava a ficar insustentável. Os pais viviam brigando, porque a mãe desconfiava que Nélson estivesse tendo um caso com alguém. Os dois discutiam no quarto, mas a janela aberta facilitava que Ariane escutasse toda a conversa.

— Não suporto mais isso! — afirmava Anita. — Você não me dá mais atenção, não me procura mais.

— Tenho andado ocupado — desculpou-se Nélson, sem a encarar.

— As coisas entre nós já não são mais as mesmas. Você anda frio, distante... Tenho certeza de que arranjou outra mulher.

— Você está imaginando coisas. Não tenho tempo para mais ninguém.

— Não é verdade, eu sinto isso.

— Pare de me amolar, Anita. Tenho mais o que fazer.

Com ar irritado, Nélson virou-lhe as costas e saiu do quarto, deixando Anita entregue a profunda tristeza. Havia algo de errado com o seu casamento, e ela sabia o que era: ela. Desde o nascimento de seu último filho, onze anos antes, ganhara peso e jamais conseguira se recuperar. De lá para cá, o interesse de Nélson foi minguando, até que, um dia, ele deixou de procurá-la para o sexo, dando-lhe a certeza de que arranjara outra mulher.

Agora então, as coisas pareciam bem piores. Além de frio, ele andava irritadiço e mal-humorado, e não se preocupava mais em manter as aparências. Não a levava para jantar e só comparecia acompanhado às recepções e festas quando absolutamente necessário. Sem contar que a situação financeira de ambos estava beirando a ruína. Nélson não falava, mas ela tinha certeza de que a clínica não ia bem. Desde que Justino desfizera a sociedade, os negócios pareciam ir de mal a pior. Nélson era péssimo administrador, e ela ainda duvidava de suas habilidades médicas.

De onde estava, Ariane percebeu a saída do pai e, chegando mais para perto da janela, ouviu soluços abafados, deduzindo que a mãe estava chorando. Ela ainda pensou algumas vezes se deveria ou não ir ao seu quarto, até que decidiu ir. Aquela situação a incomodava, e ela não suportava mais ver a mãe naquele estado. Bateu de leve à porta, mas Anita não respondeu, e ela entrou lentamente.

— Mãe — chamou ela, tocando no ombro de Anita, que tinha o rosto afundado nos travesseiros. — Você está bem?

Anita levantou a cabeça, enxugou os olhos vermelhos e se levantou.

— Estou bem — respondeu fungando. — Acho que peguei um resfriado.

— Pare de se enganar, você não tem resfriado algum. Brigou com papai de novo, não foi?

— Seu pai está diferente...

— Por que diz isso?

— Não é possível que você não note como ele me trata. — Ela não respondeu. — Ele não me quer mais, sinto isso.

— Por quê?

— E eu é que sei?

A última coisa que Ariane queria era magoar a mãe, mas aquilo já estava indo longe demais. Alguém precisava despertá-la para a realidade, e era isso que ela acabaria fazendo:

— Será que posso lhe falar uma coisa, mãe? Com toda a sinceridade?

— O que é?

— Você não vai me levar a mal nem ficar chateada?

— Não. O que é? Pode dizer.

— Não quero que você se magoe... mas você sabe como as mulheres vivem se cuidando hoje em dia...

— Já sei! — interrompeu ela, entre aborrecida e magoada. — Vai me dizer que eu estou gorda, não é?

— Não foi isso o que eu quis dizer.

— Foi isso, sim. Você acha que seu pai perdeu o interesse em mim porque eu engordei. Mas o que eu posso fazer? Tive quatro filhos... Isso não é para qualquer uma.

— É claro que não, e eu entendo. Não estou dizendo que você teve culpa de engordar. Mas você pode tentar emagrecer...

— Eu não consigo! Já tentei de tudo, tomei remédios, fiz ginástica, experimentei dietas milagrosas. Nada deu certo. E depois, pensei que seu pai me amasse de qualquer jeito.

— Mãe, não é bem assim...

— Tem razão, não é mesmo? Se seu pai realmente me amasse, não se importaria com isso. Mas o fato é que ele não me ama. Casou-se comigo porque eu era jovem, rica e linda. Mas depois que os filhos vieram, e meu corpo se modificou, ele logo, logo tratou de me trocar por alguma garota.

— Você não sabe se isso é verdade.

— Só pode ser. Você mesma acha que eu estou horrível!

— Eu não disse isso.

— Mas foi o que quis dizer.

— Eu só acho que se você não fizer alguma coisa, vai acabar perdendo o papai.

— Era só o que me faltava! Minha própria filha contra mim.

— Não estou contra você. Ao contrário, quero ajudá-la a conservar o seu casamento.

— E só conseguirei isso se emagrecer?

— Não sei. Mas talvez ajude.

— Está tudo errado — lamentou Anita, recomeçando a chorar. — Eu sempre achei que o amor estivesse acima dessas coisas. Amor é algo que vem do coração, não do corpo. Se a aparência física é tudo o que importa, então, não há amor.

— Não é que papai não a ame. Ele deve apenas estar chateado porque a mulher dele deixou de se cuidar e tem a aparência relaxada. Você já viu como as mulheres dos outros são bonitas e bem-cuidadas? Você nem as unhas faz mais.

Anita olhou para a filha de boca aberta. Para ela, o amor independia da beleza física, mas a filha parecia pensar de outro jeito. O marido também pensava como Ariane. Todo mundo pensava. Por outro lado, a filha tinha razão. Sua aparência estava horrível. Os cabelos apresentavam vários fios brancos que a tinta da farmácia não conseguia esconder. As unhas estavam lascadas e sem brilho. A pele oleosa e descuidada. As roupas, então, pareciam coisa de velha. Olhando-se no espelho, Anita achou que aparentava bem mais do que os seus quarenta e quatro anos.

— É isso que tem importância para você? — retrucou ela, desanimada e triste.

— Aparência pode não ser tudo, mas ajuda um bocado. Entre mulheres bonitas e inteligentes, os homens ficam com as bonitas.

— Mas está errado. E o caráter, onde é que fica?

— Que caráter, mãe? Desde quando mulher precisa disso?

— Ariane! — tornou ela, surpresa e embasbacada.

— Isso tudo é tolice — prosseguiu ela, ignorando o espanto da mãe. — Veja Dolores, por exemplo. É mais velha do que você, mas parece infinitamente mais jovem. Está sempre indo a salões de beleza, faz massagem, tratamentos para a pele, tinge os cabelos. É uma mulher linda. Não há quem não a admire.

Os valores de Ariane pareceram distorcidos a Anita, mas ela resolveu se calar. Não tinha argumentos para rebater as argumentações da filha. Podia dizer-lhe que nada daquilo era importante, que o que importava eram os valores morais e espirituais, mas ela não iria entender. Completamente aturdida, só o que conseguiu foi balbuciar:

— Não reconheço você...

Ariane não ouviu o seu comentário e continuou falando, já agora presa a outro assunto:

— E é por isso que vou me casar com o filho dela. Ela me adora e faz muito gosto no meu casamento com Flávio. Agora, imagine só se eu fosse relaxada e descuidasse da aparência. Flávio não ia nem olhar para mim, e Dolores não ia me querer para nora.

— Você e Flávio ainda estão namorando? — indagou Anita, agora envolvida pelo novo assunto, sentindo-se até mesmo grata por não ter mais que ouvir as barbaridades de Ariane.

— Estamos... Isto é, mais ou menos.

— Como é que alguém namora mais ou menos?

— Bom, Flávio anda meio arredio, sabe como é.

— Não, não sei. E quer que lhe diga? Acho que Flávio não gosta de você.

— Gosta, sim.

— Se você quer se iludir, o problema é seu. Mas a verdade é que ele não me parece nem um pouquinho interessado em você.

— Você não sabe de nada, mãe. Nem sai de casa! Como pode saber por quem Flávio se interessa?

— Posso não andar saindo muito ultimamente, mas sou mulher e entendo dessas coisas. Se Flávio gostasse de você, viria vê-la com frequência. Mas ele sequer a procura... nem telefona.

— Porque anda ocupado. E já que você falou, vou aproveitar o sábado e ligar para ele.

Um tanto quanto aborrecida, Ariane saiu do quarto e foi telefonar para Flávio, deixando Anita sozinha. Depois que a filha saiu, ela se entregou novamente à reflexão. Ariane podia estar com os valores distorcidos, mas não deixava de ter lá a sua razão. Ela andava mesmo muito descuidada da aparência, o que não era bom. Já tentara de tudo para emagrecer e não conseguira nenhum resultado significativo. Por causa disso, desistira e se entregara ao desânimo. Mas agora, pensava melhor. Será que só porque estava gorda precisava se vestir feito uma bruxa? Não seria melhor colocar uma roupa mais bonita, pentear os cabelos, pintar as unhas?

Talvez fosse uma boa ideia para levantar o seu ânimo. Do jeito que ela estava, não podia mais ficar. O marido a ignorava, e os filhos tinham suas próprias vidas para cuidar. Huguinho, o mais novo, estava crescendo, e os outros dois estudavam na Europa. Ariane logo se casaria e deixaria a casa materna. E ela? O que seria dela depois que eles se fossem, cada vez mais velha e mais gorda?

Precisava tomar uma atitude. Não pelo marido nem pelos filhos, mas por ela mesma. O único problema é que ainda não se resolvera. Faltava-lhe ânimo e coragem. Na mente, a ideia era excelente, mas colocá-la em prática exigiria um pouco mais de esforço. Precisava de um estímulo, um incentivo, mas não tinha nada.

Em seu quarto, Ariane desligava o telefone com fúria. A criada lhe dissera que Flávio havia saído logo depois do almoço e ainda não voltara. Aonde teria ido? Não queria admitir, mas a mãe tinha razão. Flávio estava muito desligado e não demonstrava o menor interesse por ela. Dolores lhe garantira que ele se casaria com ela, mas o que estaria fazendo para conseguir isso? Pelo visto, nada. Ariane já não aguentava mais esperar. Devia ter pedido para falar com Dolores, mas a raiva a fizera desligar o telefone. Ia ligar de novo, contudo, mudou de ideia. Iria pessoalmente falar com ela.

Dolores estava em casa e não se surpreendeu quando Ariane entrou pela porta com ar ansioso.

— Muito bem, Dolores — foi logo dizendo. — O que é que está acontecendo com Flávio?

— Em primeiro lugar, boa tarde — retrucou Dolores calmamente. — Em segundo, não sei do que você está falando. Não aconteceu nada com Flávio.

— Você está querendo me enrolar? Não me prometeu que Flávio ia se interessar por mim? Não é isso que está acontecendo.

Dolores soltou um suspiro desanimado e encarou Ariane. Não adiantava mais lhe esconder nada. Depois de conhecer Marcela, tinha certeza de que o filho estava mesmo disposto a se casar com ela. Era melhor contar a verdade a Ariane e tentar fazer com que ela a ajudasse.

— Você tem razão — começou ela a dizer, com um certo tom dramático na voz. — Flávio não está mais interessado em você. E, pelo visto, vai continuar assim, a não ser que você me ajude.

— Como?

— Flávio arranjou uma namorada. Uma professora pobre e sem classe, mas é por ela que ele se diz apaixonado.

— O quê!? Apaixonado por uma professorinha sem eira nem beira? Não pode ser!

— E ela nem é assim tão bonita, mas ele se tomou de amores pela moça. Quem é que vai entender?

— Ninguém! Ninguém pode entender. Você me prometeu que Flávio ia ser meu. Não pode simplesmente se desfazer de mim agora!

— Quem disse que quero me desfazer de você? Se bem me lembro, acabei de lhe dizer que vou precisar da sua ajuda.

— Mas o que posso fazer? Seduzi-lo?

— Isso não vai adiantar. Marcela veio do interior e mora sozinha. Já deve ser mulher, se é que você me entende.

Ariane corou até as orelhas. Por mais que tivesse tentado, Flávio nunca quis fazer amor com ela.

— O nome dela é Marcela? — tornou, tentando disfarçar a vergonha. — E você diz que ela é mulher. Mas eu também sou mulher!

— Você é uma menina mimada que nada sabe da vida. E creio que foi justamente isso que o atraiu nessa moça. Ela é independente, mas insegura, e deve ter um passado, uma história comovente que o sensibilizou e o aproximou dela. Os homens são uns tolos e se sentem atraídos por mulheres que têm passado. Precisamos descobrir o que é.

Apesar de aborrecida com o comentário sobre ela, Ariane ouvia atentamente o que Dolores dizia e indagou:

— Posso saber como faremos para descobrir isso?

— Pensei em procurar os pais dela, mas eles moram em Campos, e não estou disposta a me aventurar numa cidadezinha desconhecida. Podia contratar um detetive, mas também não é garantido. Flávio pode descobrir, e aí, podemos esquecer de vez. Ocorreu-me uma outra ideia... — ela fitou Ariane em tom enigmático.

— Que ideia?

— Talvez seja melhor você mudar de atitude e se aproximar dessa moça, travar amizade com ela.

— Eu!? Nem pensar! Vai parecer muito estranho, você não acha? Num dia, estou apaixonada por Flávio. No outro, viro amiga da namorada dele.

— Dê um jeito de parecer natural. Eu é que não posso fazer amizade com ela. Não vai convencer ninguém.

— Mas como farei isso? Não sei nada sobre ela.

— Vou descobrir onde ela trabalha, e você tratará logo de agir.

— Não sei, Dolores, isso não me agrada.

— Se não a agrada, pode esquecer. Não tenho mais ninguém com quem contar.

— Flávio vai desconfiar. Ele não é tolo.

— Não precisa se preocupar com isso. Tenho tudo planejado. Você vai conhecer a moça, mas sem ser por intermédio de Flávio. Vai fazer amizade com ela e vai evitar encontrar-se com ele. Assim terá oportunidade de descobrir tudo a respeito dela.

— E se eu não conseguir?

— Se não conseguir, esqueça. Flávio vai se casar com a professorinha e você vai ficar a ver navios.

— Não sei... Tenho medo de me delatar.

— Aja com naturalidade, e tudo vai dar certo. Então? Vai ou não colaborar?

Durante alguns instantes, Ariane ficou pensativa, imaginando se conseguiria levar adiante aquele plano ousado.

Contudo, estava desesperada. Não queria perder Flávio por nada no mundo.

— Supondo que eu concorde, quando iríamos dar início a esse plano?

— Assim que eu descobrir onde ela trabalha. Então, aceita ou não?

— Não sei.

— Você tem que se decidir. Se ficar hesitante, vai perder a oportunidade, e Flávio se casará com a outra. Vamos, menina, não seja indecisa. Gosto de você porque é uma moça forte, segura e corajosa. Não me decepcione agora!

Dolores sabia que aqueles elogios a incentivariam, e não estava errada. Para Ariane, seria a oportunidade de mostrar que ela não era nenhuma garotinha mimada e ingênua. Tentando causar-lhe admiração, Ariane estufou o peito, empinou o nariz e respondeu em tom altivo:

— Tem razão, Dolores. Sou uma mulher de fibra, não uma garota mimada e insegura. Aceito.

Estava resolvido. No dia seguinte se iniciaria o plano que colocaria em risco a felicidade e a vida de Flávio e Marcela.

CAPÍTULO 7

A caminho do consultório, Cecília ia imaginando como fazer para arrancar algum dinheiro de Luciana e impressionar o namorado. Conhecera Gilberto no baile do clube e queria muito lhe causar admiração. Precisava de um vestido novo e de uma sandália que combinasse, mas não tinha dinheiro. A roupa que vira numa vitrine da cidade era muito cara, e comprar a crédito não era uma boa ideia. Os juros eram altos, e ela acabaria sem nada.

Trabalhou normalmente durante o dia, até que o último paciente se foi. Depois de fechar o consultório, seguiu para a casa de Luciana, como costumava fazer. Ela alugara um novo apartamento e o estava decorando, e Cecília se oferecera para ajudar. Depois que terminaram de pendurar uns quadros na sala, as duas se deitaram no sofá, exaustas, e logo estavam se amando. Ao final, foram para o banho, e Cecília ia ensaboando as costas de Luciana, pensando que aquele seria o melhor momento para iniciar a conversa:

— Vi um vestido lindo na vitrine hoje!

— É mesmo? — retrucou Luciana, desinteressada. — De que cor?

— Vermelho. Não acha que vermelho me cai bem?

— É, cai.

— Pena que o meu dinheiro não deu para comprar.

— É muito caro?

— Um pouco.

Era agora! Cecília achou que Luciana iria oferecer-lhe o dinheiro para comprar o vestido, mas ela não disse nada. Terminou de se enxaguar e saiu do chuveiro.

— Vai demorar? — indagou, enrolando-se na toalha.

Cecília estava furiosa, mas não podia deixar que Luciana percebesse e respondeu com fingida docilidade:

— Já estou saindo — desligou o chuveiro e saiu, retomando o assunto. — Você tinha que ver o vestido, Luciana. Uma beleza!

— No seu pagamento, você compra.

— Ah! Mas o meu dinheiro não dá. É muito, mas muito caro mesmo!

— Se não fosse tão caro, eu poderia até lhe dar de presente. Estou ganhando bem agora e não me custaria nada. Mas um vestido *muito, muito caro* está além das minhas possibilidades. Por que não escolhe algo mais barato?

Algo mais barato não servia. Tinha que ser aquele. O rapaz a convidara para sair no sábado, e ela precisava estar bem vestida para ele. No entanto, não podia deixar que Luciana percebesse a sua ansiedade e lhe recusasse tudo. Um vestido barato era melhor do que nada.

— Eu não quero que você me dê nada de presente! — objetou com veemência, fingindo-se ofendida. — Não é para isso que estou com você.

Luciana não se incomodou. Simplesmente deu de ombros e, alisando os cabelos com a escova, respondeu com naturalidade:

— Tudo bem. Você é quem sabe.

Cecília quase a esganou. Se ela não tivesse virado as costas naquele momento, teria percebido o seu olhar de raiva.

— Mas um empréstimo, eu aceitaria — emendou rapidamente, torcendo para que Luciana não percebesse o tremor na sua voz.

Sem dizer nada, Luciana apanhou o talão de cheques na bolsa e preencheu um deles, estendendo-o para Cecília.

— Considere como adiantamento de salário.

Cecília mordeu os lábios com tanta força que quase os feriu. Apanhou o cheque com uma certa rispidez, que Luciana não percebeu, e enfiou-o na carteira, fuzilando de ódio. Aquela tática não daria certo. Luciana era muito segura de si para cair naquela armadilha. Era até segura demais, confiante demais em sua capacidade e em si mesma. Não. Cecília estava tomando o rumo errado. O comportamento incisivo e objetivo de Luciana parecia o de um homem. Então... por que não? Por que não dispensar a ela o mesmo tratamento que se dava às mulheres em geral? Luciana não estava acostumada a gentilezas, e Cecília precisava conquistá-la com gestos simples e carinhosos, que lhe despertassem sentimentos mais doces e meigos. Se conseguisse isso, traria à tona uma fragilidade desconhecida e poderia se aproveitar dela depois.

No dia seguinte, Cecília pediu licença a Maísa e saiu mais cedo para o almoço. Queria estar de volta antes que Luciana chegasse. Comeu um sanduíche rapidamente e parou numa floricultura. Comprou algumas margaridas, que eram mais baratas, e uma caixa de bombons da *Garoto,* voltando apressada para o consultório.

— O que é tudo isso? — indagou Maísa, vendo-a entrar com as flores e os bombons.

— É uma surpresa que quero fazer para Luciana.

Maísa não respondeu. Logo que retornara da lua de mel ficara sabendo do novo romance entre Luciana e Cecília. Ela logo desaprovou aquele relacionamento, mas Luciana foi categórica e lhe assegurou que o envolvimento de ambas era apenas sexual.

— Isso ainda vai acabar mal — comentara Maísa. — Ambiente de trabalho não é bom para essas coisas.

— Você está se preocupando à toa — argumentou Luciana. — Cecília não está interessada em compromisso sério, assim como eu.

— Não sei. Isso não me parece profissional.

— Eu também pensava assim, mas Cecília me garantiu que não vai deixar que o nosso relacionamento influencie no trabalho.

— E você acreditou?

— Tenho motivos para não acreditar?

— Não entendo você, Luciana. É uma mulher segura, prática, experiente. Como é que se deixa iludir assim por essa garota?

— Quem disse que estou me iludindo?

— Só você não enxerga. Essa moça está tentando fazer você de boba.

— Não está. E, se estivesse, não conseguiria.

— Será?

— Não se preocupe, Maísa, sei o que estou fazendo. Gosto de Cecília, mas não sou a tola que você imagina.

— Por mim, eu a mandava embora.

— De jeito nenhum! Não podemos perder uma boa secretária.

Maísa se lembrou daquela conversa que tivera com Luciana e sentiu um estremecimento. Por mais que ela dissesse que confiava em Cecília, havia algo na moça que soava falso. Contudo, Luciana não se convencia, e ela também não tinha motivos para despedi-la. Com um olhar de desgosto e dúvida, Maísa tirou o jaleco e, antes de sair, falou para Cecília:

— Deixe tudo arrumado.

Pouco depois, Luciana vinha entrando. Ela e Maísa se cruzaram no elevador, mas mal tiveram tempo de conversar.

A fila do elevador era grande, e Luciana não pôde interromper a entrada das pessoas.

A primeira coisa que Luciana percebeu quando entrou foram as flores na mesa de Cecília.

— Recebeu flores? — perguntou ela.

— Não — respondeu Cecília, aproximando-se dela. — São para você.

— Para mim?

— Sim. Achei que você ia gostar.

— Eu adorei! — exclamou desconcertada. — Jamais recebi flores em toda a minha vida!

— É mesmo? Não acredito.

— Bem, quero dizer, recebi algumas no meu aniversário, mas isso foi há muito tempo. Nunca recebi flores assim, do nada.

— Achei que você ia gostar. Mas não é só. Trouxe-lhe isso também.

Cecília estendeu a caixa de bombons, beijando-a gentilmente, e Luciana retrucou desconfiada:

— Por que fez isso? Não estamos comemorando nada de especial, estamos?

— Não. Eu só quis lhe fazer um agrado. Por quê? Não posso?

— Pode... claro que pode...

A campainha tocou, e Cecília abriu a porta para o primeiro cliente da tarde. Luciana sumiu na outra sala, e Cecília ficou rindo intimamente de sua esperteza. A ideia parecia ter dado certo. Luciana ficara confusa e balançada, tocada em sua sensibilidade feminina.

Dentro do consultório, Luciana se desligou daquele episódio, concentrada no trabalho que estava fazendo. Só no final da tarde foi que tornou a pensar nele, ao ver Cecília pronta para sair, com as flores em uma mão e a caixa de bombons na outra. Dali, foram para o apartamento de Luciana, que seguia calada, pensando no que significava tudo aquilo. Temia que Cecília estivesse começando a se apaixonar por ela e acabou se retraindo. Em casa, não fizeram nada naquela noite a não ser jantar, e Luciana comentou de suas suspeitas.

— Está se preocupando à toa — garantiu Cecília. — Eu apenas acho que você precisa de um pouco mais de alegria na sua vida. Só pensa em trabalho, trabalho... Há coisas bonitas ao seu redor que você nem percebe.

— Que coisas?

— As flores, por exemplo. Vê como ficaram bonitas na sua sala?

— É verdade.

— Você está precisando de um toque feminino — elas riram —, e sou eu que vou dar.

As flores passaram a ser um hábito. De vez em quando, Cecília enfeitava o consultório e o apartamento de Luciana, sem demonstrar qualquer mudança no seu comportamento que pudesse deixar a outra cismada. Para retribuir, Luciana começou a comprar presentinhos para Cecília, como roupas íntimas e algumas peças de bijuteria, o que não a contentava. Queria joias caras e roupas de grife. Passado algum tempo, Cecília voltou a insistir:

— Vi uma blusa na vitrine hoje...! Você não tem ideia!

— Você gosta de roupa, hein? Vive apaixonada por vestidos e blusas.

— Mas você tem que ver, Luciana. Maravilhosa! Pena que não tenho dinheiro para comprar!

— Onde foi que você viu?

— Numa loja chamada *Elegância*. Conhece?

— *Elegância*? Você não faz por menos, hein? É uma butique caríssima!

— Nem tanto assim. E essa blusa era cara, mas nada absurdo.

— Como é essa blusa?

— Linda! Azul, com lacinhos miudinhos bordados. Nunca vi nada igual.

— Você é muito tolinha — finalizou Luciana, beijando-a nos lábios e encerrando a discussão.

No dia seguinte, quando as duas foram para o apartamento de Luciana, Cecília encontrou uma caixa embrulhada para presente em cima da mesa da sala e, antes mesmo de perguntar, já sabia do que se tratava.

— O que é isso? — sondou, como se de nada desconfiasse.

— Uma coisa que comprei para você.

— Para mim!? O que é?

— Abra.

Lá estava a blusa, e Cecília sorriu eufórica.

— Oh! — exclamou, com fingida surpresa. — Não devia ter feito isso, Luciana. Sei que essa blusa custou caro.

— Experimente.

A blusa serviu perfeitamente, e Cecília beijou Luciana várias vezes.

— Ficou linda, Luciana! Adorei!

— Sabia que você iria gostar.

Ao sair do apartamento de Luciana naquela noite, Cecília carregava nos lábios um sorriso malicioso e cínico, fruto da alegria que experimentava não apenas por ter conseguido o que queria, mas por ter enganado Luciana, que se achava tão esperta e confiante. E aquilo era apenas o começo. Com sua astúcia, Cecília pretendia lucrar muito mais.

Ainda era cedo, e ela não precisava ir para casa dormir. Resolveu que estrearia a blusa naquela mesma noite. Gilberto a estava esperando para saírem, e ela não queria perder a oportunidade de lhe mostrar a roupa nova. Ao sair do apartamento de Luciana, foi ao encontro de Gilberto, e os dois passaram a noite fora, num motel barato. No dia seguinte, Cecília acordou em cima da hora e nem teve tempo de passar em casa. Tomou um banho, vestiu a blusa nova e partiu para o trabalho.

— Mas que blusa linda! — elogiou Maísa, espantada com o fato de Cecília estar usando uma roupa aparentemente tão cara.

— Obrigada, Maísa. Foi Luciana quem me deu.

Maísa ficou chocada. Sabia que Luciana dava presentinhos a Cecília, mas aquilo parecia demais. Elas estavam ganhando bem, mas não dava para ficar esbanjando. Naquele dia, resolveu esperar Luciana e, assim que a moça chegou, Maísa mandou Cecília almoçar e pagar umas contas no banco.

— O que foi que houve? — perguntou Luciana, notando o ar de preocupação de Maísa.

— Sou eu que pergunto. O que foi que houve para você dar presentes caros a Cecília?

— Refere-se àquela blusa? Ora, nem foi tão cara assim.

— Não me venha com essa, Luciana. Vi a etiqueta da loja. Você comprou na *Elegância*.

— Ah! Mas estava em liquidação.

— Não tenho nada com a sua vida, mas você não acha que está exagerando? Será que não percebe que Cecília está se aproveitando de você?

— Gosto de Cecília e compro-lhe presentinhos em compensação às flores que ela sempre me dá. Essa blusa foi uma exceção, realmente. Ela estava louca pela blusa, e eu quis fazer-lhe um agrado maior. Mas não pense que sou idiota. Sei muito bem até onde posso ir, e se Cecília pensa que vai se aproveitar de mim, vai ter uma baita decepção.

— Por que faz isso? Se sabe que ela está tentando se aproveitar de você, por que permite?

— Eu não disse isso. Acho que ela está um pouco deslumbrada e gosta de receber presentes, mas não vai tirar nenhum proveito de mim. Não tenho dinheiro para isso.

— Para ela, tem sim. Cecília sabe o quanto lucramos no consultório, o que é muito mais do que ela ganha, com certeza.

— Pare de se preocupar, Maísa, já está ficando chata. E confie no que eu digo: sei muito bem o que estou fazendo e até onde posso ir. Ninguém está me enganando nem me fazendo de idiota.

— Espero mesmo que você saiba o que está fazendo. Não quero que você se decepcione depois.

— De jeito nenhum! Para isso, era preciso que eu fosse uma menina ingênua, o que não é o caso. Sei bem onde estou pisando e até que ponto posso ir. Não se preocupe. E pare de implicar com Cecília.

— Como você pode ter tanta certeza?

Luciana abaixou o tom de voz e sussurrou perto do ouvido de Maísa:

— Sou eu quem dorme com ela, lembra-se?

Estava encerrada a discussão. Luciana parecia muito segura do que dizia, mas Maísa não estava bem certa. De toda sorte, não podia interferir na vida da amiga, e se ela não queria seguir os seus conselhos, só o que podia fazer era torcer para que estivesse errada e Cecília realmente não fosse nada daquilo que ela pensava.

***

Como o sábado amanheceu nublado, não havia muito o que fazer, e Luciana sentiu um certo aborrecimento ao ver as nuvens negras que se aglomeravam no horizonte. Contemplou a decoração do apartamento e se sentiu cansada de ficar em casa sem fazer nada. Ninguém a convidava para uma festa e não havia nenhum programa que ela pudesse fazer. Ainda era muito cedo, e algumas gotículas de chuva começaram a cair. Luciana olhou pela janela e bocejou, sentindo as pálpebras pesarem, embaladas pela cadência miúda e ritmada dos pingos que batiam na janela. Em breve, adormeceu.

No mesmo momento, seu perispírito se desprendeu do corpo físico, e ela se levantou assustada. Parada a seu lado, uma mulher alta, morena, de feições finas e porte esguio, trajando um sári amarelo-ouro, com uma pedra igualmente amarela na testa, a encarava com uma expressão indefinível no olhar.

— Quem é você? — indagou Luciana temerosa.

— Não me reconhece?

— Não. Deveria?

A mulher fez um ar sonhador e não respondeu à sua pergunta, mas começou a falar como se a conhecesse de longa data:

— Não adiantou nada trocar de corpo. Eu o reconheci mesmo assim. Formas femininas não são o bastante para me enganar. Confesso que demorei um pouco a localizá-lo, mas finalmente, consegui.

Luciana abriu a boca, perplexa. Não compreendia nada do que aquela mulher dizia.

— Quem é você? O que quer de mim?

— Você não se lembra mesmo, não é?

— Do que é que deveria me lembrar?

— Bem que me avisaram que, com a reencarnação, você ia esquecer tudo — fitou Luciana com olhar triste e prosseguiu: — Como você se chama agora?

— Luciana.

— É um bonito nome, mas não combina com a sua alma negra.

— Alma negra? Pelo amor de Deus, do que é que você está falando?

— Será possível que você não guarde nenhuma lembrança de mim? — tornou a outra, a voz embargada pelo pranto que se avizinhava.

— Olhe, moça, acho que nunca a vi. Mas se você afirma, com tanta certeza, que eu a conheço, e eu não me lembro, será que não é melhor me contar logo onde foi que nos conhecemos?

O espírito suspirou tristemente e aproximou-se de Luciana com a mão estendida, tentando tocar o seu rosto. Luciana, porém, assustou-se e deu dois passos para trás, ameaçando voltar ao corpo físico.

— Não faça isso — pediu o espírito, olhando com tristeza para o corpo de Luciana estendido na cama. — Ainda não.

MÔNICA DE CASTRO DITADO POR LEONEL   **107**

Com uma certa hesitação, Luciana considerou:

— Se não quer que eu vá embora, acho melhor ir se explicando.

— Você tem razão. Fui uma tola em pensar que chegaria até você e que logo me reconheceria. Você agora é outra pessoa, tem um corpo de carne que não me agrada muito. Mas a sua alma continua a mesma. Sua essência ainda é aquela pela qual me apaixonei.

— Apaixonou-se? Por mim? Mas como? E por que você fica o tempo todo se referindo a mim como se eu fosse homem? Não vê que sou uma mulher?

— Agora...

— O que quer dizer?

— Nada... E eu que enfrentei tantas dificuldades para encontrá-lo aqui...! Só agora me permitiram... não tenho mais raiva de você... quero ajudar...

— Ajudar-me em quê, se eu nem sequer a conheço?

— Lamento... Não sei se posso...

Antes que Luciana pudesse contestar, o espírito desvaneceu no ar, e ela ficou parada no meio do quarto, fitando o vazio com uma expressão de surpresa. Quando acordou, já passava das onze horas, e ela se levantou sonolenta. Assim que pôs os pés no chão, uma lembrança assaltou a sua mente. Quem era aquela moça com quem sonhara, com aparência de indiana, e que lhe dizia coisas das quais não conseguia se recordar? Era fruto de um sonho, pensou. Um sonho bobo que não queria dizer nada. Luciana jamais estivera na Índia nem nunca conhecera uma indiana, logo, aquilo só podia ser algum sonho idiota. Embora a sensação de reconhecimento fosse muito forte, Luciana não pensou mais naquilo. Não costumava perder tempo com sonhos e não perderia com aquele.

Depois de tomar banho, pensou em fazer algo para comer, mas uma imensa sensação de solidão a acometeu, e ela correu a apanhar o telefone. Ligou para Cecília, convidando-a para almoçarem juntas. A outra prontamente aceitou, e ficaram de se encontrar num restaurante próximo, conhecido de ambas. Luciana foi a primeira a chegar e sentou-se a uma mesa perto da janela, e logo Cecília apareceu.

— Oi — cumprimentou ela, puxando a cadeira e sentando-se a seu lado.

— Tudo bem? — respondeu Luciana, com um sorriso frio. Estava triste e nem sabia por quê.

— O que você tem?

— Eu? Nada, por quê?

— Não sei. Você está estranha, sem brilho. Aconteceu alguma coisa?

— Nada que eu saiba.

— Então, deixe para lá — atalhou Cecília, afagando a mão da outra com discrição. — Gostaria de lhe pedir uma coisa.

— O que é?

— Será que você não tem como me emprestar um dinheiro para eu me matricular num cursinho pré-vestibular?

— Vestibular? Está querendo fazer faculdade?

— É. Pensei em fazer odontologia, como você. Desde que fui trabalhar no seu consultório, me interessei pelo assunto e creio que levo jeito para a coisa. Você acha que eu posso?

— É claro! Qualquer um pode.

— Pois é. Preciso estudar, porque o vestibular é difícil, mas não tenho condições de pagar um cursinho.

— Você já viu o preço?

— Andei me informando. Pedi aos meus pais, mas eles, infelizmente, não podem me ajudar. Não queria pedir isso a você, mas não vi outra saída. Tive que deixar de lado o orgulho e arriscar. Só posso contar com você.

— Acho ótimo que você queira estudar, Cecília, mas não posso lhe dar um aumento agora. Não sem antes falar com Maísa.

— Mas eu não estou pedindo aumento! Nem quero que você me dê nada. Gostaria apenas de um empréstimo.

— E como você pretende me pagar esse empréstimo? Com o seu salário não dá, senão você não o estaria pedindo.

Cecília abaixou a cabeça para engolir a raiva, sem que Luciana percebesse. Gilberto lhe dera aquela ideia brilhante, mas agora a outra ficava questionando tudo. É claro que não poderia lhe pagar o empréstimo. E era óbvio também que ela não pretendia frequentar nenhum cursinho para o vestibular. Estava apenas interessada no dinheiro. Luciana não era mão-aberta e custava a lhe dar presentes. Dera-lhe aquela blusa com muito custo mas, depois daquilo, nunca mais lhe dera nada. Nem uma calcinha.

Mas um curso era diferente. Luciana valorizava muito os estudos e não lhe negaria aquela oportunidade. Ainda mais se ela dissesse que pretendia estudar odontologia. Que odontologia, que nada! Cecília tinha pavor de agulhas e sangue. Só tolerava as suas funções no consultório porque não tinha outro jeito. Precisava do emprego. E mais: precisava de Luciana. Só que Luciana não parecia muito disposta a facilitar as coisas. Pensava em pagamento de empréstimo, quando o que ela pretendia era nunca lhe pagar.

Cecília estreitou bem os olhos, forçando as lágrimas, e retrucou com uma vozinha de súplica, escolhendo bem as palavras:

— Sei que o que ganho não é suficiente e que só poderei lhe pagar a longo prazo, mas esperava poder contar com a sua ajuda. Você é minha única esperança. Contudo, se não puder me emprestar, não faz mal. Posso entender.

— Não é isso, Cecília — contrapôs Luciana, agora penalizada. — Quero muito ajudá-la, mas não sei se dar dinheiro é uma boa ajuda. Isso pode estimular o ócio e a preguiça.

— Agora você está me ofendendo, Luciana! Então eu não trabalho? Não cumpro meu horário, não desempenho minhas funções satisfatoriamente? E estou pedindo dinheiro para estudar. Como você pode achar que eu vou me manter no ócio?

— Tem razão, você não é assim. Você sempre se demonstrou esforçada e dedicada. Muito bem. Se a sua vontade é ingressar na faculdade, vou ajudá-la nisso. Darei, eu mesma, o dinheiro para o cursinho. Mas trate de estudar para passar em uma universidade do governo.

— Sem dúvida! Obrigada, Luciana, você não vai se arrepender. Vou estudar, vou ser a melhor aluna da turma! E vou ser sua colega de trabalho, você vai ver!

A conversa continuou animada, com Cecília mentindo para Luciana a respeito de seus planos para o futuro. Na verdade, Gilberto ficaria exultante. Ele também estava precisando de roupas novas, e ela pretendia lhe proporcionar aquele prazer. Depois que descontasse o cheque que Luciana lhe dera, passaria numa loja de artigos masculinos e compraria um bonito conjunto de calça e camisa que ele havia visto no outro dia.

Depois do almoço, enquanto assinava outro cheque para pagar a conta, Luciana perguntou a Cecília:

— Não gostaria de ir ao cinema mais tarde? Está passando um novo filme do 007.

Aquilo não estava em seus planos. Combinara de se encontrar com Gilberto à noite, para irem juntos ao baile do clube, e ele ficaria chateado se ela desmarcasse. Fazendo voz de decepção, ela fingiu lamentar:

— Oh! Sinto muito, Luciana, mas hoje não vai dar. Prometi a minha mãe que a acompanharia até a casa de minha avó. Ela está doente e me adora.

— Quantos anos tem a sua avó? — perguntou Luciana, para esconder a frustração.

— Oitenta e quatro — mentiu Cecília, dizendo a primeira coisa que lhe vinha à cabeça. Na verdade, ela nem tinha mais avó e nunca acompanhava a mãe em nada.

— Que pena... — tornou Luciana, bastante desapontada. — Fica para outro dia. Amanhã, quem sabe?

— Amanhã? — temendo despertar as suspeitas de Luciana se recusasse seu convite duas vezes seguidas, Cecília achou melhor concordar: — Amanhã está bem.

— Ótimo. Ligo para você amanhã, para marcarmos o horário.

— Combinado.

Saíram do restaurante, e Cecília seguiu exultante para casa. Não via a hora de dar a notícia a Gilberto. Depois que Luciana telefonara, convidando-a para almoçar, avisara Gilberto que se atrasaria para seu encontro, mas valeria a pena. Conseguira o dinheiro, e isso era tudo o que importava.

Depois que Cecília se foi, Luciana ficou pensativa. Não sabia o que estava acontecendo, mas a solidão tornou a invadir o seu peito. Não queria ficar sozinha naquele dia e foi procurar Maísa. A amiga estava em casa com o marido, que a recebeu com alegria.

— Mas que surpresa! — exclamou Breno. — Não a vejo desde o nosso casamento.

— Tenho andado ocupada — desculpou-se Luciana. — E você, como está? Gostando da vida de casado?

— Estou adorando. Você devia experimentar.

— Já passei por essa experiência antes, Breno, e só o que quero agora é desfrutar da minha liberdade.

— Sei. Quem diz que quer ser livre, o que quer, na verdade, é um amor que a prenda.

— Desde quando você deu para filosofar? Você é advogado, não filósofo.

Nesse momento, Maísa entrou na sala, os cabelos ainda molhados do banho.

— Ouvi a sua voz e mal pude acreditar que era você quem estava aqui — disse ela, beijando a amiga nas faces. — O que deu em você para vir nos visitar?

— Pare com isso, Maísa — protestou Luciana, um tanto quanto envergonhada. — Nós sempre fomos amigas.

— Mas desde que eu me casei, você nunca mais veio a minha casa. Acho que nem a conhece.

— É... Mas está muito bonita. Foi você quem a decorou?

— Maísa? — objetou Breno. — Imagine! Contratamos um decorador.

— Ficou uma beleza!

— Não foi para falar da decoração do meu apartamento que você veio aqui, foi? — tornou Maísa.

— Não. Na verdade, queria conversar. Estou me sentindo sozinha.

— Então, venha comigo. Podemos conversar enquanto seco o cabelo.

— Vocês vão sair?

— Mais tarde. Temos um casamento para ir.

— De quem?

— Você não conhece. De um amigo do Breno.

— Ah...

Luciana saiu acompanhando Maísa, triste porque teria que ficar sozinha naquela noite. Sentia uma indefinível opressão no peito, uma sensação estranha que ela não podia explicar.

— Aconteceu alguma coisa? — perguntou Maísa, sentando-se à penteadeira e ligando o secador de cabelos.

— Não sei! — gritou Luciana, para se fazer ouvir por cima do barulho do secador.

— Como assim, não sabe?

— Estou me sentindo estranha, mas não sei definir. É um sentimento de vazio, de solidão... a sensação de que perdi algo que não sei o que é.

— Brigou com a Cecília?

— Não. Ao contrário, estamos muito bem.

— Por que não a procura?

— Estive com ela até agora. Almoçamos juntas e ela foi para casa. Vai com a mãe visitar a avó doente.

— Eu nunca soube que Cecília tem uma avó.

— Nem eu, mas tem.

— Sei... Quer dizer então que vocês almoçaram juntas?

— Foi. E adivinhe só! Ela está querendo fazer vestibular para odontologia.

— Que interessante! E você vai lhe pagar um cursinho.

— Como você sabe?

— Não é difícil adivinhar — Maísa desligou o secador e virou-se de frente para Luciana. — Não entendo você, Lu.

Sempre foi tão maliciosa, tão esperta. Como é que se deixa enganar por essa aproveitadora? Não vê o que ela está fazendo com você?

— Você está exagerando. Sei que ela é ambiciosa, mas eu a controlo bem.

— Mas por que você tem que ficar lhe dando coisas?

— O que lhe dou é muito pouco. Nada além de bobagens e pequenos agrados.

— Não está apaixonada por ela, está?

— Acho que não. Gosto dela, mas não é amor.

— Não falei em amor, falei em paixão. E acho que você está apaixonada, sim. Está empolgada com a beleza dela, com o seu entusiasmo, com a sua vontade de subir na vida. E não está percebendo que ela está se aproveitando de você.

— Não creio que ela se aproveite de mim. E, se é assim, aproveito-me dela também. É uma troca.

— Só quero ver o que ela vai fazer quando não puder lhe tirar mais nada. Vai se mandar.

— Ela não me tira nada de mais e tem um emprego, o que não é assim tão fácil de se arranjar.

— Isso é só o começo, você vai ver. Aliás, ela já está pedindo mais, não é? Você vai lhe pagar um curso.

— É uma forma de ajudá-la a crescer.

— Como se ela estivesse mesmo interessada em crescer...

— Deixe disso, Maísa. Sei bem o que faço, e não é por causa de Cecília que estou chateada.

— E por que é, então?

— Não sei. De repente, me senti só...

— Se quiser, podemos levá-la ao casamento conosco. Ainda dá tempo de você ir em casa e se arrumar, ou pode pegar um vestido meu emprestado.

— Obrigada, mas não quero. Não estou com ânimo para festas.

— Credo, Luciana, espante esse desânimo para lá! Você não é disso.

— Não sou mesmo, mas hoje estou assim. O que posso fazer?

— Não é possível. Aconteceu alguma coisa.

— Não aconteceu nada. De repente, acordei assim... — Foi só então que Luciana se lembrou do sonho e comentou em dúvida: — Tive um sonho estranho hoje de manhã. Acordei muito cedo e, como estava chovendo, acabei dormindo de novo e sonhei com aquela moça.

— Que moça?

Em breves palavras, Luciana contou o sonho a Maísa.

— Acha que minha chateação tem a ver com isso?

— Não sei — respondeu Maísa. — Não entendo nada de sonhos.

Luciana ficou pensativa e continuou conversando com Maísa sobre outras coisas, até que a opressão no peito começou a diminuir, e ela foi para casa. Sentia-se melhor, embora confusa e, de repente, lembrou-se de Marcela. Fazia tempo que não a via e sentiu uma pontinha de saudades. Pensou em ligar para ela, mas mudou de ideia. Marcela estava namorando um rapaz e não se sentia à vontade em sua companhia. Ela sempre se envergonhara de ser o que era e agora, mais do que nunca, tinha medo de que alguém descobrisse a verdade. Luciana não concordava com aquilo, mas respeitava Marcela. Se ela queria fingir que nunca houvera nada entre elas, Luciana não iria insistir. Mas a saudade continuou, e ela não conseguiu afastá-la.

CAPÍTULO 8

Apesar da chuva, Marcela havia combinado de passar o domingo em companhia de Flávio, que chegou a sua casa logo pela manhã. Os dois pretendiam ir a Petrópolis, mas o tempo ruim desaconselhava subir a serra por causa da neblina e do chão molhado e escorregadio.

— Que tempo, hein? — avaliou Flávio, sacudindo o guarda-chuva na área do apartamento de Marcela. — Não vai dar para ir a Petrópolis. O que vamos fazer agora?

— Podemos ficar aqui. Posso cozinhar e preparar um almoço delicioso.

— Isso me parece irresistível — sussurrou ele, puxando-a pela cintura e colando seu corpo ao dele.

Começaram a se beijar, e ele a conduziu para o quarto, deitando-a na cama com carinho e paixão. Os dois estavam começando a se despir quando a campainha da porta soou, e Marcela fez menção de ir atender.

— Deixe tocar — protestou ele baixinho. — Não esperamos ninguém a essa hora. Deve ser algum chato.

Por mais que Marcela não quisesse perder aquele momento, a campainha não parava de tocar, e ela começou a se irritar com o seu som estridente.

— Acho melhor atender — falou ela. — Seja quem for, não parece disposto a desistir.

A surpresa foi instantânea, e Marcela ficou boquiaberta, vendo Luciana parada na porta, toda molhada de chuva.

— Luciana! — exclamou, entre assustada e confusa.

— Posso entrar?

Antes que Marcela pudesse responder, Luciana passou para o lado de dentro, sacudindo os cabelos encharcados e molhando o chão da sala.

— Você está toda molhada — observou Marcela. — Não tem guarda-chuva?

— A chuva me pegou no meio do caminho, e eu...

Calou-se abruptamente, vendo Flávio surgir na porta do quarto, com a camisa entreaberta e os cabelos em desalinho. Luciana olhou para Marcela e reparou que ela também parecia um tanto quanto amarrotada, só então se dando conta de que interrompera algo importante.

— Olá — cumprimentou Flávio, tentando se lembrar de onde a conhecia.

— Eu... sinto muito... — gaguejou Luciana. — Não sabia que vocês... que vocês... Perdoem-me.

Rodou nos calcanhares e saiu pela porta entreaberta, deixando Marcela apavorada e Flávio, curioso. Luciana saiu maldizendo a si mesma, a sua imprudência, a sua precipitação. Não imaginava encontrar o rapaz ali tão cedo. E o que pretendia? Não havia terminado com Marcela? Por que resolvera procurá-la, quando sabia que Marcela evitava encontrar-se com ela?

Em casa, Marcela não sabia o que dizer. Quase não acreditava que Luciana irrompera pela porta de forma tão intempestiva. Vê-la causou-lhe um certo tremor no coração, muito mais pelo medo do que pela paixão. Marcela não negava que fora apaixonada por Luciana nem queria rejeitá-la e dei-xá-la magoada, mas a situação que vivia agora era outra. Amava Flávio e não podia correr o risco de que ele a deixasse, caso descobrisse que ela e Luciana haviam sido amantes. Ainda mais depois da conversa que tiveram no outro dia, quando ele lhe dissera que desaprovava a relação entre duas mulheres.

— O que foi que houve, meu bem? — perguntou ele, olhando para ela com ar inocente. — Quem era aquela? Acho que já a vi em algum lugar, mas não me lembro de onde.

— É Luciana — respondeu Marcela com cuidado. — Você a viu no casamento de Maísa, lembra-se?

— Ah! Aquela sua amiga. Agora me lembro. O que ela queria?

— Não sei. Ela não teve tempo de me dizer. Acho que ficou sem graça e foi embora.

— Será que ela está pensando mal de você? Quero dizer, ela não é do tipo puritana, é?

— Não, não. Luciana é uma moça liberal. É dentista e também mora sozinha. Na verdade — acrescentou com cau-tela —, nós moramos juntas quando viemos de Campos.

— Moraram? Mas então, vocês devem ser amigas íntimas. O que foi que aconteceu entre vocês? Brigaram?

— Não exatamente.

— Não vá me dizer que ela... — interrompeu a fala, con-catenando as ideias, até que prosseguiu: — Não vá me dizer que foi por causa dela que o seu ex-namorado a deixou. Foi isso, Marcela? Foi por isso que você tentou se matar? Porque o seu namorado a trocou pela sua melhor amiga?

Flávio estava criando uma história em cima do que acontecera a ela, só que uma história bem distante da rea-lidade, o que deixou Marcela extremamente confusa. Tinha a chance de lhe contar a verdade, mas o medo a paralisou. Não seria melhor deixar que ele acreditasse naquela fan-tasia, desviando assim as suspeitas sobre o seu passado?

A vinda de Luciana talvez ainda a ajudasse, fazendo com que Flávio jamais desconfiasse de que elas haviam sido amantes. Era uma mentira, mas uma mentira conveniente e providencial, que ela bem poderia aproveitar em seu benefício. Mas, ainda assim, era uma mentira, e ela não estava acostumada a mentir. Sim, mas, na verdade, ela não seria obrigada a mentir. Podia simplesmente se calar e deixar que Flávio pensasse o que quisesse.

— Não quero falar sobre isso — ela encerrou o assunto, com ar meio zangado.

A reação de Marcela deu a Flávio a certeza de que fora aquilo mesmo que acontecera, e ele se calou. Prometera a Marcela que não faria perguntas sobre o seu passado e pretendia cumprir a promessa. Apesar da curiosidade, não disse nada e tomou-a nos braços, amando-a com uma paixão e uma ternura ainda maiores, imaginando o quanto ela deveria ter sofrido com aquela dupla traição.

Na segunda-feira, Marcela levantou-se para trabalhar como sempre fazia. Havia passado um dia maravilhoso ao lado de Flávio e estava ainda sob o efeito das lembranças suaves do que haviam vivido na véspera, quando chegou à escola em que dava aulas. Ela estava de bem com a vida, e o dia transcorreu de forma maravilhosa. Quando o turno da manhã terminou, Marcela apanhou as suas coisas e dirigiu-se para o ponto de ônibus. Gostava de lecionar, mas Flávio a convencera a parar de trabalhar depois do casamento, e ela estava decidida a só cuidar da casa e dos filhos.

No ponto de ônibus, ficou esperando, até que um carro último tipo parou perto dela, e uma moça jovem e muito bonita lhe pediu uma informação:

— Estou perdida e não sei como chegar a esse endereço. Você pode me ajudar?

Ao pegar o papelzinho que a moça lhe estendia, Marcela levou um susto. Era a sua rua, e o número ficava bem próximo do seu.

— Moça, você não vai acreditar na coincidência, mas o fato é que eu moro nessa mesma rua e perto do número para onde você vai.

— É mesmo? — a outra fingiu surpresa. — Mas que coincidência, hein?

— Nunca vi nada igual.

— Tenho uma ideia. Por que você não entra, e eu lhe dou uma carona? Assim você me mostra onde fica e não precisa tomar o ônibus.

Marcela olhou para ela com hesitação. Não conhecia aquela moça e lembrou-se dos conselhos da mãe, quando era criança, dizendo-lhe para não entrar em carros de estranhos. No entanto, a coincidência era um fato, e a moça, apesar de estranha, não parecia capaz de lhe fazer nenhum mal. Pela aparência e pelo carro, tratava-se de pessoa muito rica, e ela bem podia imaginar a dificuldade em encontrar um endereço num bairro de classe média baixa feito o seu.

E depois, estava chovendo, e a condução sempre demorava. Não faria mal nenhum aceitar aquela carona. Seria bom para a moça e para ela também.

— Está certo — concordou Marcela por fim, abrindo a porta do carro e entrando devagar.

A outra pôs o automóvel em movimento e começou a conversar:

— Meu nome é Adriana. E o seu?

— Marcela.

— Muito prazer, Marcela — revidou Ariane, entusiasmada por ter conseguido dar início ao plano de Dolores com tanto sucesso.

Não foi difícil para Dolores descobrir onde Marcela trabalhava. O próprio filho lhe deu a informação, achando que tudo não passava de uma natural curiosidade de mãe.

Deu-lhe o nome da escola e o horário em que Marcela saía, inclusive o número do ônibus que costumava tomar. Seu endereço também foi fácil de conseguir porque, numa conversa informal, ele disse tudo, até satisfeito com o interesse da mãe por Marcela.

De posse dessas informações, não foi difícil montar o plano. Dolores escolheu um número próximo àquele em que Marcela vivia e mandou que Ariane lhe pedisse informações.

— E o que vou fazer na casa de um estranho? — perguntou Ariane, logo que tomou conhecimento do plano.

— Seja sonsa e pergunte por qualquer um: Paulo, Pedro, sei lá. Muito provavelmente, não vai morar ninguém naquela casa com o nome que você der. Peça então desculpas e chore no ombro de Marcela, dizendo-se enganada por algum rapaz por quem você se apaixonou e se aproveitou da sua ingenuidade. Isso vai sensibilizá-la, e ela vai tentar consolar você.

— Como sabe que ela vai tentar me consolar?

— Isso faz bem o tipo de Marcela: a tola boazinha.

— E se o número não existir?

— Então, será mais fácil ainda. Diga que ele lhe deu um endereço inexistente.

— Mas, e se ela me perguntar por que fui procurar o rapaz?

— Diga que ele não lhe deixou número de telefone e que você está apaixonada por ele, mas que ele sumiu de repente, logo após conseguir levá-la para a cama. Isso vai deixá-la ainda mais sensibilizada. Ah! E não se esqueça: mude de nome.

No começo, Ariane sentiu medo de se aproximar da pessoa errada, mas a descrição daquela moça batia com a que Dolores lhe dera de Marcela. Mesmo com medo, arriscou e acertou em cheio. Embora ela não lhe dissesse o nome antes de entrar no carro, era impossível haver duas pessoas, com a mesma descrição física, trabalhando no mesmo local e morando na mesma rua. Ariane chegou à escola antes do turno de Marcela terminar e viu quando ela atravessou a rua, a caminho do ponto de ônibus. Achou-a bonitinha, embora um tanto sem graça, e ficou imaginando o que Flávio vira naquela moça para deixá-lo tão apaixonado. Ela, Ariane, era muito mais bonita, fina, rica e elegante do que aquela Marcela, que lhe pareceu muito tímida e sem classe.

Era preciso, contudo, ocultar a indignação e fingir-se de aflita, para que Marcela acreditasse na história que iria lhe contar.

— Estou muito nervosa, Marcela — comentou Ariane, emprestando um excessivo tom de nervosismo à voz. — Nunca vim à casa de um rapaz antes.

— É um rapaz que procura?

— É, sim. Meus pais não sabem que vim aqui, mas estou desesperada. Ele me fez mal e agora sumiu.

— Como assim, fez mal?

— Transou comigo. Por favor, não faça mau juízo de mim. Estou tão desesperada!

Ariane começou a forçar o choro, e Marcela a tranquilizou:

— Acalme-se, Adriana, não tenho nada com a sua vida e não estou fazendo nenhum mau juízo de você. Sei bem como são essas coisas.

— Você sabe?

— Sim... Quero dizer, já estive apaixonada antes e entendo o que você deve estar passando.

— Fico aliviada. Não tenho ninguém com quem conversar.

— Uma moça tão bonita e fina! Não é possível que não tenha amigas.

— Minhas amigas se afastaram de mim quando comecei a namorar esse rapaz, só porque ele é pobre.

— Oh! Mas que preconceito tolo!

— Também acho, mas você não tem ideia de como as moças da sociedade são esnobes. Até meus pais são assim, e é por isso que eles foram contra o nosso namoro. Imagine agora, se eles descobrem que eu e o Mike já transamos.

Ela escolheu um nome estrangeiro para não correr o risco de encontrar alguém com o mesmo nome na casa em que fosse procurar, e Marcela retrucou:

— Isso não é nada de mais, Adriana. Hoje em dia as coisas estão ficando mais liberais.

— Pode até ser, desde que eu me entregasse a alguém de nosso meio. Mas a um pé-rapado, como diz a minha mãe...

Enquanto dirigia, Ariane ia seguindo as instruções de Marcela, até que chegaram à rua em que ela morava.

— É aqui que eu moro — informou Marcela, apontando para um prédio de quatro andares logo no começo da rua.

O prédio pareceu horrível a Ariane, que virou o rosto para o lado, a fim de que Marcela não visse o seu ar de repulsa. Não entendia como Flávio podia se envolver com aquela mulherzinha pobre e vulgar. Mas era preciso continuar fingindo e levar adiante o plano bolado por Dolores.

— Será que você não poderia me acompanhar até a casa do Mike? Estou tão apavorada!

Marcela considerou por alguns segundos, já começando a sentir pena daquela moça rica e infeliz.

— Está bem — concordou. — Vou com você até lá e depois venho para casa.

Na mesma hora, Ariane acelerou o carro e parou em frente ao número que tinha anotado no papel. Era um outro prédio, e Marcela lhe chamou a atenção para o fato de que o número que ela possuía não indicava o apartamento.

— Será que é aqui mesmo? — duvidou Ariane.

— Esse é o número que você tem.

— Mas qual será o apartamento?

— Vamos tocar em todos.

— Tocar em todos? Ficou maluca? Vão nos xingar. O prédio é muito grande, vai ser impossível localizar o apartamento do Mike.

— Vamos perguntar ao porteiro. Mike não é um nome comum, e o porteiro deve conhecer.

Marcela saiu do carro, com Ariane atrás dela, envergonhada por se ver naquela situação, parada diante de um edifício tão simples e em companhia de uma moça tão pobre, mas não tinha jeito. Se pretendia levar avante o plano, tinha que engolir a repulsa e seguir as ordens de Dolores.

— Por favor — começou Marcela, dirigindo-se ao homem que estava na portaria. — O senhor conhece algum Mike que more aqui?

— Mike? — repetiu o homem, de olho no carro elegante de Ariane. — Aqui não é lugar de bacana, não, moças. Estrangeiro por aqui só o Joaquim da padaria.

— Ele não é estrangeiro — objetou Marcela, olhando de esguelha para Ariane, que negou com a cabeça.

— Pior ainda. Brasileiro com esse nome não tem por aqui, não.

— Tem certeza?

— Absoluta. Trabalho aqui há oito anos e nunca vi nem ouvi falar de nenhum Mike.

— Será que não se mudou ninguém para cá chamado Mike e o senhor não viu?

— Moça, não se muda ninguém para cá há bem uns cinco anos.

— Mas o senhor tem certeza?

— Já disse que tenho. Não tem nenhum Mike aqui nesse prédio, não. Pode acreditar.

— Está certo — finalizou Marcela desapontada. — Obrigada.

As duas voltaram para o carro, e Ariane, apesar de exultante, conseguiu imprimir às feições uma expressão de tanta dor, que Marcela se condoeu ainda mais.

— Não fique assim, Adriana, você deve ter anotado o endereço errado.

— Não! Ele é um mentiroso, falso! Aproveitou-se de mim e depois me deixou. Eu bem devia ter desconfiado, mas sou uma tola, romântica, acreditei que ele me amava. Isso é bem feito, para eu aprender a não confiar nos homens.

124   DE FRENTE COM A VERDADE

— Você diz isso agora, porque está magoada, mas vai passar.

— Duvido. Nunca mais vou me apaixonar por ninguém, nunca!

Ela estava tão descontrolada que Marcela se preocupou e apertou a sua mão.

— Por que não vamos à minha casa? Posso lhe preparar um chá.

— Obrigada, Marcela, mas você já fez demais por mim. Eu nem a conheço e a envolvi nos meus problemas, fiz você se expor e estou perturbando-a com as minhas lamúrias. Você não tem nada com isso.

— Não posso deixá-la ir embora assim. Vamos, venha até a minha casa e beba alguma coisa. Você vai se sentir melhor, tenho certeza.

Era tudo o que Ariane queria, e ela aceitou exultante, embora demonstrasse uma certa contrariedade.

— Está bem, mas não quero atrapalhar.

— Não vai atrapalhar.

Seguiram para o apartamento de Marcela, que levou Ariane direto para a cozinha e pôs-se a preparar um chá.

— Você mora sozinha? — indagou Ariane.

— Moro. Minha família é de Campos, e eu vim para o Rio estudar.

— Você os vê com frequência?

— Na verdade, desde que saí de lá, foram poucas as vezes que os vi.

— Deve se sentir muito só.

— Um pouco.

— Não tem ninguém na sua vida? Um namorado?

— Tenho um namorado, mas ele não mora comigo.

— Ele a ama?

— Acho que sim.

— E você o ama?

— Muito. Sou louca por ele.

— Deve ser muito bom amar alguém — revidou ela, com raiva por Marcela estar se referindo a Flávio.

— É, sim, é maravilhoso.

— E como foi que vocês se conheceram?

Marcela não gostava de falar sobre a sua vida particular, mas Adriana era uma estranha que nada sabia a seu respeito e com quem poderia iniciar uma nova amizade.

— No hospital. Ele é médico.

— E você é enfermeira?

— Não, não, sou professora. Trabalho naquela escola em frente ao ponto de ônibus em que você me encontrou. Conhecemo-nos no hospital porque eu estava doente, e foi ele quem cuidou de mim.

— Doente? O que você teve?

— Bem, não propriamente doente. Eu passei mal e fui atendida por ele.

— Mal de quê?

— Eu... — ela hesitou — na verdade... eu tentei me matar.

Ariane não esperava por aquilo e, instintivamente, levou a mão à boca, sufocando um grito de espanto.

— Por que você fez isso?

A curiosidade suplantou a raiva que ela sentia de Marcela e, por uns instantes, Ariane viu-se interessada na vida daquela moça que mal conhecia. Marcela, por sua vez, sentia estranha confiança em Ariane e sequer lhe passava pela cabeça a trama sórdida em que a estava envolvendo. Sentia vontade de contar tudo a Ariane, mas o medo e a vergonha a fizeram recuar, e ela contou apenas uma parte da história.

— Tive uma decepção amorosa.

— Meu Deus! E eu aqui, chorando por causa de um idiota qualquer.

— Não diga isso. Cada um tem os seus problemas, e a nossa dor parece sempre a maior, porque não podemos sentir a de mais ninguém.

Ariane ficou vendo Marcela preparar o chá em silêncio e observou a cozinha. Era pequena, mas estava muito limpa e brilhando, como de resto, todo o apartamento. E havia algo naquela moça que a deixava inquieta. Ela a odiava só pelo fato de estar lhe roubando o namorado, mas parecia simpática e inteligente, bem diferente do que lhe dissera Dolores. Será que era certo o que estava fazendo? Tentando descobrir seus segredos para usá-los contra ela?

Não perguntou mais nada. Bebeu o chá ainda em silêncio e só depois voltou a falar:

— Está ficando tarde e tenho que ir embora.

— Não quer ficar para almoçar? Sou excelente cozinheira. Flávio sempre diz isso.

— Flávio?

— É. O meu namorado.

O nome Flávio, pronunciado com tanta intimidade por Marcela, reavivou a raiva de Ariane, que se lembrou do porquê estava ali e do plano que deveria seguir. Mas já era realmente tarde, e ela não tinha mais estômago para prosseguir no mesmo dia. Tinha que ir com calma e deixaria o resto para depois.

— Eu realmente preciso ir embora — lamentou ela, levantando-se e apanhando a bolsa. — Mas será que não poderíamos nos ver novamente? Estou precisando tanto de uma amiga, e você foi tão atenciosa comigo!

— Venha quando quiser, Adriana. Será um prazer conversar com você. Espere! Vou lhe dar o meu telefone.

Ariane apanhou o telefone de Marcela e sorriu intimamente, certa de que a outra caíra como uma patinha em seu plano.

— Vou telefonar para você, Marcela. Podemos nos encontrar para um chá ou um lanche.

— Vai ser muito bom.

Despediram-se, e Ariane saiu com o coração aos pulos. Estava dando certo! Ia dar tudo certo. Marcela não desconfiara de nada e já no primeiro encontro revelara particularidades de sua vida. Em breve, todo o seu passado estaria desvendado, e Ariane tinha certeza de que teria em mãos as armas com que poderia destruí-la.

Depois de deixar Marcela, Ariane voltou para casa exultante, ainda sob o efeito do sucesso de seu plano. Mal abriu a porta, vozes altercadas alcançaram seus ouvidos, e ela parou hesitante. Os pais estavam brigando, o que a deixou transtornada. Não aguentava mais aquelas brigas. Aproximou-se vagarosamente e ficou observando-os de longe. A mãe suava frio e estava à beira das lágrimas, e o pai parecia prestes a ter um ataque do coração. Andava de um lado para outro da sala e gritava enraivecido:

— Não suporto mais isso! Não tenho sossego dentro da minha própria casa!

— Essa nem parece mais a sua casa. Você entra como se fosse um estranho e sai feito um desconhecido.

— Isso é porque você não me dá paz. Vive me apoquentando com a sua ladainha!

— Será que é demais pedir que você se comporte como meu marido? Você não me dá mais atenção, não liga para mim.

— Quer saber, Anita? É você quem não liga mais para si mesma. Parece uma matrona, toda largada e feia.

— Então é por isso que você não me procura mais? Porque estou gorda e feia?

— Você nem se parece mais com a mulher com quem me casei!

— E o nosso amor, Nélson, onde é que fica?

— Nosso amor? — Ele hesitou, mas acabou se enchendo de coragem e disparou: — Acabou. Quem é que pode amar uma criatura feito você?

— Não faça isso comigo — suplicou ela, atirando-se em seus braços e tentando beijá-lo. — Sou sua mulher, ainda o amo.

Ele se desvencilhou com rispidez, atirando-a para o lado, e rebateu com ar de repulsa:

— Você me dá nojo. É asquerosa, gorda e desleixada. Nenhum homem pode sentir atração por você.

Anita começou a chorar e teria se atirado no chão, não fosse a entrada súbita de Ariane. Ouvira o suficiente para não permitir que o pai humilhasse ainda mais a mãe.

— Papai! — berrou ela, com ar reprovador. — Não tem vergonha de falar assim com a sua própria mulher?

Ele ficou confuso, fitando a filha com ar de assombro. Sem dizer nada, virou as costas e saiu porta afora, lançando ainda um último olhar de raiva para Anita, que chorava descontrolada. Ariane se aproximou dela e enlaçou-a com ternura, sentando-a no sofá e tentando acalmar o seu pranto.

— Isso não pode ficar assim, mãe. Não está direito o que papai faz com você.

— Você ouviu o que ele disse?

— Ouvi o bastante para saber que o seu casamento acabou.

— Não diga isso! Casei-me para sempre.

— E você vai ficar se sujeitando a essas humilhações? Está na cara que ele não a ama e nem a deseja mais. Por que rasteja desse jeito?

— O que posso fazer, minha filha? Não tenho dinheiro, não tenho ninguém. Só vocês e ele.

— Huguinho ainda é muito criança, não entende dessas coisas, e os outros dois estão longe. Você só tem a mim, mãe. Não pode contar com papai para nada.

— Oh! Ariane, o que vou fazer? Quero mudar, mas não consigo!

— Você devia ter umas conversas com Dolores, mãe de Flávio. Ela é uma mulher e tanto!

— De jeito nenhum! E onde fica o meu orgulho? Dolores é praticamente uma estranha. Além disso, é esnobe e, provavelmente, vai rir de mim.

— Tudo bem, você é quem sabe. Mas eu ainda acho que desse jeito não dá para ficar. Por que ao menos não experimenta mudar o visual? Você podia sair, ir ao cabeleireiro, fazer as unhas. Quem sabe até comprar uma roupa nova?

— Que roupa? Daquelas lojas especiais que só vendem roupas para gordinhas? Não, obrigada. Acho aquilo horrível.

— É melhor do que andar malvestida do jeito como você anda.

— Oh! Ariane! — soluçou Anita, deitando no colo da filha. — Estou tão deprimida! Agora percebo que meu casamento foi um erro.

— Também não precisa exagerar. Nos primeiros tempos não deve ter sido assim.

— No começo, tudo parecia maravilhoso. Seu pai tinha dinheiro, e eu era linda. Mas agora compreendo que nunca houve amor por parte dele. Ele não queria se casar comigo, era por outra que estava apaixonado.

— O quê? Você nunca me contou isso.

— Estou contando agora. Ele amava uma moça pobre, mas os pais dele não consentiram o casamento. Foi por isso que se casou comigo.

— Mas... que disparate! — Ela estava confusa com aquela revelação, sem saber direito o que pensar. — Se ele amasse a moça de verdade, teria batido o pé e se casado com ela.

— Você não sabe... Sua avó e eu fizemos uma coisa terrível!

— O que vocês fizeram? — interessou-se Ariane, cada vez mais aturdida.

— Oh! Minha filha, jura que não vai me odiar por isso? Que não vai me achar uma mulher cruel e mesquinha?

— Não vou achar nada de você, mãe. Mas me diga: o que foi que vocês fizeram?

— Nós lhe oferecemos dinheiro... muito dinheiro... para que ela o deixasse.

— E ela o deixou?

— Sim.

— Mas então, ela não o amava. Se o amasse jamais teria aceitado. Você não devia se torturar por causa disso.

— Você não está entendendo. Não é o fato de ele não ter se casado com a moça que me tortura. É porque ele acabou se casando comigo sem me amar. Eu o queria a qualquer preço, sem pensar nas consequências de um casamento sem amor. Não se case sem amor, Ariane, não estrague a sua vida como eu estraguei a minha.

— Eu não vou fazer isso...

— Quando vejo você e Flávio, fico pensando. Ele não a ama, mas você o quer assim mesmo. Cuidado para não fazer como eu fiz.

Ariane se levantou nervosa e começou a andar de um lado para outro, pensando no que a mãe lhe dizia e no que ela própria estava fazendo.

— Não tenho nada a ver com você, mãe — rebateu ela rapidamente. — Ao contrário de papai, Flávio me ama.

— Não force um casamento sem amor, Ariane. Vai estragar a sua vida.

— Não estou forçando nada. Flávio me ama, você vai ver.

— Tem certeza?

Se havia alguma coisa de que Ariane tinha certeza, era que Flávio não a amava. Percebia pelos seus gestos, as suas palavras, a forma como a tratava. Tudo indicava que estava mesmo apaixonado por aquela tal de Marcela, que ela conhecera naquele dia. Contudo, apesar dessa certeza, Ariane ficava dizendo para si mesma que Flávio poderia vir a amá-la com o tempo. Quando descobrisse o quanto ela era carinhosa e meiga, voltaria para ela a sua afeição, e os dois poderiam ser felizes juntos.

Seria isso verdade? Ouvindo as palavras de Anita, Ariane ficou confusa. Aquilo era uma revelação muito significativa do passado da mãe e do pai. Ela nunca soubera daquele detalhe do casamento dos dois e ficou comparando as duas situações, dizendo a si mesma que eram diferentes. Mas diferentes em quê? Ela não tencionava dar dinheiro a Marcela, como a mãe fizera com a tal moça. O que pretendia era descobrir algo em seu passado que acabasse com a confiança e a admiração que Flávio tinha por ela.

Se não descobrisse nada no passado de Marcela que pudesse servir aos seus propósitos, o que iria fazer? Seguia a intuição de Dolores. Dolores conhecia muito bem a vida e as pessoas para saber quando elas escondiam algo importante. E se Dolores achava que Marcela escondia algo importante de seu passado, era porque realmente escondia.

Isso não era o mesmo que tentar comprar a moça. Até porque, Dolores não a julgava venal, senão, já teria lhe oferecido uma boa quantia para ela sumir da vida de Flávio. O que elas tencionavam era muito diferente do que a mãe fizera. Era um favor, um bem que fariam a Flávio livrando-o de uma mentirosa, falsa e fingida. Com isso, ele se decepcionaria, e o amor que pensava sentir por Marcela se desmancharia, deixando-o livre para amar qualquer outra que o cobrisse de atenções e carinhos. E aquela outra seria ela. Tinha que ser ela.

Contudo as palavras da mãe ficavam se repetindo em sua cabeça: *não force um casamento sem amor*, o que a deixava transtornada. Não queria forçar Flávio a se casar com ela; queria que ele a amasse. Estava fazendo aquilo em nome do amor, para despertar nele esse sentimento por ela. Mas não estaria ela se iludindo? Será que não estava se deixando levar pela conversa de Dolores, prestando-se ao papel de espiã traidora só para satisfazer a sua vontade? Não sabia mais o que pensar.

— Venha, mãe — disse ela por fim, puxando Anita pela mão. — Não vamos mais pensar nisso. Vamos sair e nos distrair um pouco.

Já era noite, e as duas se aprontaram para ir a um restaurante. Anita, pela primeira vez em muitos anos, aceitou um convite para sair sem o marido e foi jantar com a filha. Não tinha nada bonito para vestir, mas Ariane improvisou algo, com um xale e sapatos altos. Maquiou a mãe e prendeu seu cabelo num coque bem-feito. Não estava nenhuma maravilha, mas ao menos não chamava a atenção de forma negativa.

Quando chegaram ao restaurante, não havia mais mesas vagas, e elas tiveram que esperar, para desespero de Anita, que se sentia mal todas as vezes em que se via exposta aos olhares alheios.

— Não podemos ir a outro lugar? — sugeriu ela, acabrunhada.

— Acho melhor — concordou Ariane, desanimada com a quantidade de pessoas à sua frente.

Já iam saindo quando o *maître* as alcançou, tocando Ariane no braço.

— Perdão, senhoras — falou ele polidamente —, mas há um senhor lá dentro que diz que as conhece e mandou perguntar se as senhoras não gostariam de acompanhá-lo ao jantar.

— Quem? — indagou Ariane, olhando para o *maître* com uma certa desconfiança.

— Acompanhem-me, que eu lhes mostro.

Anita olhou para a filha com ar de súplica. Não queria que ninguém mais a visse, mas Ariane fingiu não perceber. Ficou curiosa para saber quem as chamava e saiu puxando a mãe, apesar de seus protestos quase mudos, seguindo atrás do *maître*. Ele as levou para uma mesa no centro, onde um senhor jovem tomava um drinque, desacompanhado, tendo em mãos o cardápio aberto. Quando elas chegaram, o homem levantou os olhos e sorriu amistosamente, indagando com jovialidade:

— Como vai, Ariane? Não gostaria de me fazer companhia?

— Justino! Mas que surpresa! Será um prazer acompanhá-lo.

Ariane se sentou e repreendeu a mãe com o olhar, fazendo com que ela se sentasse a seu lado.

— É sua mãe, Ariane? — tornou Justino, observando Anita discretamente.

— É, sim. Não se lembra dela?

— Está um pouco diferente — Anita corou, temendo que ele fizesse algum comentário pejorativo, mas ele continuou naturalmente: — Como vai, dona... Anita, não é mesmo?

— Este é o doutor Justino, mãe — interrompeu Ariane. — O pai de Flávio.

— Ah...! — respondeu ela, completamente sem graça. — Vou bem, doutor Justino, e o senhor?

— Muito bem, graças a Deus. Bom, ainda não pedi o jantar. O que vocês vão querer?

A um sinal de Justino, o garçom trouxe mais dois cardápios, e os três fizeram os pedidos. Enquanto comiam, estabeleceram uma conversa amigável e despretensiosa, e só quando se despediram foi que Anita se deu conta do quanto havia se divertido naquela noite. Justino era um homem alegre e bem-educado e, em momento algum, disse nada que pudesse deixá-la pouco à vontade ou constrangida.

Elas estavam de carro, de forma que Justino não precisou levá-las em casa. Acompanhou-as até o estacionamento e tomou o seu próprio automóvel, seguindo direto para seu apartamento. No caminho, ia pensando naquela noite. Fora um jantar agradável e alegre, e ele descobrira que Ariane podia ser inteligente e interessante, muito diferente da moça que via sempre em companhia de Dolores.

E a mãe dela então? Que mulher adorável parecia ser Anita. Culta, inteligente, bonita à sua maneira, embora um pouco descuidada da aparência. Justino conhecia bem as pessoas para saber o que os problemas familiares podiam causar à sua imagem física. Ainda mais Anita, cujo marido era amante de sua ex-mulher. Será que ela sabia? Seria por causa disso que relaxara daquela maneira, deixando de cuidar de si mesma e se entregando à falsa ideia de que era uma mulher feia e sem direito à beleza e ao amor?

De repente, Justino percebeu que pensava em Anita mais do que deveria. Ela não lhe saía da cabeça. Podia estar um pouco acima do peso e maltratada, mas isso não tinha importância para ele. Justino sabia que ali havia uma mulher exuberante e bela, pronta para ser amada e querida. Ele não ligava para aparências e julgava que beleza física não era nada. Bastava olhar para Dolores: uma mulher linda, elegante, fina, mas sem nenhuma beleza no coração. De que valia tanta beleza exterior, se por dentro, só o que se via era uma alma turva? E Dolores tinha a alma turva, como nenhuma mulher deveria ter.

Apesar do interesse por Anita, Justino procurou tirá-la da cabeça. Ela era uma mulher casada, e ele não pretendia seguir o exemplo de Dolores e de Nélson. O fato de os dois serem amantes não era justificativa para que ele iniciasse um caso com Anita. Precisava parar de pensar nela, mas havia algo que o deixava inquieto. Seria piedade, por ela estar sendo enganada pelo marido e deixada de lado por causa da ex-mulher? Ou uma certa empatia, que o fazia aproximar-se dela por causa das circunstâncias? Ou, o que ele achava mais provável, seria apenas interesse genuíno por uma mulher interessante, que não precisava de desculpas para atrair a atenção de um homem? De qualquer forma, ela era casada, e ele pretendia respeitá-la por isso. E depois, talvez ele nunca mais a visse, o que o ajudaria a não mais pensar nela.

CAPÍTULO 9

O medo passou a ser uma constante na vida de Marcela, que temia que Flávio descobrisse o seu envolvimento com Luciana. Vê-la parada na sua porta, naquele dia, causou-lhe imenso constrangimento, e Marcela não sabia o que pensar ou como agir. Contudo, ainda sentia por Luciana uma grande afeição e não podia simplesmente fingir que ela não a procurara. Mas por quê? Luciana era uma mulher independente e decidida, e Marcela duvidava que ela tivesse voltado atrás na decisão de deixá-la. Alguma coisa deveria ter acontecido. Acima de tudo, elas sempre foram amigas, e uma podia confiar na outra para qualquer coisa.

Tentou não pensar mais naquilo, mas a preocupação foi se acentuando, até que a deixou a tal ponto inquieta, que ela não conseguiu mais suportar. Se alguma coisa acontecesse a Luciana, ela jamais iria se perdoar por não ter, ao menos, tentado ajudá-la. Tomou uma decisão e foi ao seu consultório no Méier. Chegou cedo, antes do horário de Luciana, e foi Cecília quem a recebeu com uma certa desconfiança.

— Você tem hora marcada? — indagou com um tom intimidador.

— Não. Sou uma amiga.

— Uma amiga? Lamento informá-la, mas a doutora Luciana está com a agenda cheia, e não sei se vai poder recebê-la.

— Vai me receber, sim, tenho certeza. Sou amiga de muitos anos.

Sem perceber a desconfiança e o desagrado de Cecília, Marcela sentou-se para esperar. Poucos minutos depois, a porta da sala de atendimentos se abriu, e Maísa saiu logo atrás do último paciente daquela manhã. Ao ver Marcela ali sentada, levou um tremendo susto, mas exclamou com satisfação:

— Marcela! Que bom ver você! O que a trouxe aqui?

Marcela a abraçou meio sem jeito e respondeu baixinho:

— É a Luciana. Preciso falar com ela.

— Aconteceu alguma coisa?

— Não sei. Ela foi me procurar no domingo...

Nesse instante, Luciana vinha chegando e ficou deveras surpresa ao ver Marcela no consultório.

— Aconteceu alguma coisa? — indagou ela, mal acreditando no que via.

— Foi exatamente o que perguntei a ela — informou Maísa. — Foi uma surpresa e tanto vê-la aqui.

— Sou eu que devo perguntar isso — retrucou Marcela, fitando Luciana com emoção. — Vim saber por que você foi me procurar no domingo.

Luciana olhou de soslaio para Cecília, sem saber o que dizer. Não lhe agradava partilhar detalhes de sua vida particular com outras pessoas além de Maísa.

— Por que vocês não vão beber alguma coisa? — sugeriu Maísa, sensível à situação. — Deixe o seu primeiro paciente comigo, Luciana. Eu o atenderei.

— Sério?

— É claro. Vá, não se preocupe.

Sob o olhar de fúria de Cecília, Luciana saiu em companhia de Marcela, e foram se sentar numa lanchonete perto dali. Pediram duas coca-colas, e Marcela foi a primeira a falar:

— Sinto incomodá-la no trabalho, Luciana, mas não pude simplesmente ignorar o fato de que você foi me procurar, debaixo daquela chuva toda. Aconteceu alguma coisa?

— Não — respondeu Luciana, sem saber o que dizer. Na verdade, nem ela sabia ao certo por que fora procurar Marcela. — Espero não ter estragado nada.

— Não estragou... Mas deixou Flávio pensando que você é a causa do meu quase suicídio.

— Como é que é?

— Ele pensa que meu namorado fugiu com você, que era a minha melhor amiga.

— Que história é essa, Marcela?

— Flávio não sabe do meu passado. Pensa que eu tentei me matar por causa de um ex-namorado. Quando viu você, achou que esse tal ex-namorado tinha me abandonado por sua causa.

— E você o deixou acreditando nessa mentira?

Marcela aquiesceu e respondeu em tom de desculpa:

— Ele nem desconfia de que fomos amantes. Se souber, vai me deixar.

— Não tenho nada com a sua vida, Marcela, mas acha que é justo enganá-lo? E depois, se ele a ama de verdade, vai aceitar. Afinal, você não fez nada de sujo nem de errado.

— Flávio não pensa assim.

— Ele lhe disse isso?

— Disse... mais ou menos.

— Tudo bem, Marcela, o problema é seu. Eu só acho que não se constrói um relacionamento em cima de uma mentira. Mais cedo ou mais tarde, ele vai acabar descobrindo.

— Não vai, não. Só se você lhe contar.

— Eu!? Era só o que me faltava! Não se preocupe, de mim, ele não vai saber nada.

— Obrigada, Luciana, sabia que podia contar com você. Mas não foi por isso que vim procurá-la. Fiquei preocupada com você. O que foi que houve para você aparecer lá em casa daquele jeito, debaixo daquele temporal?

— Aquilo? Não foi nada. Eu estava me sentindo sozinha e bateu uma saudade de você...

— Saudade?

— É. Das nossas conversas, da nossa amizade. Senti vontade de ver você, de saber como estava passando. Gosto de você como uma grande amiga e queria lhe dizer isso.

A emoção levou lágrimas aos olhos de Marcela, que apertou a mão de Luciana discretamente. As duas estavam tão entretidas na conversa que nem repararam que estavam sendo observadas. Do outro lado da rua, Cecília as vigiava, mordendo os lábios a cada instante. Não conhecia aquela Marcela, mas não tinha dúvidas de que ela e Luciana eram bem próximas. Intimas, para dizer a verdade, o que poderia representar uma ameaça aos seus planos.

Assim que o primeiro paciente da tarde havia chegado, Cecília o encaminhara para Maísa e esperara até que ela fechasse a porta da sala de atendimento para sair. Tirou o fone do gancho, para que o telefone não começasse a tocar e atraísse a atenção de Maísa, e saiu procurando Luciana. Só havia uma lanchonete a que elas pudessem ter ido, e Cecília foi direto para lá. Acertara em cheio. Luciana e Marcela conversavam muito próximas, demonstrando uma intimidade que ela nunca vira Luciana ter com ninguém, nem com Maísa.

Um ódio cego brotou dentro dela. Não era ciúme, mas medo. Medo de que Luciana a deixasse por aquela outra, por quem demonstrava visível afeição. Com ela, era diferente. Luciana a tratava bem, mas nunca lhe dirigira aquele olhar de ternura que tinha para com aquela moça.

Alguns minutos depois, Luciana e Marcela se separaram, e Cecília correu na frente dela, de volta ao consultório. Quando chegou, Maísa ainda estava na sala com o paciente e não desconfiou de nada. Passaram-se alguns instantes, e Luciana chegou também. Vinha com ar de felicidade, o que encheu de ódio o coração de Cecília.

— Quem era aquela? — indagou Cecília, tentando não emprestar à voz um tom de excessiva cobrança. — Ouvi Maísa chamá-la de Marcela.

— É uma amiga — foi a resposta seca.

— Que amiga?

— Não interessa. Não lhe dou o direito de fazer interrogatórios sobre a minha vida.

O sangue subiu às faces de Cecília, que teve que fazer um esforço tremendo para não voar em cima de Luciana.

— Será que é demais eu sentir ciúmes de uma desconhecida? Afinal, pensei que você gostasse de mim.

— E gosto.

— Então, por que não me diz quem é ela?

— Porque você não tem nada com isso.

— Não quero me intrometer em sua vida, se é o que está pensando. Mas a cumplicidade e a confiança são naturais no relacionamento entre duas pessoas. E você não confia em mim.

— Não é isso... — retrucou Luciana, no fundo, dando razão às palavras de Cecília. — Marcela é uma amiga de longa data, nada mais.

— No entanto, vocês se tratavam com uma intimidade que nós nunca tivemos.

— Impressão sua. É que conheço Marcela há mais tempo do que conheço você.

— Vocês namoraram?

Luciana hesitou. Não havia nada de mau em falar que ela e Marcela haviam tido um romance, mas ela se lembrou da promessa que lhe fizera e teve medo de revelar a verdade.

— Deixe isso para lá, Cecília. Não vamos criar um caso por nada. Afinal, é com você que eu estou no momento, não é? Esqueça Marcela e pense só em nós.

A saída do paciente foi providencial, deixando Luciana deveras aliviada. Ela se desculpou com o rapaz, agradeceu a Maísa e entrou na sala de atendimento, dando graças a Deus por se livrar do interrogatório de Cecília.

No final da tarde, Cecília a estava esperando para saírem juntas do consultório, mas ela não fez nenhum outro comentário sobre a visita de Marcela. Queria descobrir mais, mas tinha que ir devagar, ou Luciana acabaria mandando-a embora. Por isso, ao invés de crivar a outra de perguntas, não disse nada e tratou de agradá-la o mais que pôde, para alívio de Luciana.

❧

Mais tarde, naquele mesmo dia, Flávio foi se encontrar com Marcela em sua casa, como era de seu costume.

— Você quer sair para jantar? — perguntou ele, logo após pousar a maleta de médico na poltrona.

— Não. Podemos comer aqui hoje. Gosto de cozinhar para você.

Ele a enlaçou por trás, e ela sorriu intimamente, perguntando-se o que ele faria se descobrisse sobre Luciana. Ele nunca poderia descobrir. Luciana prometera não contar, e Marcela confiava nela.

— O que fez hoje o dia inteiro? — prosseguiu ele. — Liguei para cá e você não estava. Ela precisava inventar uma desculpa rápida para lhe dar, quando se lembrou da moça que conhecera na véspera. Como se esquecera de contar sobre Adriana, podia dizer que tudo se passara naquele dia, e não no anterior, e ele jamais ficaria sabendo que ela fora ao encontro de Luciana.

— Você nem imagina o que aconteceu! — começou ela, despertando-lhe a curiosidade.

— O quê?

— Conheci uma moça na saída da escola. Ela estava procurando um endereço, e adivinhe só: era justamente na minha rua.

— Não brinque! Que coincidência, não?

— Pois é. Como eu estava parada no ponto de ônibus, ela me ofereceu uma carona... Flávio tinha a atenção presa na história que Marcela lhe contava e ficou perplexo com a situação daquela moça.

— Como é que ela se chama?

— Adriana.

— Adriana de quê?

— Isso eu não sei nem me interessei em perguntar. Por quê?

— Você disse que ela é da alta sociedade. Talvez eu a conheça.

— E se a conhecer, o que vai fazer? Vai contar aos pais dela o que lhe aconteceu?

— Eu, não! Deus me livre de ser fofoqueiro. Perguntei apenas por curiosidade, porque acho um absurdo o que esse rapaz fez. Esse sujeito é um canalha. Onde já se viu enganar assim uma moça?

— Para você ver como existem pessoas ruins.

— Sei que existem — tornou ele com brandura, achando que ela se referia ao inexistente ex-namorado. — Mas existem pessoas boas também. Pessoas como eu, que a amo acima de qualquer coisa.

Parecia que ele testava a sua confiança. Todas as vezes que ele lhe falava de seu amor, ela se sentia tentada a lhe contar a verdade, mas o medo de perdê-lo era muito grande, e ela se calava.

— Também o amo — disse ela, beijando-o nos lábios. — Mais do que tudo no mundo.

Ele sorriu satisfeito e a beijou com vontade, até que ela se soltou e continuou a fazer o jantar.

— Minha mãe nos espera para o almoço no sábado — informou ele, comendo um pedaço de cenoura.

— De novo?

— Minha mãe quer conhecê-la melhor. Não vejo nada de mais nisso.

— Nem eu... Mas é que tenho medo dela.

— Sua bobinha, minha mãe não morde. E depois, você não tem com o que se preocupar. Sei que ela é autoritária e arrogante, mas tem medo de me desagradar e que eu me mude e a deixe sozinha.

— Por falar nisso, nós não vamos morar com ela depois que nos casarmos, vamos?

— É claro que não! Deus me livre! Gosto muito de minha mãe, mas ela vai se meter na nossa vida de todas as maneiras, e eu não quero isso. Não, minha querida, quando nos casarmos, vamos para a nossa própria casa. Só eu e você... e nossos filhos.

A conversa mudou de rumo, e Marcela se pegou pensando novamente em Luciana. Os dois eram muito parecidos: tanto Flávio quanto Luciana eram decididos e sabiam muito bem o que queriam. Seria por isso que ela se aproximara tanto de Flávio? Não importava. O que tinha importância era que ela e Flávio estavam apaixonados e iriam se casar, construir uma vida e um futuro, ao passo que Luciana pertencia agora ao passado.

Enquanto andava pela rua, a caminho de casa, Luciana ia pensando no seu relacionamento com Cecília. Maísa tinha razão: já estava indo longe demais. Por mais que Cecília lhe dissesse que não queria nenhum compromisso, não era isso que suas atitudes demonstravam. Ela a tratava feito namorada e agora estava com ciúmes, insistindo para que lhe contasse sobre o seu relacionamento com Marcela, o que a deixou muito insatisfeita. Afinal, nunca lhe dera tanta intimidade para se intrometer em sua vida, e as perguntas que ela fez lhe causaram imenso desagrado.

Se fosse para se envolver com alguém que quisesse dominar a sua vida, era melhor terminar com ela. Luciana lamentaria ter que perder uma secretária competente feito Cecília e esperava não precisar chegar àquela medida extrema. Mas se ela não se contivesse, não veria outra saída, a não ser terminar de uma vez com o romance. Tudo ia depender de como Cecília iria se portar em seu próximo encontro.

Naquela noite, Cecília não apareceu em sua casa, e Luciana pensou que ela estivesse chateada com o ocorrido à tarde, mas a verdade era que ela estava em companhia de Gilberto e nem pensava em Luciana. A visita de Marcela, embora tivesse despertado preocupação em Cecília, não a incomodou mais, porque ela pouco ou nada se importava com os antigos casos de Luciana. Desde que não atrapalhassem seus planos, não iria se preocupar.

Quando Luciana chegou ao trabalho na tarde seguinte, Cecília a tratou normalmente e não fez nenhum comentário sobre a véspera, o que deixou Luciana aliviada. Ao final do expediente, enquanto trancava a porta, Cecília ia perguntando:

— O que vai fazer hoje à noite?

— Nada. Vou para casa, jantar e dormir. Estou muito cansada.

— Não gostaria de ir ao cinema?

— Hoje, não.

Cecília não insistiu. Se pressionasse Luciana, ela se irritaria e a mandaria embora, quem sabe até, de sua vida? Precisava agir com cautela.

No dia seguinte e no outro, Cecília não fez mais nenhum comentário sobre a visita de Marcela e ficou à espera de que Luciana a convidasse para sair, o que, efetivamente, aconteceu. Embora receando mais perguntas indiscretas, Luciana convidou Cecília para ir a sua casa depois do expediente.

— Tem certeza, Luciana? — indagou Cecília, com cuidado. — Não quero atrapalhar você.

— Não vai me atrapalhar. Tenho me sentido muito só... — calou-se, já arrependida de ter demonstrado fraqueza.

— Não precisa ter vergonha de mim — afirmou Cecília, notando o embaraço da outra. — Todo mundo se sente só, de vez em quando.

Luciana sorriu em agradecimento, e as duas foram para casa. Enquanto Luciana tomava banho, Cecília preparou um jantar maravilhoso, que as duas comeram quase em silêncio, e depois foram ver televisão. Era uma fita de amor, e, em breve, as duas também estavam se amando, até adormece-rem em seguida. Durante todos os momentos em que esti-veram juntas, Cecília não fez nenhuma pergunta ou observa-ção a respeito de Marcela, o que deixou Luciana um pouco mais tranquila.

Adormecida nos braços de Cecília, Luciana sentiu que seu corpo flutuava e abriu os olhos assustada. A seu lado, lá estava aquela mulher novamente, fitando-a com uma certa tristeza:

— Você de novo? — indagou Luciana, hesitando entre retornar ao corpo físico e aproximar-se da desconhecida.

— Como você consegue dormir com ela? — tornou o espírito, apontando com o queixo para Cecília.

— Gosto dela. Por quê? O que você tem com isso?

— Não tenho nada com isso. Mas também gosto de você, Robert, apesar de tudo o que me fez.

— Robert? Perdão, mas você deve estar me confundindo com alguém. Por que cisma se referir a mim como homem?

— Você não se lembra mesmo, não é?

— Do que deveria me lembrar?

— De mim...

— Quem é você?

— Sou Rani. Não se lembra? — Luciana meneou a cabeça. — Não se lembra dos nossos anos na Índia?

— Índia? Eu nunca estive na Índia.

— Ah! Esteve, sim. Conheceu-me lá e me levou para a Inglaterra. De lá, viemos para o Brasil, tentar a sorte.

— Você deve estar louca. Meu nome é Luciana e eu sempre estive aqui, no Brasil. Nada sei sobre a Inglaterra ou a Índia além do que se lê nos livros ou jornais.

— Diz isso agora. Mas você já foi um aventureiro inglês que primeiro tentou a sorte na Índia, onde não obteve o sucesso desejado. Quando me conheceu, eu era uma moça pobre e ingênua, e acreditei nas suas juras de amor e promessas de casamento. Deixei minha casa e meus pais para seguir você. A sorte não nos sorriu, e nós voltamos para a Inglaterra, mas as coisas lá também não estavam muito boas. Você devia muito dinheiro, e o que eu ganhava vendendo o meu corpo não dava para cobrir as suas dívidas. Por isso, viemos para o Brasil, onde ninguém o conhecia e você podia se fazer passar por um respeitável cavalheiro inglês acompanhado de sua esposa indiana. Isso também não deu certo, e eu continuei me vendendo para sustentar você, até que conseguimos juntar algum dinheiro, e você montou aquele bordel...

Luciana ouvia aquela história entre atônita e incrédula. À medida que o espírito falava, sua memória ia se reavivando, e ela conseguia vislumbrar pequenos pedaços de sua vida passada.

— Por que está me contando isso? — perguntou ela confusa.

— Porque eu o amo. Apesar de tudo, meu coração ainda está preso ao seu, Robert.

— Gostaria que você parasse de me chamar de Robert. Meu nome é Luciana, e eu sou uma mulher.

— Mais ou menos, não é mesmo? — tornou ela em tom mordaz, apontando para Cecília novamente. — Você sempre foi muito mulherengo. Devia saber que trocar de corpo não ia fazer você respeitar as mulheres.

— Eu respeito as mulheres! Respeito todo mundo, inclusive você, que eu nem conheço e me aparece assim, de repente, para me contar uma história fantástica e assombrosa! Quem você pensa que é?

— Perdoe-me, Robert, eu não quis ofender...

— Pare de me chamar de Robert! Meu nome é Luciana! Se não consegue se acostumar com isso, peço que vá embora e não apareça mais. Sua presença não me faz bem.

Para surpresa de Luciana, o espírito a encarou com olhar magoado e se virou para a parede, sumindo em seguida. Furiosa, Luciana retornou ao corpo e acordou sobressaltada, ainda sob a forte impressão que o espírito lhe causara. Que história seria aquela de Índia e Inglaterra? A mulher no sonho lhe dissera algo a respeito daqueles países e a chamara por outro nome, um nome de homem, Roberto ou Robert, não se lembrava bem. E lhe dissera também o seu nome, mas ela não se recordava. Era muito esquisito.

Durante o resto da semana, Rani não apareceu para Luciana, magoada com a forma como ela a havia tratado. Desde que Robert vivera na Índia, sempre fora um homem grosseiro e rude, apesar de ardoroso e bom amante. Muitas mulheres haviam sido enganadas por ele, e agora, Robert se disfarçara de mulher para fugir daquelas que o perseguiam. As que o achassem se decepcionariam ao encontrá-lo preso num corpo feminino e perderiam o interesse por ele.

Mas ela, não. Durante muitos anos, ele se perdera para Rani, ela não sabia onde ele estava. Mas tanto fez, tanto pensou nele que conseguiu captar a sua vibração e, com a permissão dos espíritos superiores, descobriu-o na vida atual. Vê-lo no corpo de uma moça não deixou de ser uma surpresa, mas, ao contrário das outras, não se desanimou. Ainda era o seu Robert por debaixo daquelas curvas femininas, e o que ela amava em Robert não era o seu corpo, mas a essência do homem que ela conhecera e por quem se apaixonara um dia.

Não fora por outro motivo que os espíritos superiores a encarregaram de auxiliar Robert em sua nova trajetória. Ela não era nenhum ser iluminado e estava bem longe da perfeição, mas o seu amor a impedia de tentar prejudicar Luciana e a fazia querer-lhe bem.

— O que você tem? — questionou Cecília, que notava o quase alheamento de Luciana.

— Nada. Tenho andado cansada, só isso.

— Tem certeza? Não é nada comigo?

— Não, é só cansaço mesmo.

— Que bom.

— Vou tomar um banho e já volto — disse Luciana, para encerrar o assunto, dirigindo-se ao banheiro.

Cecília estava deitada na cama e resolveu ligar a televisão, que ficava sobre a cômoda. Levantou-se com preguiça e girou o botão que acionava o aparelho, e a imagem em preto e branco logo surgiu na tela. Por que é que Luciana ainda não havia comprado uma TV colorida? Assim que ela terminou de ajustar o canal, Luciana entrou no quarto, enrolada na toalha, e se dirigiu ao armário, para se vestir. Quando passou pela cômoda, notou que havia esquecido ali algo que não deveria: uma caixa de madeira contendo todas as lembranças que guardava de Marcela. Estivera mexendo na caixa, à procura de uma foto, e se esquecera de guardá-la depois.

Como Luciana não queria que Cecília a visse, tratou logo de apanhá-la para guardá-la de volta no armário, mas não foi cuidadosa o bastante. Na pressa, a caixa deslizou de suas mãos e foi direto ao chão, espalhando todo o seu conteúdo. Na mesma hora, Cecília se abaixou para ajudar a catar as coisas, apesar dos protestos de Luciana:

— Que desastrada! Pode deixar que eu mesma cato tudo, Cecília, não precisa se incomodar.

Abaixada ao lado de Luciana, Cecília ia apanhando cartas e fotos viradas, e foi só quando desvirou uma que percebeu do que se tratava. Eram todas fotografias de Luciana ao lado de Marcela, e ela reconheceu a moça que fora ao consultório no outro dia.

— Quem é essa? — indagou Cecília, segurando a foto nas mãos.

— Ninguém. Dê-me isso aqui.

Luciana arrancou o retrato da mão de Cecília e tornou a guardá-lo na caixa, enquanto Cecília desdobrava um papel de carta cor-de-rosa e lia uma declaração comovente de amor, de Marcela para Luciana.

— Ora, ora, mas então, vocês foram apaixonadas! — constatou ela, olhando para Luciana com ar de triunfo. — Por que o mistério?

— Não há mistério nenhum.

— Como não? Você se recusa a falar sobre essa Marcela. Diz que são apenas amigas.

— E somos.

— Não é o que parece — afirmou Cecília, abrangendo, com um gesto, as cartas e as fotos de Luciana.

— Tivemos um relacionamento um dia, mas hoje somos apenas amigas.

— E por que esconder isso? Você não me parece o tipo de pessoa que precise ocultar o passado.

Luciana, sentada sobre os tornozelos, ajeitou a toalha em volta do corpo e olhou para Cecília com ar desanimado. Por que fora mexer naquela caixa? Se a tivesse deixado onde estava, a outra nem a teria percebido. Mas agora, todo o seu conteúdo estava ali, derramado no chão, e ela não tinha mais como esconder o relacionamento que tivera com Marcela.

Pensando bem, por que deveria esconder? Marcela não queria que o namorado soubesse que ela vivera com uma mulher no passado, mas Cecília não era o seu namorado. Sequer a conhecia. E ela, Luciana, não tinha problema nenhum quanto àquilo. Sempre assumira a sua condição de lésbica e não se envergonhava do que era. Por que então deixar que o temor de Marcela a contaminasse e a fizesse sentir vergonha de algo que lhe parecia tão natural?

— Olhe, Cecília — começou ela a dizer —, você tem razão. Não dá mais para esconder, não é? Marcela e eu vivemos juntas muitos anos, mas isso acabou. Ela agora está namorando um rapaz, e nós quase não nos vemos.

Ajudada por Cecília, Luciana terminou de guardar as coisas na caixa e começou a trocar de roupa, enquanto ia contando tudo a respeito de seu relacionamento com Marcela. Contou de suas vidas em Campos, de como fugiram para o Rio, de seus empregos, estudos, sua paixão, até o dia em que Luciana a deixou e ela tentou se matar.

— Muito comovente essa história — falou Cecília, tentando disfarçar o desprezo.

— É, sim. Eu amei muito Marcela, e ainda amo, só que de uma outra maneira. Contudo, ela tem vergonha do que foi e não quer que o namorado saiba. Por isso, eu lhe peço: jamais diga qualquer coisa sobre o que hoje lhe contei.

— Por que eu diria alguma coisa? Eu nem a conheço!

— E não quero que você sinta ciúmes de Marcela. Gosto muito dela, mas ela é apenas minha amiga.

— Não estou com ciúmes. Quando a vi no consultório, naquele dia, fiquei enciumada, sim, mas depois passou. E agora que sei o que aconteceu, não tenho mesmo motivos para sentir ciúmes.

— Ótimo. Gosto de Marcela como se fosse minha irmã e, embora não concorde com o fato de ela estar ocultando o passado do rapaz, não tenho nada com isso. A vida é dela, e eu pretendo respeitá-la.

— É claro. Não se preocupe, nunca direi nada.

— Obrigada. Sabia que podia confiar em você.

Cecília em nada se comoveu com aquela história. Temia apenas que Marcela pudesse representar alguma ameaça a seus interesses e precisou disfarçar para que Luciana não percebesse o seu receio. Fora isso, não sentia nada além de um profundo e quase indisfarçável desprezo.

CAPÍTULO 10

Assim que saiu do colégio, Marcela notou o carro de Ariane parado perto do portão de entrada e se dirigiu para lá. A moça estava ao volante, de óculos escuros, e a chamou quando ela passou:

— Olá, Marcela. Como está?

— Oi, Adriana. Tudo bem, e você?

Ariane deu de ombros e indicou a porta do carro:

— Não quer uma carona?

Sem de nada desconfiar, Marcela entrou no carro e se sentou ao lado dela. Fazia algum tempo que Ariane, vez por outra, a procurava na saída da escola, e elas seguiam conversando. O motivo era sempre o mesmo: solidão e falta de amigos.

— E aí? — perguntou Marcela. — Teve notícias do Mike?

— Não. Ele nunca mais apareceu...

— Por que você não o deixa para lá? Está na cara que ele não a ama. Você é uma moça bonita, culta, sensível. Merece coisa melhor.

— Acha mesmo? — retrucou Ariane, segurando a tentação de lhe dizer: alguém melhor feito Flávio.

— Acho, sim.

— Pena que as coisas não sejam assim tão fáceis. Bons rapazes, hoje em dia, são difíceis de se encontrar.

— Nem tanto. Veja eu, por exemplo: conheci Flávio num momento difícil, e ele me ajudou a me levantar da minha ruína.

— Você ficou assim tão mal quando o seu namorado rompeu com você?

— Fiquei... Olhe, Adriana, sei que você é minha amiga, mas não gosto de falar do passado. É muito doloroso.

— Entendo. Bem, fale-me de Flávio, então. Ele foi o médico que a atendeu e salvou a sua vida, em todos os sentidos.

— É verdade. Não fosse por ele, acho que teria tentado me matar de novo. Mas ele me deu uma nova razão para viver, trouxe um novo alento para a minha vida.

— Será que você não é muito dependente dele?

— Não sei. Talvez até seja, mas ele é a única pessoa com quem posso contar.

— Você gostaria de tomar um sorvete? — perguntou Ariane, parando o carro perto de uma sorveteria. — Podemos continuar conversando, se não for atrasar você.

— Não tenho nenhum compromisso para agora. Flávio só vem mais tarde.

Sentaram-se a uma mesa e pediram duas taças de sorvete, e Ariane se pegou muito mais interessada na vida de Marcela do que propriamente na de Flávio.

— Pelo visto, Flávio não liga para o fato de você ter tentado se matar por causa de outro.

— Lógico que não. Foi ele, inclusive, quem insistiu para que saíssemos.

— Esse Flávio deve mesmo ser um homem maravilhoso... Quem dera eu, encontrar um homem assim.

— Não perca as esperanças, Adriana. Tenho certeza de que esse homem está por aí, em algum lugar, esperando por você.

— Mas não sou mais virgem...

— E daí? Quem é que se importa com isso hoje em dia?

— Muita gente. Flávio não se importa?

— É claro que não.

— Vocês transam, não transam?

— Essa pergunta é um pouco indiscreta, mas não faz mal contar para você — Ela deu um sorrisinho malicioso e completou: — Quando conheci Flávio, já não tinha mais o que preservar.

De repente, Ariane se deixou tomar por um ciúme incontrolável e por pouco não estragou tudo, mas conseguiu se conter a tempo. Então Marcela se gabava de dormir com Flávio, enquanto ela ainda era virgem e nunca transara com ninguém?

— Mas Flávio não foi o primeiro, foi? — revidou ela, mordendo os lábios para que Marcela não percebesse o seu ciúme.

— Oh! Não!

— O primeiro foi seu antigo namorado.

— Foi... Mas não quero falar sobre ele.

— Como é o nome dele?

— Já disse que não quero falar sobre ele, Adriana. É muito doloroso.

— Está bem, desculpe-me. Foi apenas curiosidade, perdoe-me.

— Não tem importância. Na verdade, sou em quem deve lhe pedir perdão. Não queria ser grosseira, mas...

— Você não foi. Eu é que estava sendo indiscreta. Vamos fazer uma coisa? Vamos mudar de assunto.

Era preciso ir devagar ou Marcela acabaria desconfiando.

— E os seus pais, Marcela? Você disse que quase não os vê. Não sente falta deles?

— Sinto, sim. Antigamente, no Natal, ligava para eles, mas eles deixaram bem claro que não queriam mais saber de mim. Com o tempo, desisti de os procurar.

— Por que eles fizeram isso?

— Meus pais são gente de cidade pequena. Não aceitam mulheres independentes e jamais quiseram que eu viesse para o Rio.

— Mas então, eles não sabem o que lhe aconteceu?

— A tentativa de suicídio? Não, não sabem. E nem precisam saber.

Ariane ficou pensando se não seria uma boa ideia procurar os pais de Marcela e lhes contar tudo, mas achou que só serviria para aproximá-la ainda mais de Flávio e desistiu.

— E você, Adriana? Por que não me fala um pouco mais de você?

— O que quer saber? Já lhe contei tudo sobre mim. Minha vida é muito vazia e sem graça. Desde que o Mike se foi, não tenho nem saído mais.

— Isso é uma pena! Mas você pode vir me visitar quando quiser. Por que não marcamos para sair num sábado? Você fica conhecendo o Flávio, e ele pode levar um amigo.

Aquela era a última coisa que Ariane pretendia fazer, e ela tornou com cuidado:

— Não dá, Marcela. Você e Flávio querem namorar, e eu só iria atrapalhar.

— Mas se estou dizendo que ele pode levar um amigo!

— Não estou pronta para isso ainda. Enquanto não conseguir tirar Mike da cabeça, não vou poder sair com mais ninguém.

— Não creio que lhe faça bem ficar assim pensando num homem que não lhe dá a mínima. Ele não merece você.

— Já sei, mas não consigo evitar. É duro quando o coração está ferido.

— Você tem que tentar vencer isso.

— Eu estou tentando, mas tem que ser no meu tempo. Não adianta querer forçar o que não estou sentindo.

— Tem razão. Mas quero que saiba que eu sou sua amiga, e você pode contar comigo sempre que precisar.

— Obrigada, Marcela.

Ariane sentiu o aperto de mão que Marcela lhe deu e ficou emocionada. Aquela moça parecia muito sincera na amizade que lhe oferecia. Afinal, ela não era assim tão diferente da Adriana que inventara. Não tinha amigos e perdera o namorado. As moças com quem se relacionava eram todas fúteis e viviam às voltas com festas e rapazes. Pensando bem, no que é que ela diferia das outras moças? Também só pensava em festas e num rapaz em particular. Não tinha nenhuma ocupação, nada com o que se preocupar, nenhum compromisso de trabalho, estudo ou outra coisa qualquer. Levava uma vida vazia, voltada para as aparências e os eventos sociais. Será que aquilo realmente a agradava?

Marcela era diferente. Era professora, tinha uma profissão e um objetivo. Havia pessoas que dependiam dela, que precisavam dela para alguma coisa. Ela era responsável por ensinar dezenas de alunos, o que tornava Marcela bem mais importante do que ela. Se Ariane morresse, não faria falta a ninguém na sociedade, não deixaria de prestar algum serviço útil. Mas, se Marcela viesse a morrer, o que seria de seus alunos? Mesmo que arranjassem outro para colocar no seu lugar, seria uma pessoa a menos no mundo para colaborar com o seu crescimento. E ela? Com que crescimento contribuía? Nem com o dela mesma.

Aqueles pensamentos incomodaram Ariane, e ela se apressou para sair da sorveteria. Deixou Marcela em casa e seguiu para a sua, levando no coração aqueles questionamentos todos. Poderia tentar dividi-los com a mãe, que não era uma pessoa fútil, mas a mãe estava muito envolvida em seus próprios problemas para compreendê-la. O pai não queria saber dela, e Dolores a chamaria de tola e idiota. A única pessoa que parecia capaz de realmente entendê-la era mesmo Marcela.

Mais tarde, quando Flávio chegou, encontrou Marcela preocupada e triste.

— Aconteceu alguma coisa? — perguntou ele, beijando-a como sempre.

— Lembra-se daquela moça de quem lhe falei? Da Adriana?

— Lembro. Por quê?

— Ela apareceu na escola hoje de novo.

— E?

— Está cada vez mais triste, deprimida. O namorado desapareceu, e ela não tem com quem se abrir.

— Será que essa moça não está se apegando a você?

— Creio que sim. Ela não tem amigas, e eu lhe ofereci a minha amizade. Fiz mal?

— De jeito nenhum. Por que não a convida para vir aqui uma noite dessas? Podemos levá-la para dar uma volta e espairecer.

— Já dei essa ideia. Disse até que você convidaria um amigo, mas ela não aceitou. Ainda está muito ligada no rapaz.

— Então, só o tempo é que poderá ajudá-la.

— Foi o que pensei. Quando essas coisas acontecem, é melhor dar tempo ao tempo. Mas não posso deixar de me sentir triste.

— Não quero que se sinta assim. Você está sendo amiga dela. Quando ela quiser, vai sair dessa. — Ele a abraçou e mudou de assunto: — Não se esqueça do nosso almoço amanhã. E você pode convidar a Adriana, se quiser.

— Engraçado, Flávio. Agora que você mencionou isso é que me lembrei de que não tenho nem o telefone, nem o endereço dela. Não posso entrar em contato com ela.

— Que pena. Bom, deixe para uma próxima vez. Quando ela aparecer de novo, peça o seu telefone, e nós poderemos convidá-la numa outra oportunidade. E agora — tornou ele, em tom solene —, quero lhe mostrar uma surpresa.

— Uma surpresa? O que é?

Ele tirou da bolsa uma caixinha e a depositou nas mãos de Marcela, que soltou um gritinho de alegria. Entusiasmada, soltou o laço de fita que a envolvia e exibiu o seu conteúdo.

— Flávio! — exclamou embevecida, admirando o solitário que reluzia sob a luz. — É lindo!

— Não tanto quanto você — contestou ele, retirando o anel da caixinha e colocando-o no dedo de Marcela. — Serviu feito uma luva. Parece que foi feito para você.

Marcela olhava admirada para o diamante e beijou Flávio com paixão, acrescentando com embaraço:

— Não precisava...

— Você não gostou?

— Se não gostei? Eu adorei! Mas não quero que você gaste seu dinheiro comigo.

— Isso é porque eu a amo e quero me casar com você.

— Está me pedindo em casamento? — Ele assentiu emocionado. — Oh! Flávio, como eu o amo!

— Quer dizer então que aceita?

— E como poderia recusar? Amo-o mais do que a própria vida.

Ele retirou uma outra caixinha do bolso, contendo duas alianças de ouro, e experimentou a menor no dedo de Marcela, que a fitava embevecida.

— Então, está resolvido — disse ele, enquanto empurrava o anel no anular direito de Marcela, junto com o solitário. Deu a outra aliança para ela, que a colocou no dedo dele. — Agora só falta comunicar aos meus pais e aos seus. Começaremos com a minha mãe. Diremos a ela amanhã, no almoço.

—❧—

No dia seguinte, Flávio foi buscar Marcela para o almoço em sua casa, e encontraram Dolores mais sorridente do que o habitual. Minutos antes, Ariane havia a colocado a par de todo o ocorrido, e ela considerou o resultado satisfatório. Marcela já estava começando a se abrir com Ariane e não tardaria muito a lhe fazer as confidências mais íntimas.

— Boa tarde, dona Dolores — cumprimentou Marcela, estendendo-lhe a mão.

— Como vai, Marcela?

— Bem, e a senhora?

— Muito bem também.

— Mamãe, há algo que gostaria de lhe contar.

— Sim? O que é?

— Mostre a ela, Marcela — Ela mostrou o anel e a aliança a Dolores, e Flávio anunciou em tom solene: — Marcela e eu decidimos nos casar.

Um raio não a teria fuzilado com maior intensidade, e ela retrucou atônita, não conseguindo ocultar o desagrado e a contrariedade:

— Casar? Mas já? Ainda é cedo...

— Não é, não. Já estou com quase trinta anos, e Marcela tem vinte e sete. Não somos mais crianças.

— Não, claro que não. Mas não era a isso que me referia. Um casamento não se resolve assim, da noite para o dia. Precisamos organizar a festa de noivado, a lista de convidados, a igreja, o salão...

— Não precisa se preocupar com nada disso, mamãe. Marcela e eu só queremos uma cerimônia simples no civil, com um almoço em família.

— Mas... e os nossos amigos? E a sociedade?

— Mais tarde, mandaremos a todos um cartãozinho oferecendo a nossa casa.

— Isso não é possível, Flávio! Todos já conhecem a nossa casa.

— Conhecem a sua casa. Mas Marcela e eu pretendemos ter o nosso próprio apartamento. Na segunda-feira vou entrar em contato com uma imobiliária e pedir que nos encontrem algo.

— Vocês não vão morar aqui?

— É claro que não.

— Mas não pode ser! Você não pode me deixar sozinha. A casa é muito grande, tem espaço suficiente para vocês e os filhos que vierem a ter.

— Conhece o ditado, mãe: *quem casa quer casa?* Então? Vamos nos casar e queremos ter a nossa própria casa, onde Marcela possa fazer tudo do jeitinho dela. Não é, meu bem?

Marcela assentiu com um sorriso, o que encheu Dolores de fúria e indignação:

— Mas isso é que não! — explodiu. — Não vou permitir que meu único filho me envergonhe diante de toda a sociedade. Já não basta querer se casar com alguém fora de nosso meio? Ainda tem que fazer um casamento de pobre?

— Mamãe, está ofendendo Marcela — censurou ele, notando o rubor que subia às faces da moça.

— Pouco me importa! Não vou admitir que meu filho envergonhe o nome da nossa família por causa de uma pobretona.

Indignada, Marcela se levantou de chofre e começou a falar, envergonhada e aflita:

— Lamento se a desagrado, dona Dolores. Flávio, eu... quero ir embora. Por favor, leve-me para casa.

Nem esperou que ele respondesse. Apanhou a bolsa, rodou nos calcanhares e saiu, indo aguardá-lo do lado de fora.

— Viu o que você fez, mamãe? Insultou minha noiva e fez com que ela fosse embora.

— Ela não é sua noiva. Vocês ainda nem oficializaram o noivado.

— As alianças em nossos dedos são mais do que oficiais. E, se quer saber, é tudo o que me importa. Não os anéis em si, mas o que eles representam. Marcela o aceitou, aceitou o meu pedido de casamento, e isso já é mais do que tornar o nosso noivado oficial.

— É claro que ela aceitou! Que moça pobre e sem classe não aceitaria um diamante daqueles de um homem feito você?

— Está insinuando que Marcela só quer se casar comigo por causa do meu dinheiro?

— Insinuando, não. Estou afirmando.

— Lamento que pense assim, mãe, mas não posso fazer nada. Nosso casamento já está decidido, e nada do que você diga vai me fazer mudar de ideia. E agora, com licença. Minha noiva está me esperando lá fora.

Ante o olhar de fúria de Dolores, Flávio voltou as costas e saiu ao encontro de Marcela, que chorava no portão da frente. Ele a abraçou por trás, e ela enterrou o rosto no seu peito, dando livre curso às lágrimas.

— Oh! Flávio, ela foi mesquinha, horrorosa, cruel.

— Eu sei, minha querida, e lamento. Devia ter imaginado que algo assim pudesse acontecer.

— E agora? O que vamos fazer?

— Vamos nos casar, ora essa.

— Contra a vontade dela?

— Contra a vontade de todo mundo, se necessário. Só o que me importa é você. Você me ama?

— Você sabe que sim.

— Isso para mim já é o suficiente. Lamento pela minha mãe, mas ou ela se acostuma, ou vai perder o filho.

— Não quero que vocês briguem por minha causa.

— Nem eu, mas não posso permitir que ela estrague a minha felicidade por causa dos seus conceitos mesquinhos. Sociedade... Pois sim! Não estou nem um pouco interessado nisso.

— Mas Flávio, ela pode ter razão. Eu não sou do seu nível.

— Que nível? Isso é besteira. Não me importo com isso, não me importo com nada. Amo-a do jeito que você é.

— Tem certeza?

— Você ainda duvida?

— Seria capaz de aceitar qualquer coisa de mim?

— Qualquer coisa... — Ele a olhou ressabiado. — Por quê? Está me escondendo algo?

— Não. Mas é que eu passei por tanta coisa!

— Isso não me importa. Já disse que o seu passado não me interessa. O que você fez da sua vida antes de me conhecer não é problema meu. Quando a conheci, sabia o que você havia feito e por quê. Não é novidade para mim que você tenha tido outro homem antes de mim e que tenha sido apaixonada por ele, tão apaixonada a ponto de querer se matar. Você quis morrer por ele, mas agora, quer viver por mim. Isso não é mais importante?

Ela não conseguiu responder. Estava emocionada demais para falar. Flávio a amava, não tinha dúvidas, e dizia que a aceitava de qualquer jeito, fosse o que fosse que ela tivesse feito no passado. Contudo, ainda se lembrava do que ele dissera sobre relacionamentos homossexuais e sentiu medo. Será que ele ainda pensaria assim se descobrisse que o ex-namorado por quem ela quase se matara não era um homem, mas sim, outra mulher?

A notícia que Flávio trouxera deixou Dolores espumando de raiva. Não podia contar com aquilo. Por mais que imaginasse que Flávio e Marcela tinham planos para se casar, não imaginou que fosse tão rápido. Era preciso agir, e agir com urgência e rapidez. Precisava falar com Ariane, pressioná-la para que ela descobrisse logo alguma coisa importante no passado de Marcela.

— Você precisa fazer algo com urgência! — berrava ela ao telefone. — Ou pode esquecer Flávio para sempre.

— Mas fazer o quê? — respondeu Ariane, do outro lado da linha. — Só me encontrei com Marcela algumas vezes. Por mais que ela esteja começando a confiar em mim, ainda é muito pouco tempo para confidências mais íntimas.

— Não interessa! Você disse que ela já estava começando a se abrir, não disse?

— Disse, mas...

— Pois então, faça-a se abrir de vez! Obrigue-a a lhe contar todos os seus segredos.

— Está certo, Dolores, verei o que posso fazer. Mas antes de segunda-feira, não poderei agir. Preciso esperar que Flávio esteja no trabalho, ou ainda acabarei dando de cara com ele, o que não vai ser bom para ninguém.

Desligaram. Naquele momento, não podia tomar nenhuma atitude. Tinha que esperar até segunda-feira, quando então pensaria em algo. Mas o quê? Pensando melhor, ela já não tinha mais certeza se queria mesmo fazer aquilo. Olhou para a mãe, largada no sofá, devorando uma caixa de bombons, e ficou imaginando se era aquele o futuro que pretendia para si. A mãe forçara o casamento com o pai, e para quê? Para terminar deixada de lado, gorda e relaxada, lamentando uma vida inteira sem amor? Será que o exemplo da mãe não era suficiente para ela? Por que insistia em repetir o seu erro? Não valia a pena tramar para destruir o romance de Flávio se ele não a amava. Ele podia fazer como seu pai, casando-se com ela por desgosto, assim como o pai se casara com sua mãe para ocultar a frustração. Mas amor mesmo, não havia. O pai nunca amara a mãe, assim como Flávio também não a amava.

E depois, tinha a Marcela. Desde que a conhecera, sentira uma forte amizade pela moça, que era bem diferente do que Dolores dizia. Marcela era meiga, gentil e amiga. Podia não ser rica, mas não tinha nada de vulgar ou interesseira. Ao contrário, era uma moça inteligente e agradável, e ela bem podia compreender por que Flávio se apaixonara por ela. Marcela sabia conversar, conhecia assuntos ricos em interesse e não era fútil. Muito diferente dela.

Contudo, Dolores insistia naquela empreitada. Dolores não lhe daria trégua e só ficaria satisfeita quando separasse Marcela de Flávio e o fizesse casar com ela. Mas ela já não estava bem certa se queria se casar com Flávio. Queria alguém que realmente a amasse, não um homem que a desposasse só por ter perdido a mulher amada.

CAPÍTULO 11

Quando a segunda-feira chegou, Ariane havia decidido que faria a última tentativa com Marcela. Talvez ainda valesse a pena arriscar com Flávio, afinal de contas. Quem sabe ele não a amasse e estivesse apenas impressionado com a vida livre que Marcela levava? Pensava nisso enquanto se arrumava, para ir ao encontro de Marcela na saída da escola, quando vozes altercadas entraram pela janela de seu quarto:

— Não aguento mais você, Anita! — berrava Nélson. — Quero o desquite!

— Você não pode fazer isso. E os nossos filhos? E os nossos bens?

— Não quero saber! Os filhos já estão grandes, e temos muitos bens. Vamos dividir tudo meio a meio.

— Mas Nélson, eu não quero. Eu o amo...

— Mas eu não a amo! Se quer saber, nunca a amei! Nem sei por que me casei com você.

— Por favor, Nélson, não me deixe — choramingava ela. — Podemos tentar mais um pouco. Farei o possível para agradá-lo. Vou emagrecer, me arrumar direito, você vai ver.

— Isso não me interessa mais, Anita. Você pode se tornar a Miss Universo, que eu não a quero mais. Acabou, entendeu bem? Acabou!

Ariane ouviu uma porta batendo, e soluços angustiados chegaram aos seus ouvidos. O pai havia saído, e a mãe estava chorando. Ela não aguentava mais aquilo. Era isso que dava um casamento sem amor. E era isso que ela desejava para ela? Não. Decididamente, ela merecia um futuro melhor. Decidira-se novamente por não procurar Marcela, não queria mais saber de nada de seu passado que a pudesse comprometer.

No entanto, os gritos da mãe continuavam a ferir seus ouvidos, e Ariane não conseguiu mais suportar. Seu lar havia se transformado num inferno, e ela começou a chorar, acompanhando o pranto da mãe. Como queria que ela se desvencilhasse do pai e fosse feliz! Ariane estava muito sentida, até que ouviu a voz da mãe, que a chamava. Mas ela não queria ir. Não aguentava mais as lamúrias da mãe, os gritos do pai. Tudo o que queria era fugir dali, ir para algum lugar onde ninguém nunca tivesse ouvido falar nela.

Sem responder aos apelos da mãe, Ariane passou a mão na chave do carro e correu porta afora. Foi guiando pela rua, a esmo, sem saber bem aonde ir, e, quando deu por si, havia parado o carro em frente à escola em que Marcela dava aulas. Tinha ido parar ali sem querer e pensou em ir embora quando viu a moça se aproximando pelo outro lado, vindo do ponto de ônibus.

— Oi, Adriana — cumprimentou ela. — Aconteceu alguma coisa?

— Oh! Marcela!

Ariane começou a chorar convulsivamente, e Marcela abriu a porta do carona, sentando-se ao lado dela.

— Foi o Mike? Ele apareceu?

Naquele momento, Ariane quase lhe contou toda a verdade, mas tinha medo da reação de Marcela. E depois, sentia-se tão sozinha que queria alguém para conversar.

— Será que nós podemos ir a algum lugar?

— Quer ir até a minha casa?

— Flávio não está para chegar?

— Não. Por quê?

— Queria conversar a sós com você. Estou tão triste, Marcela!

— Vamos lá para casa, então. Faço-lhe um chá e conversaremos mais à vontade.

Durante todo o trajeto, Ariane permaneceu em silêncio, e Marcela nada disse, achando que ela estava deprimida por algo que houvesse acontecido com Mike. Chegaram em poucos minutos, e Marcela indicou o sofá para Ariane, indo preparar-lhe um chá. Voltou alguns instantes depois, estendendo uma xícara para Ariane, enquanto se sentava com a outra.

— Pode beber. É camomila, vai acalmá-la.

Com um sorriso de gratidão, Ariane começou a bebericar o chá, enquanto as lágrimas desciam pelo seu rosto.

— Lamento procurar você com os meus problemas — começou ela a falar —, mas é que não tenho mais ninguém.

— Não tem importância. Não disse que sou sua amiga? — Ariane assentiu. — Então, pode falar.

— São os meus pais... Vivem brigando, e hoje...

Com a voz carregada de emoção e angústia, Ariane narrou a Marcela tudo o que vinha acontecendo nos últimos tempos, chorando muito a cada passagem. Marcela ouviu a narrativa em silêncio, apenas balançando a cabeça de vez em quando e lançando a ela olhares de simpatia e compreensão.

— Deve ser muito difícil para você — começou Marcela a dizer, logo após Ariane terminar sua história.

— Não é o fato de eles não se amarem mais que me incomoda. É que eles não se respeitam. Meu pai humilha minha mãe, e ela, por sua vez, se humilha diante dele. É deprimente.

— Já tentou conversar com eles?

— Com minha mãe, sim. Com meu pai, não tenho diálogo.

— Sei que não é algo agradável, mas talvez você deva dar mais força a sua mãe.

— Mais do que eu faço? Converso com ela, levo-a para sair, insisto para que ela se arrume. E tudo isso para nada. Ela não se anima.

— Acho que você deveria lhe mostrar o seu apoio. Não apenas insistir para que ela faça algo que ainda não está pronta para fazer, mas mostrar a ela que, ainda que ela não consiga sair dessa situação, você estará ali ao lado dela.

— Como assim?

— Não me leve a mal, Adriana, mas sua mãe não me parece querer, realmente, mudar a aparência. Só que você fica insistindo nisso, como se fosse a melhor solução para a crise no seu casamento, quando você sabe que não é verdade. Isso deve angustiá-la ainda mais, e ela deve se sentir cada vez mais culpada por não conseguir mudar.

— Mas eu não a culpo de nada!

— Sei que não, mas será que ela não entende assim? Se você chega perto dela quando ela está chateada e vai logo falando da aparência física, será que não está, indiretamente, acusando-a de ter contribuído para a perda de interesse de seu pai?

— Você acha isso?

— Acho que é uma possibilidade. Às vezes, queremos mudar, sabemos que precisamos, mas não conseguimos. Não nos sentimos fortes ou preparados. Ou talvez não queiramos de verdade. Você põe a aparência física em primeiro lugar, quando os sentimentos é que deveriam vir antes. O que importa ser feio ou gordo quando há amor?

— Não há amor entre meus pais.

— Exatamente. E é por isso que seu pai quer o desquite: porque não há amor. Não porque sua mãe está gorda nem relaxada. Isso é apenas uma desculpa que ele dá a si mesmo para justificar que não sente nada por ela.

— Acho que você tem razão, Marcela. Não há amor entre eles, e meu pai não devia tentar justificar essa ausência de amor com a gordura da minha mãe. Isso não é justo. E afinal, ela nem está tão gorda assim. Está mais relaxada do que gorda. E depois, onde ficam as outras qualidades? Ela sempre foi boa esposa e boa mãe. Por que meu pai não reconhece isso?

— Não o culpe, Adriana, porque também não deve ter sido fácil para ele se casar com ela só porque a outra o deixou.

— Não o estou culpando. Vendo por esse ângulo, acho que ninguém é culpado de nada.

— Isso mesmo. Acho que o mais importante agora é você dar apoio à sua mãe, mas sem acusar o seu pai. Ela me parece mais frágil, precisa mais de você.

— É isso mesmo o que vou fazer, Marcela. Vou voltar para casa e procurar conversar com mamãe. Talvez eu consiga ajudá-la.

— Faça isso e depois me conte como foi. Vai ver que ela vai se sentir bem melhor, e você também.

Mais calma, Ariane agradeceu e saiu, antes que Marcela se lembrasse de pedir o seu telefone e o seu endereço. Quando chegou a casa, saiu em busca de Anita, que estava no quarto, devorando um pacote de biscoitos recheados. Sem dizer nada, Ariane se aproximou e, gentilmente retirando o saco de biscoitos das mãos da mãe, abraçou-a com carinho e falou emocionada:

— Eu estou aqui, mãe, e a amo.

Era a primeira vez que Ariane a abraçava daquela maneira, e Anita se agarrou a ela, chorando sem parar.

— Oh! Ariane, você nem imagina o que aconteceu! Seu pai... seu pai saiu de casa... disse que quer se desquitar.

— Eu sei, mãe, eu ouvi.

— Você ouviu?

Ela assentiu:

— Eu estava no quarto quando escutei os dois conversando, ou melhor, gritando.

— Tudo isso porque eu não consigo emagrecer!

— Não pense assim, mãe, porque não é verdade. Gordura nada tem a ver com amor.

— Também pensava desse jeito, até seu pai se distanciar de mim. Ele esfriou comigo porque estou feia e gorda.

— Não é verdade. Ele esfriou com você porque nunca a amou, porque só se casou com você para preencher o vazio que a outra deixou.

Anita engoliu o choro e tornou entre soluços:

— Eu não devia ter feito aquilo, não devia! É nisso que dá se casar sem amor. E eu ainda fui engordar...

— Pare de se acusar, mãe, ninguém tem culpa. O casamento de vocês acabou, mas você, não. Você ainda é uma mulher jovem, pode refazer a sua vida.

— Quem é que vai querer uma mulher gorda?

— Quem falou que você precisa ter alguém? Você não precisa lutar consigo mesma para fazer algo que não quer. Pode ser feliz assim mesmo do jeito que é.

— Você não acha mais que seu pai me deixou porque eu estou gorda e feia?

— Não, mãe, eu não acho. Acho que ele a deixou porque não a ama, nunca amou. Mas você pode amar a si mesma e fazer algo por você. Pode levar a sua vida do jeito que quiser.

— Mas eu não consigo emagrecer!

— Quem é que está falando em emagrecer? — Anita ficou confusa. — Você é que está com ideia fixa. Por mim, amo-a do jeito que você está.

— Isso é porque você é minha filha.

— Para você ver como o amor verdadeiro não se incomoda com isso. E, assim como eu, quem a amar também não vai se importar.

— Você está mudada, Ariane. Aconteceu alguma coisa?

— Aconteceu. Refleti em tudo o que você me contou e aprendi com o seu erro. Não quero repetir na minha vida o que você fez com a sua.

— Mas o que aconteceu?
— Nada. Descobri que Flávio ama outra mulher, não a mim, e estou disposta a aceitar esse fato, ainda que isso custe a minha felicidade a seu lado.
— Ariane!
— É verdade, mamãe. Quero ser feliz ao lado de alguém que me ame, assim como você ainda pode encontrar a felicidade ao lado de um homem que também a ame de verdade. Nós merecemos isso.

Anita estava deveras impressionada com a filha. Apesar de Ariane sempre ter sido muito ligada a ela, nunca demonstrara tanta maturidade quanto agora. Ela se abraçou à filha e beijou suas faces, sentindo inexplicável vontade de viver e se sentir viva.

— Quer saber de uma coisa? — Ela perguntou, olhando para a filha com uma desconhecida vivacidade no olhar. — Vamos sair. Nós duas. E vamos procurar ser felizes.

Ariane não respondeu, mas concordou com um aceno de cabeça, intimamente agradecendo o conselho que Marcela lhe dera. Era o primeiro passo para fazer a mãe acreditar que também merecia ser feliz.

Nélson respirou aliviado. Aquele casamento de mentiras já o estava desgastando, e ele não estava mais disposto a continuar com aquela farsa. Deixou as malas no hotel e telefonou para Dolores, pedindo para falar-lhe com urgência. Agora sim, podia assumir a vida ao lado da mulher que realmente amava.

Combinaram de se encontrar em um restaurante discreto e afastado dos lugares frequentados por conhecidos. Quando Dolores chegou, Nélson já a estava aguardando, bebendo, a goles largos, seu segundo copo de uísque.

— Graças a Deus, Dolores! — exclamou ele, assim que ela chegou. — Mal podia esperar a hora de lhe contar a notícia.

— Sua voz parecia grave ao telefone. O que houve? Alguma coisa com Anita?

— Eu me separei de Anita. Saí de casa hoje cedo e não pretendo mais voltar. Resolvi pedir o desquite. — Dolores ficou boquiaberta, olhando para ele com ar de assombro. — Você ouviu o que eu disse, Dolores? Pedi o desquite. Vamos poder ficar juntos publicamente. Não é maravilhoso?

O sangue subiu e desceu das faces de Dolores com a rapidez de uma cascata, para depois subir novamente, deixando-a rubra de raiva e indignação.

— Você ficou louco? — berrou. — Está fora do seu juízo?

— Mas... mas... — gaguejou ele — não entendo... Pensei que você fosse ficar feliz.

— Como posso ficar feliz se você quer atirar o meu nome na lama? Acha mesmo que eu vou comprometer o nome da minha família assumindo um romance com você?

— E por que não? Estou livre agora, podemos viver juntos.

— Nem pensar! O que as pessoas vão dizer? Que nós já tínhamos um caso antes do seu desquite.

— As pessoas não vão dizer nada. Nós podemos esperar...

— De jeito nenhum! Todo mundo vai falar que você saiu de casa por minha causa.

— E não foi?

— Se foi, você é muito estúpido! O que o fez pensar que eu iria assumir um compromisso público e sério com você?

— Pensei que você me amasse.

— Nunca disse que o amava. Se você pensou assim, sinto muito, mas é problema seu.

— Se não me ama, por que ficou comigo esses anos todos?

— Pelo mesmo motivo que você ficou comigo.

— Eu a amo!

— Então, eu me enganei, e nossos motivos foram diferentes. Pensei que estivéssemos juntos por conveniência de ambas as partes.

— Que conveniência?

— Você sabe. Sua mulher está um lixo, e meu marido nunca foi lá grande coisa.

— Como pode dizer isso com tanta frieza, Dolores? Não sente nada por mim?

Dolores olhou bem dentro de seus olhos e respondeu com voz glacial:

— Não. Nosso relacionamento acabou. Ninguém mandou você ser burro e sair de casa. De hoje em diante, não me procure mais.

Antes mesmo que o garçom pudesse anotar os pedidos, Dolores passou a mão na bolsa e saiu apressada. Entrou no automóvel rapidamente e foi embora, deixando Nélson no restaurante, segurando o copo de uísque, tomado de verdadeiro assombro.

Dolores não podia acreditar que ele havia feito aquilo! Estragara tudo. Ela jamais amara Nélson, como nunca amara homem algum, nem o marido. Nélson fora bom amante, mas ela já começava a se cansar dele. E depois, ele dera para beber além da conta e estava praticamente falido. Aquela parte, ela não desejava. Deixava para a mulher dele aturar os seus problemas. Só o que lhe interessava era o prazer do sexo que ele podia lhe proporcionar. Mas se ele começava a misturar sexo com sentimento, estava na hora de deixá-lo de lado e arranjar outro.

Da parte de Nélson, a única coisa que lhe interessava era Ariane. Dolores até que gostava de Ariane. Sempre desejara ter uma menina, mas, por complicações no parto de Flávio, ficara impossibilitada de ter outros filhos. Por isso também lhe interessava o casamento dos dois. Ariane era uma moça tola e faria o que ela desejasse, desde que continuasse vivendo aquela vida de compras e festas. Se tudo corresse bem, Ariane lhe daria uma neta, a menina que tanto desejara e que manteria sob seus cuidados e sob sua vigilância, para fazer o que ela quisesse.

E Nélson aparecia para estragar os seus planos. Ariane não se sentiria nada à vontade se Dolores e ele fossem viver juntos. Por mais tola que a menina fosse, era muito ligada à mãe e não aceitaria aquela traição. E se Ariane se aborrecesse e lhe virasse as costas, Flávio se casaria com Marcela, e seus planos iriam por água abaixo. Era preferível que ela e Nélson não se vissem mais. Ele não estava mesmo valendo mais a pena. Dolores gostava de sexo, mas homens, havia muitos pelo mundo, e ela tinha dinheiro. Podia comprar um rapagão musculoso e de cabeça vazia, que fizesse sexo e nenhuma pergunta ou observação mais complexa.

Depois de uma semana longe de casa, Nélson começou a sentir o vazio que a falta da mulher deixara. Ele não a amava, mas não podia viver só. Acostumara-se à boa-vida que ela lhe dava e não lhe fazia bem o atendimento distante e frio daquele hotel barato. Além disso, as despesas começavam a pesar. O dinheiro estava acabando, e ele não tinha mais de onde tirar. Resolveu voltar para casa. Anita lhe implorara que não se fosse e iria aceitá-lo de volta sem questionar, e ainda lhe agradeceria.

Quando ele tocou a campainha, foi Ariane quem atendeu. Ela estava de saída e abriu a porta assim que a campainha soou.

— Papai! — assustou-se ela.

— Perdi minhas chaves... — balbuciou ele, ansioso para passar.

— O que faz aqui?

— Ora, o que faço aqui... Eu moro aqui, se esqueceu?

— Que eu saiba, você saiu de casa há uma semana.

— Mas estou de volta. Tive apenas uma briguinha com sua mãe, coisas de casal, mas já passou. E agora, deixe-me entrar.

Ele tentou entrar, mas Ariane postou o corpo na frente dele e estendeu os braços, barrando a sua passagem.

— Lamento, pai, mas aqui não é mais a sua casa.

— Que disparate é esse, menina? Trate de me respeitar.

— Se quer ser respeitado, dê-se o respeito primeiro.

— Não fale assim comigo, Ariane! Eu não admito.

— E eu não admito que você trate a minha mãe da forma como a tratou.

— Isso é assunto de marido e mulher! Você não tem nada com isso!

— Tenho. Se a sua mulher é a minha mãe, eu tenho tudo com isso.

— Saia da frente — ordenou ele, tentando empurrá-la para trás.

— Não! Aqui você não entra. E se insistir, chamo a polícia.

— Onde já se viu chamar a polícia para me impedir de entrar na minha própria casa? — desdenhou ele, empurrando-a novamente. — Deixe-me passar, já disse!

— Não! Vá procurar as suas vagabundas e peça abrigo a elas.

— Olhe lá como fala comigo, menina!

Nesse momento, Hugo, irmão mais novo de Ariane, vinha chegando da escola e parou abismado diante daquela cena.

— O que está acontecendo? — perguntou ele confuso.

— Sua irmã não quer me deixar entrar na minha casa — respondeu Nélson com raiva, acrescentando para ela: — E seu irmão? Vai deixá-lo na rua também?

Ariane não respondeu e afrouxou os braços, para dar passagem ao irmão, e Nélson, percebendo a manobra, agarrou o filho pelo punho e empurrou Ariane com violência, atirando-a de costas no chão. O menino começou a chorar assustado, e Anita entrou na sala nessa hora, vindo do banheiro, os cabelos molhados caídos sobre o rosto.

— Mas o que é isso? — indagou atônita, correndo para levantar a filha do chão. — Ariane, você está bem?

— Estou bem, mamãe — respondeu ela. — Apesar de meu pai se comportar como um animal, eu estou bem.

Anita não a escutava direito, preocupada que estava em acalmar Hugo. Abraçou o menino com amor e, virando-se para Nélson, explodiu com fúria:

— Você não tem o direito de vir à minha casa maltratar os meus filhos! Olhe só o que você fez!

— Eles são meus filhos também. Ariane é muito atrevida, e Hugo vai acabar se tornando um maricas, de tanto que você o mima.

— O que veio fazer aqui, Nélson? Já não estava decidido a pedir o desquite?

— Mudei de ideia. Meu lugar é na minha casa, ao lado da minha mulher e dos meus filhos.

— Mas que cinismo! — disparou Ariane. — Desde quando você se interessou em ficar conosco?

— Vá para o seu quarto, Ariane! — ordenou o pai. — E leve seu irmão. Isso não é assunto de crianças.

— Eu não sou mais criança! Nós também moramos nessa casa e temos o direito de saber o que acontece aqui.

— Saiam, vamos!

— Não vamos sair.

Nélson avançou para ela, e Anita se colocou entre os dois, ainda com Hugo agarrado a sua cintura:

— Você não vai bater na minha filha! Não vou permitir!

Ele se conteve e retrocedeu dois passos, mas continuava disposto a ficar e esbravejou:

— O que é isso, afinal? Um complô dentro da minha própria casa?

— Esta não é mais a sua casa — tornou Anita. — Quando você escolheu nos deixar, deixou também o seu lar.

— Vai me impedir de ficar?

— Vou.

— Você não pode fazer isso. Eu tenho meus direitos.

— Pois então, que vá buscá-los na Justiça!

A atitude de Anita, em seguida, foi inesperada. Ela se desvencilhou do filho, fazendo sinal para que Ariane o aco- lhesse, e saiu empurrando Nélson, que foi caminhando para trás a cada cutucão que ela lhe dava. Tinha vontade de esbofeteá-la, mas a presença dos filhos o intimidou, e ele foi se deixando enxotar, até que ela o empurrou porta afora.

— Anita... — ele ainda tentou suplicar.

Anita não respondeu. Empurrou-o com força, e ele tombou sobre as malas, desabando no chão tal qual fizera com Ariane, e Anita bateu a porta na cara dele. Durante alguns segundos, todos sustiveram a respiração, esperando que ele esmurrasse a porta, mas nada aconteceu. Ferido em seu orgulho e espumando de ódio, Nélson apanhou as malas e foi embora. Eles ouviram o barulho da porta do elevador se fechando, e Ariane correu para a janela. Pouco depois, o pai apareceu na portaria, seguindo pela rua com as malas.

— Ele foi embora! — espantou-se ela. — Mamãe, você o colocou para fora!

— Coloquei — confirmou Anita, mal acreditando que havia feito aquilo. — Posso suportar tudo de um homem, menos que maltrate meus filhos.

Os filhos correram para ela e a abraçaram emocionados, Hugo ainda chorando assustado. Anita o abraçou fortemente, beijou sua cabeça e o levou para o quarto, ficando com ele até que se acalmasse. Sentou-se com ele na cama e conversou com ele longamente, até que as horas foram avançando, e ele acabou se distraindo com um episódio antigo de *Viagem ao fundo do mar*. Anita tornou a abraçá-lo e o beijou várias vezes, repetindo, a todo instante, o quanto o amava.

Certificando-se de que ele havia realmente se acalmado e tinha a atenção presa na TV, Anita se levantou e foi procurar Ariane.

— Como ele está? — indagou ela, correndo para a mãe.

— Está mais calmo. Ficou assustado, mas agora está melhor.

— Você foi admirável, mamãe! — elogiou Ariane. — Teve muita coragem e determinação.

— Não posso permitir que Nélson trate os meus filhos desse jeito. Isso não!

— Espero que você mantenha essa decisão de não o aceitar de volta.

— Quer que lhe diga mesmo, Ariane? — Ela assentiu. — Eu gostei de ter tomado a atitude que tomei. Serviu para me mostrar que sou capaz de cuidar de mim e dos meus filhos. Não preciso me submeter a todo tipo de humilhação só para ter um marido ao meu lado. Foi seu pai quem escolheu nos deixar, não eu. Mas eu não posso ficar aqui sentada, à espera de que ele volte, para aceitá-lo seja de que maneira for.

— Por que acha que ele voltou?

— Quem é que vai saber? Talvez a amante não o queira, afinal.

— Você acha que ele tem uma amante?

— Ele diz que não, mas eu tenho quase certeza. Ele nunca mais me procurou, parece até que tem nojo de mim. Homem, quando fica assim com a mulher em casa, é porque tem outra na rua.

— E isso não a incomoda?

— Já incomodou. Agora que estou decidida a não aceitar mais o seu pai de volta, ele pode fazer o que quiser, que não eu não me importo. Quero viver a minha vida em paz.

— Assim é que se fala, mamãe. Você ainda pode ser muito feliz.

— Gorda desse jeito? Não acredito.

— Lá vem você de novo com essa história de que está gorda.

— E não estou?

— E daí? Você pode emagrecer, se quiser. Se não quiser, não faz mal. Aceite-se desse jeito e você vai ser muito mais feliz. Se alguém tiver que amar você, vai amá-la de qualquer maneira.

— Você está estranha, Ariane. Muito mudada.

— Estou aprendendo com a vida, mãe. Conheci uma moça que está me ensinando outros valores.

— Que moça é essa?

— Você não conhece.

— Ela é do nosso meio?

— Não. Por quê? Tem preconceito?

— De jeito nenhum! Seu pai é que se prende a essas bobagens.

— Ela é professora. Um dia, apresento-a a você.

A conversa tomou outro rumo, e Anita percebeu que respirava mais aliviada. A ausência de Nélson até que estava lhe fazendo bem. Quando ele estava em casa, ela vivia sobressaltada, com medo de que ele partisse, e se humilhava constantemente. Ele a destratava, não lhe tinha respeito e não a desejava. O dinheiro que dava em casa também começou a diminuir, e ela foi obrigada a cortar algumas despesas. E agora, ele começava a maltratar os filhos. Aquilo fora a gota d'água. Ela podia suportar qualquer coisa, menos que maltratassem seus filhos.

Olhando o acontecido por um ângulo mais otimista, Anita achou que até que o resultado fora positivo. Ela tomou consciência do tipo de homem em que Nélson se transformara e revolveu nela o amor por si mesma. Através dos filhos, Anita percebeu que precisava se amar e se valorizar como mulher e como pessoa, para, inclusive, dar a eles um exemplo de dignidade e respeito.

E o exemplo de mulher que ela queria ser para os filhos era bem diferente do modelo de mãe insegura e apagada que ela fora até aquele momento. Ela podia estar feia e gorda, mas era uma pessoa decente e honrada, e ninguém no mundo tinha o direito de lhe tirar a dignidade. Queria mostrar isso aos filhos, para que eles também se impusessem no mundo como pessoas dignas e conscientes do seu valor, para que ninguém os humilhasse ou os desrespeitasse. A partir daquele momento, preocupar-se-ia em dar-lhes esse exemplo.

CAPÍTULO 12

Mais um almoço na casa de Dolores, e Marcela acabaria por enlouquecer. Dolores já demonstrara claramente a opinião que tinha a seu respeito, e ela não pretendia se sujeitar aos rompantes da futura sogra. O noivo que a perdoasse, mas ela não tinha estômago para aquilo.

Marcela saiu da escola no horário de sempre e, como de costume, deu uma olhada para ver se o carro de Adriana estava lá, mas ela não aparecera. Fazia alguns dias que não vinha, e ela estava preocupada. Da última vez que se encontraram, ela estava aflita com o casamento dos pais e saíra de sua casa disposta a ajudar a mãe. Será que conseguira? Marcela tencionava pedir o seu telefone, mas acabara esquecendo e agora não tinha como obter notícias.

Quando Marcela se aproximou de sua casa, estranhou um carro parado diante da sua porta. Era um carro muito elegante para aquela vizinhança, e ela não sabia de ninguém que possuísse um modelo daqueles. Ao se aproximar ainda mais, a porta se abriu subitamente, e Dolores saltou, fitando Marcela com olhar mordaz.

— Dona Dolores! — exclamou Marcela, realmente espantada. — Que surpresa...

— Como vai, Marcela? — indagou ela, olhando com ar de proposital desagrado para o edifício em que ela vivia. — É aqui que você mora?

— Sim, senhora.

— Não vai me convidar para entrar?

— Sim, claro.

A visita de Dolores não agradara Marcela, mas o que ela podia fazer? Não podia ser grosseira com a futura sogra e não teve outro remédio, senão abrir a porta e deixar que ela passasse. Dolores torceu o nariz e entrou no prédio, fingindo que disfarçava a repulsa. Subiu os dois lances de escada até o apartamento de Marcela, não sem antes fazer um comentário desagradável sobre a falta que faziam os elevadores. Marcela apenas assentiu, até que chegaram ao segundo andar, e ela abriu a porta para Dolores passar.

O apartamento, apesar de pequeno, estava muito bem-cuidado, e Dolores lamentou não poder chamar Marcela de relaxada. Marcela indicou o sofá, e Dolores se sentou e sorriu de um jeito afetado, esforçando-se para que a moça conseguisse ler, em seus olhares estudados, a desaprovação que fazia a sua pessoa.

— Muito bem — falou Dolores, utilizando-se de um tom de voz excessivamente alto para uma simples visita. — Aqui estamos.

Marcela sorriu sem jeito e retrucou pouco à vontade:

— A senhora gostaria de beber alguma coisa? Uma água, um café?

— Gostaria mesmo de um cálice de *cherez,* mas não creio que você tenha algum por aqui.

As faces de Marcela enrubesceram até a raiz do cabelo, e ela concordou constrangida.

— Desculpe-me, dona Dolores, mas eu não bebo.

— É claro que não — ela ficou tamborilando com os dedos no braço do sofá, estudando o ambiente com olhar crítico, até que encarou Marcela de frente e disparou: — Muito bem. Vou ser sincera com você, Marcela. Dei-me o trabalho de vir até aqui procurá-la porque estou muito preocupada com o futuro do meu filho. Você me entende, não é?

— Não, não entendo — respondeu Marcela, sustentando o seu olhar e lutando para não demonstrar o pânico que a invadia.

— Ora vamos, menina, não precisa se fazer de tola comigo. Bem sei o quanto é esperta.

— Lamento, dona Dolores, mas não sei do que a senhora está falando. Sou apenas uma moça simples.

— Muito simples, para dizer a verdade. Não sei se tanta simplicidade assim faria bem ao meu Flávio.

— Não estou entendendo...

— Não está? Pois eu acho que me entendeu muito bem.

— Por que a senhora não fala com mais clareza? Não compreendo esse jogo de adivinhas.

— Tem razão, Marcela. Não sou mesmo mulher de fazer rodeios. A verdade é que tenho minhas dúvidas se Flávio fez uma boa escolha. Não sei se você é a moça certa para ele. Não que eu tenha alguma coisa contra você, não é nada disso. Mas é que eu a acho... um pouco simplória demais. Meu Flávio é um homem da alta sociedade, e não estou bem certa se você conseguiria acompanhar o seu estilo.

— A senhora está querendo dizer que não me aprova como esposa do seu filho. É isso, não é?

— Não é que não aprove. É que, no fundo, me preocupo com você. Como irá se sentir quando tiver que comparecer a festas e recepções, com esse seu jeito simples de moça do interior? Não acha que vai se sentir envergonhada?

Cada vez mais ruborizada, Marcela ainda tentou contra-argumentar:

— Posso não ter tido uma educação esmerada, mas também não sou mal-educada. Sou professora e tenho meus princípios. Isso não conta para nada?

— Que princípios você tem? — rebateu Dolores de imediato. — Conte-me que princípios são esses, para que eu possa conhecê-la melhor.

— Sou uma pessoa decente, dona Dolores! — exaltou-se ela, levantando-se de chofre. — A senhora, nem ninguém, tem o que dizer de mim.

— Acalme-se, menina, e sente-se. Não vim aqui para acusá-la. Quero apenas lhe mostrar onde você está se metendo.

— Não creio que esteja me metendo em lugar nenhum. Flávio e eu nos amamos, e é só isso que importa.

— Será que o amor de vocês vai ser forte o suficiente para enfrentar as diferenças sociais?

— A senhora fala como se eu fosse uma mulher vulgar e grosseira. Posso não ter tido berço, mas creio que meus pais me educaram muito bem.

— Por falar em seus pais, por que eles não vêm vê-la?

— Já falei sobre isso. Meus pais estão ficando velhos e têm medo do Rio.

— Eles não vêm para o casamento?

— Na época certa, irei buscá-los. Mas não creio que a senhora tenha vindo até aqui para falar de meus pais.

— Não. Como disse, gostaria de conhecer os seus princípios. Soube que Flávio a conheceu no hospital.

— Foi.

— Porque você tinha tentado o suicídio.

— Como é que a senhora sabe disso? — espantou-se. — Ele lhe contou?

Dolores apenas sorriu. Quem lhe dera a informação fora Ariane, que soubera pela própria Marcela.

— Por que você tentou se matar? Alguma decepção amorosa?

— Eu... Sinto muito, dona Dolores, mas não gosto de falar sobre isso. O que aconteceu no passado ficou enterrado no passado.

— É mesmo? E o que aconteceu no passado?

— Nada, já disse. Não quero ser grosseira, mas isso é problema meu. Nem Flávio me faz essas perguntas.

— Flávio é muito ingênuo, mas eu gostaria de saber.

— Por quê?

— Curiosidade de sogra, talvez. Ou, quem sabe, não poderia ajudá-la? Você fez algum aborto?

— Não!

— Mas você e Flávio já... você sabe.

— Isso também não lhe diz respeito — retorquiu ela, o rosto parecendo em chamas.

— Meu filho não liga para essas coisas. E nem eu, na verdade.

— Se não liga, por que está me crivando de perguntas? Será que não é suficiente a senhora saber que Flávio e eu nos amamos?

— Eu acredito nisso, mas gostaria de conhecê-la melhor. Por que você é tão relutante em falar do passado?

— Não sou relutante. O passado acabou, não interessa mais.

— Está escondendo alguma coisa, Marcela?

— Não tenho nada a esconder. Sou uma moça simples que, num momento de desespero, atentou contra a própria vida, mas graças a Deus que não consegui. Seu filho me salvou a tempo.

— É por isso que ele se apegou tanto a você. Sente-se responsável.

— Não é nada disso! Flávio não é responsável por mim. Ele salvou a minha vida, mas eu sou adulta e capaz de responder por meus atos. O que aconteceu foi que nós nos apaixonamos. Por que é tão difícil para a senhora aceitar isso?

Dolores não respondeu, mas ficou olhando para ela com aquele sorriso irônico de quem está se divertindo com a situação. Estava claro que Marcela escondia algo, mas ela não conseguia atinar no que fosse. Já ia fazer outra das suas perguntas maldosas quando um som insistente de buzina entrou pela janela. Seria Flávio?

Ao se aproximar da janela, Marcela suspirou aliviada. Adriana estava lá embaixo buzinando, e ela acenou para a moça, fazendo sinal para que subisse. Ariane saltou e trancou o carro, entrando no edifício, e Marcela foi abrir a porta para ela.

— Graças a Deus que você chegou — sussurrou ela, assim que Ariane surgiu.

— Você nem vai imaginar o que aconteceu, Marcela! — falou ela exaltada, nem notando o ar de alívio da outra. — Minha mãe deu um basta na situação. Colocou meu pai para fora e...

Calou-se abismada, ao dar de cara com Dolores, que olhava de uma para outra com um ar entre divertido e zangado.

— Esta é dona Dolores, Adriana. Mãe de Flávio.

— Muito prazer — cumprimentou Dolores, levantando-se e estendendo a mão para Ariane.

— Dona Dolores, esta é minha amiga Adriana.

— Olá... — respondeu Ariane, lívida de espanto e surpresa.

— Sente-se bem, minha filha? — continuou Dolores em tom zombeteiro. — Você ficou pálida de repente.

— Estou bem... — afirmou Ariane, apoiando-se em uma cadeira para não cair.

— Bem — fez Dolores, levantando-se e apanhando a bolsa —, acho que sua amiga veio aqui para conversar com você. Parecia mesmo muito entusiasmada para lhe contar algo, e eu não quero atrapalhar. Até logo.

— Até logo — repetiu Marcela, que não esperava essa atitude de Dolores.

— Ah! — exclamou Dolores, virando-se para Ariane. — Seja o que for que tenha vindo conversar com sua amiga, espero que não seja nada que não se possa resolver.

— Obrigada — falou Marcela, porque Ariane não se mexia nem piscava.

Em seguida, Dolores saiu, caminhando para seu carro a passos largos. Ver Ariane ali naquela hora não foi tanta surpresa. Fazia parte de seu plano aproximar-se de Marcela. O que Dolores realmente estranhou foi o entusiasmo, a alegria com que ela se dirigira à outra. Havia um tom de amizade e confiança nas suas palavras, o que deixou Dolores desconfiada e preocupada.

Seria possível que Ariane tivesse pegado amizade pela tonta da Marcela? Aquilo, além de impossível, era um desastre.

Em seu apartamento, Marcela suspirou aliviada, assistindo, pela janela, o carro de Dolores sumir no fim da rua. A seu lado, Ariane parecia petrificada. No afã de contar a Marcela as novidades de sua casa, nem percebera que o carro parado na frente do seu era muito parecido com o de Dolores.

— Ufa! — suspirou Marcela. — Até que enfim, ela se foi.

— O que ela veio fazer aqui? — perguntou Ariane, sinceramente interessada.

— Essa mulher é terrível! Não aprova o meu casamento com Flávio.

— Por que não?

— Porque eu não pertenço à alta sociedade.

— Mas que besteira...

— Você pensa assim. Já esteve apaixonada por um rapaz pobre e entende essas coisas do coração. Mas dona Dolores queria uma princesa encantada para o filho, e eu não faço esse tipo.

— Mas o que ela queria?

— Veio me fazer perguntas... perguntas sobre o meu passado. Perguntou da tentativa de suicídio. Como é que ela soube disso? — Ariane engoliu em seco, sinceramente arrependida de ter aceitado aquele papel de espiã. — Será que foi o Flávio quem contou? Mas por que ele faria isso, conhecendo a mãe que tem?

— Vai ver que não foi ele.

— Mas quem foi então? Ninguém mais sabia disso. Só ele e Luciana... — Marcela parou de falar abruptamente e olhou para Ariane, que havia escutado o que ela dissera.

— Quem é Luciana?

— Uma amiga.

— Você nunca me falou sobre ela.

— É que... faz tempo que não a vejo. Ela... ela... se mudou. É isso, Luciana se mudou do Rio. Não sei mais onde mora.

Marcela começou a andar de um lado para o outro nervosamente, apavorada porque havia falado demais.

— Por que você ficou assim de repente? — tornou Ariane desconfiada.

— Assim como?

— Nervosa, aflita.

— Não estou nervosa. Ou melhor, estou. É que dona Dolores me tira do sério.

— Não foi por causa dessa Luciana?

— De Luciana? É claro que não. Imagine... Não vejo Luciana há tanto tempo!

Era visível que ela estava mentindo, mas Ariane achou melhor não perguntar mais nada. O nome *Luciana* mexera demais com Marcela, e tudo indicava que havia algo mais naquela história. Quem seria aquela Luciana? Onde estaria? E que importância tivera na vida de Marcela? Essas eram as perguntas que Ariane se fazia, e uma curiosidade mórbida foi se apossando dela. Será que ela e a tal de Luciana haviam sido comparsas em alguma atividade ilícita ou imoral? Será que se drogavam juntas? Ou será que foram companheiras na prostituição?

Por mais que Ariane estivesse um pouco arrependida de iniciar aquele jogo de espionagem e traição, a curiosidade foi se aguçando, e ela se pegou louca de vontade de conhecer mais sobre aquela Luciana. Talvez Dolores tivesse razão afinal, e houvesse alguma história escabrosa no passado de Marcela. Será que valia a pena descobri-la para usá-la contra a moça? Ariane se afeiçoara a Marcela, mas aquela não era uma amizade verdadeira. Não podia ser. Ariane precisava deixar de lado o sentimentalismo e se concentrar em seu objetivo. Só assim conseguiria reconquistar Flávio.

———— ∾ ————

Era sábado, e Luciana havia acabado de chegar da praia em companhia de Cecília. Estava tomando banho, enquanto a outra preparava o almoço, até que o telefone começou a tocar com insistência. Cecília deu uma espiada na direção do banheiro, mas a porta fechada e a água do chuveiro indicavam que Luciana não estava ouvindo. Cecília largou a colher de pau dentro da panela e correu a atender:

— Alô?

— Luciana? — falou a voz do outro lado.

— Não. Luciana está no banho. Quer deixar recado? — silêncio. — Se não, pode ligar mais tarde.

— Quem é, Cecília? — perguntou Luciana, que acabara de sair do banheiro.

— Não sei. Uma moça.

Luciana estendeu a mão, e Cecília colocou nela o fone, voltando para a cozinha. Luciana esperou até que ela saísse para atender:

— Alô? Quem fala?

— Sou eu, Lu, a Marcela.

— Ah! Oi, Marcela, tudo bem? Como conseguiu o meu telefone?

— Peguei com a Maísa. Espero que não se importe.

— Você sabe que não me importo. Teria dado-o a você, se tivesse pedido.

— Obrigada.

— Diga-me lá! O que a fez ligar para mim?

— Não sei... — pausa. — Estou confusa... com medo...

— De quê?

— Tenho medo, Luciana. Sinto que vou perder o Flávio.

Ela estava chorando, e Luciana tentou tranquilizá-la:

— Tenha calma, Marcela. O que foi que aconteceu?

— Será que não podemos conversar?

— Tem certeza de que é isso que você quer?

— Você disse que era minha amiga!

— E sou. Mas é você quem tem vergonha da nossa amizade.

— Oh! Luciana, estou tão confusa! Diga-me o que fazer. Você sempre soube o que fazer.

— Acho melhor termos essa conversa em outro lugar. Por telefone, não dá.

— Será que posso ir à sua casa?

— Hum... Não sei se seria boa ideia.

— Você está com alguém, não está? Foi quem atendeu o telefone.

— Sim, tenho outra pessoa e não sei se seria boa ideia conversarmos aqui.

— Ela pode não gostar, não é mesmo? Não quero atrapalhar a sua vida, Luciana. Se vou lhe trazer problemas, deixe para lá.

— Não, espere. Cecília é só uma amiga — deu um riso maroto e emendou num sussurro: — Um pouco mais do que uma amiga, mas bem menos do que você.

De onde estava, Cecília não perdia uma só palavra do que Luciana dizia. Fingira que voltara para a cozinha e se pusera a escutar no corredor, fora das vistas da outra. Amiga, não é? E menos do que Marcela? O que ela queria com Luciana? Pelo tom de sua voz no começo, e pelo jeito de Luciana, era algo sério. Cecília só esperava que ela não representasse nenhum perigo. De jeito nenhum, poderia permitir isso.

Alguns instantes depois, Luciana desligou o telefone, e Cecília correu para a cozinha, apanhou a colher de pau e fingiu que mexia a panela. Passaram-se mais alguns minutos, até que ela apareceu toda arrumada, pronta para sair.

— Quem era? — indagou Cecília, de forma estudadamente desinteressada.

— Uma amiga.

— Marcela? — Luciana aquiesceu. — O que ela queria?

— Falar comigo.

— Não posso saber o que é?

— É assunto particular, Cecília. Não lhe diz respeito.

— Você vai sair? — retrucou ela, mordendo os lábios.

— Vou almoçar com ela.

— E o almoço que estou preparando?

— Guarde para o jantar. Poderemos comer juntas.

— No jantar, não estarei mais aqui.

— Você é quem sabe.

O pretenso ciúme de Cecília era o que irritava Luciana. Ela queria ter a posse de sua vida, e Luciana não gostava de pessoas possessivas. Cecília já a estava cansando com suas cobranças e o seu apego, e já era hora de deixarem de se ver.

— Sabe de uma coisa, Cecília? — prosseguiu Luciana. — Acho melhor que você não esteja mesmo aqui na hora do jantar.

— Como assim?

— Creio que já é hora de terminarmos esse relacionamento. Foi muito bom, mas acabou. Quero de volta a minha liberdade.

— Você não pode estar falando sério! É por causa dessa Marcela, não é? Você ainda gosta dela.

— Marcela não tem nada a ver com isso. O que sinto por ela é apenas amizade.

— Ela vai lhe pedir para voltar, e você vai aceitar. É por isso que não me quer mais.

— Como lhe disse, Marcela agora namora outra pessoa, e eu não a amo mais. Gosto dela como uma irmã, só isso.

— Mas quer terminar comigo só porque ela telefonou.

— Engano seu. Vou sair para conversar com ela, sim, mas estou terminando com você porque já estou cansada das suas cobranças. Desde que nos conhecemos, eu lhe disse que não gostava de ficar presa a ninguém, mas você parece se esquecer disso às vezes.

— Isso é porque eu a amo!

— Não sei se acredito nesse seu amor. Acho que você está empolgada comigo e pensa que me ama, mas não ama. Você ainda é jovem e vai arranjar outra pessoa em breve.

— Você não pode fazer isso comigo, Luciana. Não é justo.

— Não queria que as coisas fossem assim, mas não posso mentir ou fingir só para agradar você.

— Você não tem mais interesse por mim?

— Não. Lamento, Cecília, mas é assim que eu sou.

— Não pode! Não aceito!

— Eu lhe avisei quando começamos e você concordou. Disse que também não queria compromisso.

— Mas era porque nós mal nos conhecíamos. Com o tempo, fui me apegando a você e hoje a amo de verdade. É impossível que você não sinta nada por mim.

— Sinto apenas amizade.

— Amizade é um sinônimo bonito para desinteresse.

— Não é verdade. Interesso-me por você, pelo seu futuro, o seu bem-estar. Vou continuar pagando seu cursinho pré-vestibular e você vai continuar trabalhando no consultório. Nada vai mudar.

— Só não dormiremos mais juntas.

— Só isso.

— Só isso? Você acha que é pouco?

— Não sei se é muito ou pouco, mas é assim que vai ser.

— Por favor, Luciana, não faça isso comigo! — Ela começou a chorar. — Vou sentir muito a sua falta.

— Você se acostuma.

— Por que está sendo tão fria e cruel?

— Estou sendo apenas verdadeira. Você não ia querer estar ao lado de uma pessoa que diz que a ama só da boca para fora, ia?

— Não...

— Pois então? Eu não a amo, Cecília, e lamento se você pensa me amar. Não dá mais para continuarmos, e nosso relacionamento termina agora. Vou sair e, quando voltar, espero não a encontrar mais aqui.

— Está me mandando embora?

— Não, em absoluto! Estou apenas tentando fazer as coisas da forma mais clara possível.

— Vai voltar com Marcela, não vai?

— Marcela é só minha amiga, já disse. Vivemos juntas por muito tempo, mas agora somos só amigas. Por favor, não me faça mais repetir isso.

Cecília se calou por um momento, engolindo o ódio que, naquele momento, jorrava aos borbotões de seu coração.

— Por favor, Luciana...

— Não! Por favor, peço eu. Não rasteje nem se humilhe. É repugnante.

Repugnante? Aquilo já era demais. Luciana a estava rejeitando e humilhando, o que era muito mais grave. E tudo por causa daquela Marcela. Se perdesse a fonte de renda de Luciana, ela ia ver só.

Luciana bateu a porta e deu um suspiro doloroso. Não gostava de magoar ninguém, muito menos Cecília, que fora sua amante durante muito tempo. Mas era melhor terminar tudo antes que Cecília se apaixonasse verdadeiramente por ela, o que não acreditava que já houvesse acontecido. Ela fora dura, mas tinha um propósito: só assim conseguiria fazer com que Cecília entendesse e aceitasse que seu romance chegara ao fim.

Saiu do edifício e deixou a lembrança de Cecília para trás, concentrada no telefonema de Marcela. Não precisava nem se encontrar com ela para saber que o problema era ela, o envolvimento que tiveram no passado. Chegou ao restaurante cinco minutos adiantada, e Marcela já a estava aguardando, olhando o relógio a cada segundo.

— Oi, Marcela — cumprimentou Luciana, puxando uma cadeira para se sentar.

— Oh! Luciana, estou tão aflita! Não sei mais o que fazer. Estou me enfurnando cada vez mais numa mentira.

— O que foi que houve dessa vez?

— Fiz amizade com uma moça... ela me perguntou de você, e eu inventei que você havia se mudado. Mas isso foi porque dona Dolores foi me procurar, me fazendo perguntas...

— Ei, ei! Calma. Uma coisa de cada vez. Não estou entendendo nada.

Marcela parou de falar e respirou fundo, sentindo as lágrimas umedecerem seus olhos. Tomou fôlego algumas vezes, assoou o nariz e começou a contar tudo o que vinha acontecendo desde que ela conhecera Flávio.

— É isso, Luciana — finalizou. — Não sei mais o que fazer. Estou entrando cada vez mais fundo nessa mentira e não vejo como retornar.

— Bom, vamos por partes. Essa tal de Adriana é uma amiga recente e não conhece o Flávio, logo, não pode prejudicar você. Quanto à mãe dele, acho que você não lhe deve satisfação nenhuma. O problema é o Flávio mesmo. Você devia contar para ele.

— Mas eu não posso! Ele já externou a sua opinião sobre lésbicas. Não vai me aceitar!

— Você não é lésbica.

— Mas já fui!

— Olhe, Marcela, eu nem sei se alguém deixa de ser lésbica. Essas coisas não são assim, a gente não escolhe o que vai ser de repente. É a natureza. O que eu acho mesmo é que você é bissexual e agora se apaixonou por Flávio...

— Eu o amo, Luciana! Paixão é pouco.

— Tudo bem, você o ama. Mais um motivo para lhe falar a verdade.

— Mas ele vai romper comigo, sei que vai.

— Não acredito que ele faça isso. Mas, se fizer, não é melhor do que construir a vida em cima de uma mentira?

— Ele não precisa saber!

— Ele vai acabar descobrindo, pode crer.

— Só se você contar a ele.

— Às vezes, essa é a vontade que dá. Só assim, você acaba com essa agonia.

— Nem pensar! Você não tem o direito.

— Sei que não, mas também não me agrada ver você nesse estado. E falar assim do nosso relacionamento depois de todos esses anos, Marcela, francamente... Eu esperava um pouco mais de consideração da sua parte.

— Você está chateada comigo?

— Não é que esteja chateada, mas dói ouvir você falar de mim como se eu fosse uma aberração. Pense bem: como você se sentiria se eu lhe dissesse que tenho vergonha de você?

— Mas eu não tenho vergonha de você!

— Tem, sim. De mim e de você. Tudo seria muito mais fácil se você chegasse para o Flávio e, naturalmente, lhe contasse tudo. Ele pode ficar chocado no começo, mas vai entender. E, se não entender, é porque não ama você tanto assim.

— Não posso, Luciana. Sei que você está certa, mas não me peça para fazer isso.

— Quer que eu faça por você?

— Como assim?

— Quer que eu conte a ele? Não tenho problema nenhum quanto a isso.

— Deus me livre! Aí mesmo é que ele vai me odiar.

— Acho que você está fazendo um julgamento precipitado sobre seu noivo. Afinal, o que nós fizemos não foi tão grave assim.

— Pode não ter sido para você, mas para ele e a sociedade foi, sim.

— Ele não pensa que você tentou se suicidar por causa de um rapaz?

— Pensa.

— E não a aceitou mesmo assim, mesmo imaginando que você já não era mais virgem porque havia transado com outro?

— Mas é diferente...

— Não é, não. Basta você dizer que ele está certo em quase tudo. O único ponto em que ele errou foi no sexo do seu namorado. Não era namorado, era namorada...

— Isso não é hora para brincadeiras, Luciana! O assunto é sério.

— Tem razão, desculpe-me. Então me diga: o que você quer que eu faça?

— Só quero que me ajude. Se alguém vier lhe perguntar alguma coisa, diga que fomos apenas amigas.

— Você quer que eu minta?

— Por favor, Luciana, eu estou implorando.

— Você sabe que eu não gosto de mentiras. Nem sei mentir.

— É só desta vez.

— Que vez? Ninguém nem me conhece!

— Eu sei, mas o meu coração está pequenininho. Sinto que algo vai acontecer.

— Bobagem sua.

— Você não vai contar nada a ele, vai?

— Já disse que não.

— Mas há pouco você falou que tinha vontade...

— Mas não vou contar. Embora não concorde com essa sua decisão, vou respeitar a sua vontade. Quem tem que contar é você.

— Obrigada, Lu — suspirou ela aliviada. — Sabia que você compreenderia.

Naquele momento, um estranho pressentimento perpassou o coração de Luciana, e uma sombra cinzenta turvou o semblante de Marcela. O destino na Terra é traçado pelas próprias pessoas que o vivem, que, muitas vezes, conseguem alterar o rumo que suas vidas tomam. Mas, quando isso não acontece, e as desgraças sobrevêm, a tendência dos encarnados é culpar a sorte, a fatalidade, Deus e os espíritos. Em tudo procuram uma desculpa para os seus infortúnios, mas se esquecem de que a única justificativa para o seu sofrimento é a sua própria vontade, a sua imprevidência e a sua invigilância.

Depois de deixar Marcela, Luciana voltou para casa pensativa. As mentiras da amiga ainda iriam colocá-la em uma situação difícil, e ela não poderia evitar. Respeitava a decisão de Marcela e tinha seus próprios problemas para resolver.

Seu maior problema, no momento, era Cecília. Na verdade, nem era Cecília, mas ela mesma. Sua ânsia desenfreada por liberdade, a aversão que tinha a compromissos e ligações sérias a deixavam intrigada. Ela dizia a si mesma que tudo era reflexo do enorme tempo que vivera com Marcela, mas sabia que não estava sendo verdadeira consigo mesma. O que ela sentia era uma necessidade indescritível de ser livre e não se apegar a ninguém.

Reconhecia que acabava ferindo o sentimento alheio, como fora com Marcela e agora com Cecília. Mas ela não podia evitar. Não podia fingir o que não sentia nem enganar a si mesma e às outras. Procurava ser sincera ao máximo, mas sempre acabava machucando alguém.

Já estava cansada. Bem lá no fundo, o que queria era alguém que a aceitasse do jeito que ela era, que a fizesse aquietar o coração e se sentir amada. Mas algo dentro dela relutava em se submeter à passividade das relações estáveis e estava sempre em busca de algo mais que ela não sabia precisar ou definir.

Nunca se envergonhara de ser como era. Desde menina, aceitara com naturalidade a sua preferência por mulheres. Só que agora, começava a questionar o porquê de muitas coisas. Ser lésbica não era problema, mas por que ela precisava temer tanto o envolvimento emocional? Ficara aquele tempo todo com Marcela porque praticamente a dominava e representava o papel masculino na relação, no sentido de ser aquela que resolvia tudo e tomava a frente em todos os assuntos. Marcela era mais frágil, mais feminina, ao passo que ela sentia, em si mesma, uma alma forte e destemida, como se sua essência fosse mesmo a de um homem.

Ela era uma mulher, mas não se comportava muito como tal. Bem gostaria de ter nascido homem, mas não fora aquele o destino que a natureza lhe reservara. Por quê? Por que nascera num corpo tão diferente de sua essência? Muitas vezes, ela vivia imenso conflito consigo mesma. Se, de um lado, era uma pessoa sensível, de outro, era muito prática e até mesmo fria. Nascer mulher talvez a estivesse ensinando a exercitar uma sensibilidade que lhe parecia sufocada, mas por que será que ela precisava de tudo aquilo? Eram essas as perguntas que se fazia e para as quais não conseguia encontrar as respostas.

A única certeza de que tinha era que estava ficando cansada.

CAPÍTULO 13

 Na segunda-feira seguinte, Cecília apareceu no consultório acabrunhada e silenciosa, tentando fazer parecer que estava triste com o rompimento de Luciana, quando, na verdade, o que temia era perder para sempre a sua fonte de renda. Logo pela manhã, Maísa estranhou o seu quase mutismo e indagou com uma certa preocupação:
 — Está tudo bem?
 — Está — foi a resposta lacônica.
 — Você parece meio abatida. Está doente?
 — Não tenho nada, estou bem.
 Maísa não insistiu e entrou em sua sala, preparando-se para começar os atendimentos. Tudo transcorreu normalmente durante a manhã, embora a quietude excessiva de Cecília causasse estranheza. Mais tarde, quando Luciana chegou, as coisas permaneceram iguais. Cecília não queria que ela percebesse o seu temor e a sua raiva, mas sim que ela julgasse que estava sofrendo com a sua falta.
 A posição que Luciana adotou foi de não dizer nada. Já havia dito tudo o que precisava e não pretendia voltar atrás.

Chegou em cima da hora, um pouco depois do paciente, e entrou logo para o atendimento. Entre um cliente e outro, Cecília redobrava o ar de tristeza, para chamar a atenção de Luciana. Por fim, ao final do expediente, comovida com o ar desolado da secretária, Luciana considerou:

— Não gostaria que ficasse assim, Cecília. Não gosto de ver você sofrer.

Com gestos estudados, Cecília encarou Luciana e forçou as lágrimas, que umedeceram e avermelharam seus olhos, para, em seguida, responder baixinho:

— O que você queria? Estou triste, não dá para disfarçar.

— Não precisa disfarçar. Só não queria que você sofresse.

— Não se pode mandar nos sentimentos, e eu estou sofrendo muito.

— Cecília, por favor...

Nessa hora, Cecília se levantou e se virou de costas para Luciana, ocultando o rosto entre as mãos.

— Não dá para aguentar, Luciana. Eu a amo muito... — calou-se com um soluço abafado e fungou algumas vezes, ainda sem se voltar.

— Você está enganada. Não pode me amar.

— Como é que você sabe? — fingiu explodir. — Por acaso você está dentro de mim?

— Não é isso. É que acho que o que você sente por mim não é amor.

— Ah! Não? E o que é então? Desejo?

— Não sei... pode ser...

— Você não sabe nada, Luciana. Não sabe o que eu sinto ou o que desejo. Não sabe nem o que você sente.

— Isso não é verdade. Sei muito bem o que quero e o que não quero...

— E o que você não quer sou eu, mas o que quer é Marcela. Não é?

— Não diga isso. Já falei que Marcela é apenas uma amiga.

— Uma amiga tão íntima! — ela fitou Luciana com olhos injetados e disparou em tom de deboche, imitando a voz de Luciana ao telefone: — *Um pouco mais do que uma amiga, mas bem menos do que você...* É, Luciana, eu ouvi. Ouvi quando você disse isso a sua amiguinha Marcela. O que queria que eu pensasse?

— Você não tinha o direito de escutar minha conversa ao telefone! — zangou-se.

— E você não tinha o direito de falar assim de mim! O que fui para você, afinal? Um passatempo? Uma distração? Ou alguém para satisfazer os seus desejos e as suas fantasias sexuais?

— Como se atreve a dizer uma coisa dessas? Tivemos uma relação de cumplicidade e troca.

Luciana estava se exaltando, e Cecília, perdendo a cabeça. Era preciso ter calma e inteligência para não pôr tudo a perder.

— Perdoe-me, Luciana — reconsiderou ela, imitando voz de choro e tentando aparentar arrependimento. — Você tem razão... Nossa relação sempre foi de troca. É que eu estou sofrendo tanto! Estou desesperada!

A raiva fez com que o pranto brotasse do peito de Cecília, e ela deu livre curso às lágrimas, fazendo parecer a Luciana que chorava de dor.

— Não precisa ficar assim — ponderou Luciana, penalizada. — Você é jovem, bonita. Pode ter a pessoa que quiser.

— Mas eu quero você! Só você me interessa.

— Sinto muito, Cecília, mas isso não é possível. Não posso ficar com você só para agradá-la ou impedi-la de sofrer. Não seria honesto nem comigo, nem com você.

— Por favor, Luciana, pelo amor de Deus! O que você quer que eu faça? Que implore? Que me ajoelhe a seus pés?

Num gesto dramático, Cecília atirou-se aos pés de Luciana e abraçou as suas pernas, soluçando de tal forma que quase não conseguia mais falar. Aquela cena provocou uma espécie de choque elétrico em Luciana. Se, por um lado, sentia piedade de pessoas em sofrimento, por outro, tinha repulsa daquelas que rastejavam e abandonavam o orgulho e a razão. Por isso, naquele breve momento, tomou uma decisão.

— Olhe aqui, Cecília — falou ela, com voz entre compreensiva e firme, levantando a outra do chão —, assim, do jeito que está, não vai dar. Não tem condição de você continuar trabalhando para mim.

— Está me mandando embora? — indignou-se.

Luciana hesitou, mas era o melhor que deveria ser feito.

— Estou — afirmou convicta.

— Mas como? Do que é que eu vou viver? E o cursinho pré-vestibular?

— Lamento, mas é assim que tem que ser. Não queria que as coisas chegassem a esse ponto, mas você não me deixa escolha. Não quero que você sofra nem pretendo prejudicá-la, mas manter você aqui só vai piorar as coisas.

— Por quê? Trabalhei normalmente hoje, não foi?

— Você passou o dia todo acabrunhada.

— Não tenho nem o direito de ficar triste? Por acaso eu destratei alguém? Fiz alguma grosseria para algum cliente?

— Não se trata disso. Não é com o trabalho que estou preocupada. O que me preocupa é você. Acho que ficar perto de mim não vai lhe fazer bem.

— Você não sabe o que me faz bem ou não. Amo você, Luciana, mas não posso perder o meu emprego.

— Sinto, mas é o melhor. Também não queria mandá-la embora, mas não vejo outra saída. Vou lhe pagar o aviso prévio, e você pode ir procurando outro emprego.

— Aviso prévio? Mas assim, dessa forma?

— Amanhã formalizaremos tudo.

— Mas Luciana...

— Vou pedir ao contador para resolver isso para mim. Você vai ficar muito bem. Vou lhe pagar a indenização e ainda lhe dar uma gratificação por fora.

— Quanta generosidade! Eu não quero esmola, quero o meu emprego e ganhar o meu dinheiro graças ao meu trabalho!

— Você pode arranjar outro emprego. Vou lhe dar referências...

A vontade de Cecília era apertar o pescoço de Luciana até ouvi-lo estalar em suas mãos, mas ela não podia fazer nada. Perder o emprego significava perder a boa vida que Luciana estava lhe dando, e isso, ela não podia permitir. Mas com Luciana, não podia agir de forma rude ou agressiva. Ela era geniosa e temperamental, e uma reação brusca só serviria para afastá-la ainda mais. Era preciso despertar a sua compaixão e a sua simpatia.

— Luciana, por favor...

— Não adianta, Cecília, estou decidida. A partir de amanhã, você não trabalha mais aqui.

— Você não pode fazer isso. E a Maísa? Ela não vai gostar.

— Maísa não vai se opor, tenha certeza. Vou falar com ela e explicar tudo.

— Ela ainda não sabe do nosso rompimento?

— Ainda não. Não queria envolvê-la em nossos assuntos pessoais, mas agora não tem mais jeito. Hoje mesmo, conto-lhe tudo.

— Mas Luciana, eu a amo!

— Por favor, Cecília, não repita mais isso. É degradante e humilhante.

— Como você pode falar assim do meu amor?

— Não vamos começar com isso de novo. Já está decidido, e eu não vou voltar atrás.

— Luciana, me escute... — choramingou ela, as mãos postas em sinal de súplica. — Eu não posso viver sem você. Não é justo...

— Humilhar-se só vai piorar as coisas. Lamento muito que tenha que ser assim, Cecília, mas é o melhor. Sei que você vai me odiar hoje, mas isso vai passar, e aí então você vai me dar razão.

— Eu a amo — insistia Cecília, com voz cada vez mais súplice.

— Já disse que não acredito nesse amor.

— Mas é verdade! Você não pode falar sobre os meus sentimentos.

— Não quero começar tudo outra vez, já disse. E, ainda que seja verdade, ainda que você me ame, eu não a amo. Nunca a amei.

O sangue foi subindo à cabeça de Cecília que, por mais que não quisesse se descontrolar diante de Luciana, não conseguia mais conter o seu ódio.

— Você me usou, não foi mesmo? Enquanto eu servia, me quis ao seu lado. Mas quando sua ex-amante apareceu, você logo aproveitou para me enxotar e voltar correndo para os braços daquela lésbica vagabunda!

— Isso já é demais! — vociferou Luciana, dirigindo-se para a porta e escancarando-a. — Vá embora. Dê-me a chave do consultório e saia daqui!

Completamente vencida e atordoada, Cecília apanhou a bolsa e passou por Luciana feito uma bala. Já não pensava mais em reatar o romance. Queria se vingar de Luciana de uma forma que ela jamais esquecesse. Em seu íntimo, pensamentos atrozes a visitavam, e ela foi se deixando consumir por um ódio desmesurado e irracional. Durante quase um ano, tivera que se submeter aos caprichos e fantasias de Luciana, quando, na verdade, o que queria era estar na cama de Gilberto. Suportara tudo em silêncio e com fingida paixão e, embora tivesse alcançado alguns momentos de prazer com Luciana, aquilo não era nada se comparado ao turbilhão de emoções que sentia ao fazer sexo com Gilberto. Luciana era o seu *pé-de-meia,* e Gilberto, sua verdadeira paixão. Submetera-se a tudo por causa dele, para agradá-lo, para conseguir algum dinheiro a mais e se colocar bonita e vistosa para ele. E agora, Luciana queria acabar com tudo.

— Isso não vai ficar assim — rosnou Cecília entredentes, seguindo pela rua aos tropeções.

Era preciso tomar alguma atitude antes que alguém descobrisse o que acontecera. Ninguém presenciara aquela discussão e ninguém sabia que elas haviam rompido. Cecília precisava agir antes que Luciana tomasse alguma providência. Mas o que poderia fazer? Pensando com rapidez, aproximou-se de um orelhão e ligou para Gilberto, rezando para que ele estivesse em casa. O rapaz logo atendeu, e Cecília lhe narrou brevemente o que havia acontecido, pedindo que ele fosse ao seu encontro no endereço de Luciana, o mais rápido que ele pudesse.

De lá, Cecília tomou um táxi e se dirigiu para a casa de Luciana. Não podia se dar àqueles luxos, mas aquela era uma ocasião especial. Chegou praticamente junto com ela, e Gilberto apareceu cerca de dez minutos depois.

Enquanto isso, dentro de casa, Luciana caminhava de um lado a outro na sala. A discussão que tivera com Cecília deixara-a transtornada e aflita. Nunca imaginara que Cecília pudesse falar aquelas coisas e se surpreendera com a forma agressiva e grosseira com que reagira. Será que Maísa tinha razão?

Pensando na amiga, apanhou o telefone e ligou para ela. Foi Breno quem atendeu e foi chamar a mulher, que estava terminando o jantar.

— Oi, Lu — falou ela. — O que foi?

— Você está muito ocupada?

— Estou fazendo o jantar. Por quê? Quer vir comer aqui?

— Não. Preciso conversar com alguém. Aconteceu uma coisa hoje, no consultório...

— Que coisa?

Nesse momento, a campainha do apartamento de Luciana começou a soar, e ela respondeu apressada:

— Um momento. Estão tocando a campainha.

Luciana largou o fone em cima da mesinha e foi atender a porta. Pelo olho mágico, viu que era Cecília e balançou a cabeça, contrariada. Não conseguiu ver Gilberto, que estava escondido no patamar da escada, aguardando, e acabou por abrir a porta, pronta para mandar Cecília embora novamente. Mas, antes mesmo que ela pudesse dizer alguma coisa, Gilberto saltou de onde estava e foi empurrando-a para dentro, ao mesmo tempo que a imobilizava e cobria sua boca com uma das mãos.

— Não pensou em me ver novamente, não é, cadela? — rugiu Cecília. — Pensou que podia me usar e me colocar na rua com uma mão na frente e outra atrás? Pois não pode, ouviu? Não sou mulher de se dispensar. Pensa que eu estou realmente apaixonada? Por você? Ora, francamente! Como é que uma mulher feito eu poderia se apaixonar por uma aberração feito você? Eu sou mulher, entendeu? Gosto é do meu homem.

Luciana sentiu uma umidade repulsiva em seu rosto e percebeu que Gilberto passava a língua em sua face, rindo e debochando dela.

— Você só gosta de mulher é, sua vadia? — escarneceu ele, ao mesmo tempo em que enfiava a mão entre as suas coxas. — Isso é porque ainda não experimentou um homem de verdade.

Ela conseguiu se desvencilhar um pouco e tentou correr, mas Gilberto foi mais rápido e a alcançou, jogando-a no sofá com brutalidade. O seu riso era debochado e frio, e Cecília começou a rir freneticamente, enquanto repetia com voz maldosa:

— Mostre a ela, Gilberto! Mostre o que é ser mulher de verdade.

Recobrando o domínio sobre si mesma, Luciana começou a se debater, tentando se soltar dos braços de Gilberto, que a apertou ainda mais. Ela gritava e estava quase se soltando quando ele, com medo de que alguém pudesse ouvir, acertou-lhe um murro violento na face, depois outro, e outro, fazendo-a se calar, o rosto inchado e sangrando. Mais que depressa, ele puxou o short que ela vestia e se deitou sobre ela, novamente apertando a sua boca para que ela não fizesse barulho. Ela soltou um grito abafado quando ele a penetrou, porém, suportou tudo e não se permitiu chorar. Estava com raiva, mas não daria a Cecília o gostinho de vê-la chorando e suplicando que não lhe fizessem mal.

Com a boca tapada, Luciana não podia dizer nada e disfarçava o medo. Instintivamente, olhou para o telefone pousado na mesinha, e Cecília, seguindo o seu olhar, viu-o também. Correu para ele e o apanhou, colocando-o no ouvido. Estava mudo.

— Com quem estava falando? — perguntou ela, com raiva. — Com a tonta da Maísa? Ou com sua amante lésbica?

Gilberto já havia terminado de estuprá-la e olhou assustado para Cecília.

— Vamos embora daqui — disse, cheio de medo. — Ela estava falando com alguém. Devem ter ouvido tudo!

Luciana estava exausta. Sequer tinha forças para gritar e só o que conseguiu foi ficar ouvindo os dois tramando seus próximos passos.

— Sua cadela! — vociferou Cecília, esbofeteando-a. — Merecia era morrer!

— Vamos embora! — insistiu Gilberto com gravidade.

— Não! Ela vai contar à polícia.

— Vamos fugir! Vamos fugir! — repetia ele descontrolado.

Mas Cecília não o escutava. Deixara-se invadir a tal ponto pelo ódio que nada nem ninguém poderia demovê-la do propósito de matar Luciana. A passos rápidos, ela se aproximou da outra, desfalecida no chão, e se abaixou junto a ela, quando só então Gilberto percebeu uma faca reluzindo em sua mão. Nem teve tempo de falar. Com extrema agilidade, e um olhar de loucura e ódio sobrenatural, Cecília enterrou a faca no peito de Luciana, que gemeu baixinho e depois se calou. Ela teria ainda enfiado a faca outras vezes se Gilberto, vendo a sangueira que se espalhava sobre o tapete, não a tivesse arrancado de suas mãos e berrado cheio de pavor:

— Você a matou! Vamos embora daqui!

Cecília olhou para o corpo inerte de Luciana e deteve a mão, acompanhando, com um misto de prazer e fascínio, o sangue que escorria pelo tapete. Sem dizer palavra, virou-se para a porta da frente, soltou a faca e correu.

―∽―

Assim que Luciana pousou o fone na mesinha, uma forte apreensão foi tomando conta do espírito de Maísa. Durante alguns minutos, apenas o silêncio vinha pelo outro lado da linha, até que, de repente, palavras de agressão, perfeitamente audíveis, chegaram até seus ouvidos. O tom era inconfundível, e Maísa reconheceu a voz de Cecília. Apesar do ódio com que falava, Maísa conseguiu entender tudo o que ela dizia. Somou a suas palavras as poucas que trocara com Luciana momentos antes, o que foi suficiente para deduzir que ela e Cecília haviam terminado, e que Cecília fora a casa dela movida por alguma intenção escusa.

Quando o silêncio irrompeu pelo fone novamente, Maísa desligou o telefone e chamou Breno, para juntos irem à casa de Luciana.

— Mas querida, e o jantar? — Ele tentou argumentar.

— Desligue o fogo e vamos! Sinto que é urgente!

Ele não protestou. Maísa não era mulher de fazer escândalos nem de se descontrolar por qualquer motivo, e se ela estava assustada e preocupada, uma boa razão havia de ter. Mais que depressa, saíram de casa e partiram para o apartamento de Luciana, Breno guiando o mais rápido que podia. Luciana morava relativamente perto, e eles chegaram em menos de quinze minutos.

A porta do apartamento estava fechada, mas não trancada, e Maísa a abriu facilmente. As luzes da sala estavam acesas, e a primeira coisa que ela viu quando entrou foi o corpo caído de Luciana, uma ferida aberta no peito, por onde escorria um fio grosso e espesso de sangue. Maísa soltou um grito e teria desmaiado, não fosse a preocupação e a urgência que o caso requeria.

Nem tiveram tempo de chamar a ambulância. Maísa estava tão nervosa que nem saberia dizer se Luciana estava viva ou morta, e Breno teve que agir com rapidez. Ergueu o seu corpo, e foram correndo ao hospital. Ela ainda estava viva, mas a respiração parecia que ia sumindo, e Maísa pôs-se a chorar e a rezar. A seu lado, Rani acompanhava tudo. Desde o momento em que Luciana e Cecília haviam brigado, no consultório, permanecera junto a ela, já sabendo o que iria acontecer.

Chegaram em instantes a um hospital particular, e Luciana foi logo socorrida e levada à sala de cirurgia. A ferida era grave, e ela tinha que ser operada imediatamente. Durante horas, Luciana ficou na sala de cirurgia, entregue aos cuidados dos médicos e dos orientadores espirituais daquele hospital. Ao final da operação, o médico responsável foi falar com Maísa e Breno, que permaneceram o tempo todo na sala de espera.

— Foram vocês que a trouxeram? — indagou ele, aproximando-se dos dois.

— Fomos — respondeu Breno. — Como ela está?

— Ainda é cedo para dizer. O estado é grave, mas ela tem chance de sobreviver. A ferida é profunda, e ela está com o rosto muito ferido, além de ter sido estuprada.

— Estuprada!? — chocou-se Maísa. — Mas por quem?

O médico não respondeu, e Breno retrucou:

— Ela está consciente?

— Não. Está em coma desde que chegou.

— Oh! Meu Deus! — exclamou Maísa chorando, agarrada ao peito de Breno.

— Será que vocês podem avisar à família?

— Ela não tem família no Rio. Só nós.

— Entendo. Bem, pelos procedimentos legais, a polícia já foi avisada. Deve chegar aqui em alguns instantes.

Com efeito, o detetive de plantão na polícia, naquela noite, chegou poucos minutos depois, e Maísa e Breno foram conversar com ele. Maísa deixou de lado o medo da polícia e contou tudo o que ouvira pelo telefone, mas as suas declarações não eram suficientes para prender Cecília. O policial, contudo, ficou de investigar.

— É um absurdo! — desabafou Maísa para Breno, depois que chegaram a casa. — Sei que foi Cecília. Eu ouvi a sua voz!

— Querida, a polícia não pode sair por aí prendendo as pessoas só porque você acha que ouviu a sua voz ao telefone. E se você estiver enganada?

— Mas não estou. E tinha mais alguém com ela. Não sei quem, mas ela foi estuprada, o que significa que havia um homem com Cecília.

— O detetive sabe de tudo isso e vai investigar. Logo, logo, descobrem o meliante.

— Isso não é justo. Tenho certeza de que foi Cecília. Se a prenderem, ela revela o nome de seu comparsa. Eles não podem ficar impunes!

— E não vão. Contudo, temos que aguardar. Se foi Cecília quem fez isso, e nós sabemos que foi, a polícia vai descobrir e vai prendê-la. A ela e a seu cúmplice.

— Pobre Luciana — lamentou-se Maísa. — Eu cansei de avisá-la sobre Cecília. E agora, vejo só no que deu.

— Não é hora de ficar pensando nisso.

— Acha que eu deveria avisar a Marcela?

— E por que não? Marcela e Luciana viveram juntas por muito tempo. Ela precisa saber.

— Tem razão. Vou telefonar para ela.

———— ∞ ————

O dia havia acabado de nascer quando Marcela entrou no hospital em que Luciana estava internada. Recebera a notícia poucas horas antes e quase desfaleceu de susto e tristeza. Deu o nome de Luciana na recepção e foi informada de que ela estava no Centro de Tratamento Intensivo, onde não podia receber visitas.

— Quero apenas notícias dela — implorou Marcela. — Por favor!

— A senhora é parenta?

— Não... Sou uma amiga.

— Está bem. Vá ao segundo andar e siga pelo corredor à direita do elevador. No final, vai encontrar uma outra recepção, que é a do CTI. Dê o nome dela e peça informações.

Marcela fez como a moça lhe dissera e foi pedir notícias de Luciana na outra recepção, onde foi informada de que o estado da amiga era grave.

— Posso vê-la?

— Lamento, mas só parentes e, assim mesmo, por alguns poucos minutos.

Marcela saiu do hospital desolada. Como aquilo podia ter acontecido a Luciana?

Maísa dissera que estava certa de que fora Cecília, a moça com quem ela estava saindo. Mas por que teria feito aquilo?

Uma profunda tristeza envolveu o coração de Marcela. Precisava ao menos ver como Luciana estava, mas ela não era parenta nem médica, e não podia entrar. Sim, ela não era médica, mas Flávio era. Talvez ele pudesse ajudá-la a entrar. Aquela parecia ser a única oportunidade de ver Luciana pessoalmente, porém, havia outras coisas a considerar. Flávio faria perguntas... mas ela não precisava lhe contar sobre o seu envolvimento com Luciana. Ele sabia que elas haviam sido amigas e que tinham morado juntas. Ele até pensava que Luciana era a responsável pelo seu quase suicídio, porque, supostamente, haveria roubado o homem por quem Marcela se apaixonara.

— Por que você quer vê-la? — indagou Flávio, quando ela lhe contou o que havia acontecido.

— Ela é minha amiga... ou era... Viemos juntas de Campos e...

— E ela lhe roubou o namorado, não foi? — Marcela não respondeu. — Tudo bem, Marcela, não precisa me explicar nada. Admiro a sua generosidade e o seu desprendimento. Qualquer uma, no seu lugar, não ligaria a mínima e ainda acharia bem feito.

— Não sou qualquer uma.

— E é por isso que eu amo você.

— Vai me ajudar, então?

— Como não poderia ajudá-la?

— Vai até lá comigo?

— É claro. Quando é que você quer ir?

— Pode ser agora?

— Pode. Vamos lá.

Não foi difícil arranjar a visita de Marcela. Flávio gozava de nome e prestígio na comunidade médica e foi prontamente atendido em seu pedido. Marcela, contudo, foi avisada de que o estado de Luciana era grave e de que não seria nada agradável a visão da moça ligada a aparelhos e toda espetada de agulhas. Marcela quis ir assim mesmo, e Flávio foi com ela.

Realmente, ver a amiga naquele estado provocou incontidas lágrimas em Marcela, que, durante alguns minutos, permaneceu parada diante dela, olhando o seu corpo com um assombro mudo. De repente, ela apanhou uma das mãos de Luciana e levou-a aos lábios, chorando com angústia e sussurrando coisas inaudíveis, que Flávio não conseguiu compreender. Ela estava a ponto de se descontrolar quando Flávio a retirou dali.

— Você está bem? — perguntou ele, do lado de fora, preocupado com o estado em que Marcela havia ficado.

— Oh! Flávio, é tão horrível! Como alguém pôde fazer isso com ela?

— Será que não foi o namorado? — sondou ele com cautela. — Quero dizer, o mesmo que...

Marcela não conseguiu mais ouvir e desatou a correr pelo corredor do hospital. Queria fugir dali o mais rápido possível, para não escutar as conjeturas de Flávio e não ter que mentir novamente. Aquela mentira estava chegando ao limite do insustentável, e ela estava a ponto de lhe contar toda a verdade. Se ele quisesse deixá-la depois disso, não teria importância. O que ela não suportava mais era conviver com tanta mentira, tendo que esconder seus sentimentos justamente do homem que amava e em quem deveria confiar.

Foi só quando alcançou a recepção da entrada que Marcela parou de correr, e Flávio chegou logo em seguida. Ela chorava muito, e ele a abraçou comovido.

— Tenha calma, Marcela — ele procurava consolar. — Seja quem for que tenha feito isso, vai ter que se entender com a Justiça.

— Não estou preocupada com a Justiça, Flávio. Mas é que ver Luciana naquele estado... Uma moça tão jovem, tão cheia de vida. E eu, que a conheci antes disso... é muito doloroso!

— Eu sei, querida, mas não fique assim. Tudo vai acabar bem.

— Não importa o que ela tenha feito... o que nós tenhamos feito... Eu a amava mesmo assim. Será que você pode compreender o que é o verdadeiro amor?

— É claro que sim, meu bem. Acho isso muito bonito de sua parte. Não guardar mágoa nem rancor. É admirável que alguém seja dotado de tanta capacidade de amor e compreensão quanto você.

— Ah! Flávio... — suspirou ela, certa de que ele não compreendia o que ela estava falando.

— Marcela — eles ouviram uma voz chamar nesse instante.

Os dois se viraram ao mesmo tempo e viram Maísa parada perto deles, com profundas olheiras e ar cansado.

— Ah...! Oi, Maísa — cumprimentou Marcela, enxugando os olhos e assoando o nariz no lenço. — Lembra-se de Maísa, Flávio?

— É claro — respondeu ele, apertando-lhe a mão. — Como vai?

— Quem é que pode estar bem numa situação como essa?

— É verdade.

— Vocês foram ver Luciana?

— Fomos — disse Marcela. — Oh! Maísa, fiquei tão chocada!

— Foi uma coisa horrível.

— Já sabem quem foi que fez isso? — perguntou Flávio.

Conhecendo o problema de Marcela, Maísa a fitou discretamente e tornou de forma vaga:

— Ainda não. Mas a polícia está investigando.

— Espero que prendam logo o bandido. Um crime como esse não pode passar impune.

— Espero que ela sobreviva — desabafou Marcela, entre lágrimas.

— É claro, querida, eu também.

— Bom — finalizou Maísa —, vou lá em cima ver como ela está.

— Você pode entrar?

— Posso. Como Luciana não tem família no Rio, tive que assinar como sua responsável.

Marcela assentiu com a cabeça e, braços dados com Flávio, saiu do hospital, deixando lá dentro a vontade e a determinação de lhe contar a verdade. Estava muito fragilizada com o que acontecera a Luciana, e se Flávio a abandonasse naquele momento, era bem capaz de ela tentar se matar novamente. A verdade podia esperar.

CAPÍTULO 14

 Havia apenas três pacientes no Centro de Tratamento Intensivo daquele hospital, e Rani os observou com piedade. Os corpos fluídicos de todos estavam adormecidos acima de seus corpos físicos, inclusive o de Luciana, que pairava a alguns centímetros do leito. Ela esperou pacientemente. Os espíritos de luz lhe disseram que Luciana logo iria despertar, e caberia a ela recepcioná-la naquele mundo.
 Efetivamente, cerca de dez minutos depois, Luciana abriu os olhos e levou um susto, sentindo seu corpo flutuar bem mais próximo do teto do que normalmente estaria. Assustada, ela tentou se levantar e acabou se virando para baixo, dando de cara com seu corpo físico estirado na cama, todo ligado a aparelhos. Ela começou a se debater no ar, e Rani resolveu ajudar. Estendeu-lhe a mão e ajudou-a a se reequilibrar, puxando-a gentilmente para baixo. Os pés de Luciana tocaram o chão, e ela fitou novamente o seu corpo físico, sentindo um temor diante do desconhecido.
 — Estou morta? — perguntou a Rani.

— Não. Sua matéria densa está em processo de coma, contudo, ainda vive.

Luciana ouviu as explicações com ar de assombro e encarou Rani desconfiada.

— Quem é você? Não a conheço de algum lugar?

— Estive algumas vezes em sua companhia, durante o sono físico.

— É isso mesmo! Agora me lembro... você é a mulher que me confundiu com o tal de... Robert...

— Você não é mais Robert. Agora compreendo isso. Sei quem você é hoje e não estou aqui para prejudicá-la.

— Por que está aqui? O que quer comigo?

— Fui designada para auxiliá-la nesse momento difícil.

— Quem a designou?

— Espíritos iluminados que são superiores a mim.

— Onde estão eles?

— Não sei. Deram-me a incumbência de conversar com você e expor o seu problema.

Luciana virou-se para o seu corpo físico e observou com azedume:

— Parece-me que você não pode resolver o meu problema.

— Só quem pode resolver esse problema é você.

— Olhe... como é mesmo o seu nome?

— Rani.

— Olhe, Rani, vamos parar com essa conversa e vamos direto ao ponto. Eu nem a conheço, mas você diz que foi mandada para me ajudar. Posso saber por quê? Quem a mandou?

— Porque eu a amo sinceramente, e há espíritos superiores a mim interessados no seu crescimento. Se você está recebendo uma chance de se reconciliar com a vida, eu também estou recebendo a minha de me reconciliar com o passado.

— Chance de quê? Não estou entendendo nada.

— Você não se lembra do seu passado de mentiras e manipulações, não é mesmo? — Luciana meneou a cabeça.
— Pois foi isso que levou Cecília a tentar matar você.

— Isso o quê?

— Não se lembra do que fez a todas nós?

— Eu fiz alguma coisa a vocês?

— Você sabe. Apenas não quer se lembrar. Mas está tudo aí dentro de você.

De repente, foi como se um véu se descortinasse, e Luciana quedou estarrecida diante do que via. As paredes do hospital foram se desmanchando, e algo parecido com uma tela surgiu em seu lugar, ligada a fios tênues e transparentes que, por sua vez, se ligavam à sua mente.

Os pensamentos começaram a se atropelar, e imagens de vários momentos de suas vidas zuniam pela sua cabeça, enquanto Luciana ia se recordando de várias passagens do que vivera no passado. Era ela quem controlava a máquina, que respondia ao que ela pensava e relembrava, projetando na tela imagens vívidas de suas recordações.

Várias cenas iam surgindo e desaparecendo, até que, em dado momento, sua mente se fixou em uma lembrança específica, e ela começou a ver, na tela diante de si, o que se desenrolava na tela de seus pensamentos.

Ela não era ela, mas um inglês bonito e elegante, que caminhava por uma rua suja e escura de uma cidade que ela reconheceu como o Rio de Janeiro do século XVIII. O inglês, Robert, trazia pela mão uma moça ainda muito novinha, de seus treze anos, toda trêmula e assustada. Ao final da rua, entraram no que parecia ser uma taverna, mas que, na verdade, era um prostíbulo clandestino que oferecia aos fidalgos da corte mocinhas recém-saídas da puberdade, todas entre doze e quatorze anos no máximo.

— Por favor, senhor — dizia ela —, não quero. Tenho medo.

— Deixe de ser tola — respondeu ele num português fraco e carregado de sotaque britânico. — Você vai ganhar muito dinheiro.

— Mas meus pais vão me matar se eu fizer isso.

— Se não fizer, quem vai matá-la sou eu.

A menina começou a chorar, e Robert a empurrou para dentro de um quarto tosco e mal iluminado, onde um homem velho e gordo ressonava em cima da cama. Robert cutucou o homem com a bengala, e ele despertou assustado. Assim que abriu os olhos, viu a menina ao lado de Robert, e seus olhos se encheram de cobiça. Robert colocou a menina diante dele e rasgou as suas roupas com violência, expondo seu corpo esguio ao homem, que passava a língua pelos dentes, já se contorcendo de prazer. Em seguida, atirou-a nos braços dele e saiu, sem ligar para o seu choro e as suas súplicas.

Duas horas depois, a porta do quarto se abriu, e o homem saiu satisfeito. Pagou a Robert o prometido e foi embora sem dizer nada. Robert então entrou no quarto e encontrou a menina deitada na cama, chorando, toda machucada com a brutalidade do homem.

— Levante-se daí, vamos! — ordenou ele. — Você já pode ir embora.

Apesar de dolorida, ela obedeceu. Levantou-se da cama e apanhou as roupas, vestindo-se em lágrimas.

— O que vou dizer a meus pais?

— Não diga nada. Mostre-lhes o dinheiro, e eles ficarão satisfeitos.

— Por que fez isso comigo, mister Robert?

— Quando lhe ofereci o dinheiro, você concordou.

— Mas eu não sabia o que iria acontecer. O senhor me disse que ele era pintor...

— Deixe de lamúrias, menina, e tome o seu dinheiro. Foi merecido.

Robert atirou várias cédulas em cima dela, que as recolheu entre soluços.

— Nunca mais quero fazer isso, nunca mais...

Ela se levantou para ir embora e, ao passar rente a ele, sentiu que suas mãos a seguravam.

— Você é uma menina muito bonita — elogiou ele, roçando os lábios nos dela. — Pena que não fui o primeiro.

Assustada, a menina recuou e se desvencilhou dele, correndo porta afora, e as imagens se misturaram e passaram correndo pela tela e a mente de Luciana, ora indo para a frente, ora para trás. Em dado momento, tornaram a parar, e lá estava Robert novamente, deitado ao lado da mesma menina. Ela agora estava com ar mais descansado, aparentando paixão nos gestos e na voz.

— Mister Robert — falou ela, quase num sussurro —, quando é que o senhor vai me tirar da minha casa?

— Tenha calma, menina. Você ainda é muito jovem, e seu pai não vai permitir. Você não quer que eu seja acusado de rapto, quer?

— Oh! Não! Mas é que eu gosto tanto do senhor!

Novamente, as imagens se misturaram, até pararem no mesmo quarto, em outro momento, e a menina dizia novamente:

— Estou esperando, mister Robert. Meu pai já está ficando desconfiado.

— Você tem que ter paciência, já disse. Não posso me casar com você assim, de uma hora para outra.

— Mas o senhor disse que me amava. E eu amo tanto o senhor!

— Se me ama de verdade, então vai ter que esperar.

As imagens deram outra volta, e mais outra, e todas mostraram a Luciana a mesma cena que se repetia: a menina declarando o seu amor e suplicando a Robert que se casasse com ela. Por fim, uma última cena preencheu a tela, e a menina ia dizendo, aos prantos:

— Isso não está certo! O senhor prometeu.

— Deixe de sandices, menina! Então não vê que não posso me casar com você?

— Mas o senhor prometeu. Disse que ia me levar embora da minha casa.

— E você acreditou? Ora, vamos, mas quanta burrice.

— O senhor mentiu para mim.

— Eu até que tinha vontade de levá-la comigo para bem longe daqui, mas isso não é possível. Tenho negócios a cuidar, e minhas garotas dependem de mim.

— Não posso ser uma de suas garotas?

— Você é. Não lhe arranjo clientes especiais?

— O senhor só me arranja velhos.

— Isso é porque eu gosto de você e não quero correr o risco de que você se envolva com nenhum jovem galante.

Era mentira. A menina, de nome Mariana, era oferecida aos velhos e ricos fidalgos porque era jovem e pouco experiente, o que rendia um dinheiro extra a Robert. As moças de seu prostíbulo só atendiam homens do povo, sem muitos recursos, porque os nobres se recusavam a pisar num bordel sujo, com mulheres castigadas pelo tempo e malvestidas. O futuro de Mariana, fatalmente, seria aquele, mas enquanto ela ainda era jovem e fresca, Robert podia se aproveitar para extrair um pouco mais de dinheiro daqueles homens ricos e nobres, que procuravam mulheres fora do lar e pagavam bem em troca de seu segredo. E, enquanto elas serviam aos ricos, serviam também a ele, porque Robert não gostava de mulheres velhas e usadas, mas só das menininhas de corpo rijo e doce.

— Quero me casar com o senhor — prosseguiu Mariana. — Senão, vou contar tudo a meu pai.

— Você não faria isso. Ele a expulsaria de casa.

— Mas mataria o senhor primeiro. Meu pai é soldado da guarda real e não vai deixar o senhor sair impune.

— Soldado? Mas você não disse que seu pai era artesão?

— Disse. Mas só porque tive medo de que o senhor não me quisesse. Ou acha que eu me deitei com aqueles porcos velhos por causa do dinheiro? Deitei-me com eles para agradar o senhor, porque era o que o senhor queria, mas o que eu queria mesmo era me deitar com o senhor.

— Por que fez isso, menina? Nós dois podemos acabar muito mal.

— Eu sempre via o senhor da minha janela... tão bonito, tão distinto... Apaixonei-me pelo senhor só de vê-lo passar.

— Você é louca? O que está dizendo?

— Estou dizendo que fiz o que fiz por amor ao senhor. E agora que consegui o que queria, não posso perder. O senhor vai ser sempre meu. Se eu falar com o meu pai, ele vai obrigar o senhor a se casar comigo.

— Ele vai me matar! Você mesma disse.

— Só se o senhor não quiser se casar. Meu pai tem verdadeira adoração por mim e nunca me mataria.

— Não faça isso, Mariana! Não posso me casar. Você é só uma menina!

— E o senhor é um homem muito mau. Enganou-me para conseguir o que queria, fez-me milhões de promessas e agora quer fugir ao seu compromisso. Meu pai precisa saber disso.

— Se seu pai me matar, você vai ficar sem mim. Não é isso o que você quer, é?

— Não. Mas prefiro vê-lo morto a vê-lo nos braços de outra mulher. Ou o senhor se casa comigo, ou não vai ser de mais ninguém.

— Você é louca! Louca! Devia estar num sanatório!

Robert estava apavorado. Casar-se com aquela doidivanas era a última coisa que desejava. Já estava ficando cansado dela e pretendia terminar tudo, mas aquela revelação o deixou estarrecido e amedrontado. Mariana mentira, dizendo que o pai era artesão, mas ele era um soldado, provavelmente violento, que não hesitaria em matar o homem que tivesse roubado a honra de sua única filha. O que poderia ele fazer?

— Ele já sabe sobre nós? — perguntou Robert, o rosto iluminado pela terrível ideia que tivera.

— Ainda não.

— Contou a mais alguém sobre nós?

— Não, já disse. Ninguém sabe. Por enquanto.

— Pois então — tornou ele, um brilho frio no olhar —, ninguém nunca vai saber.

De um salto, Robert agarrou o pescoço de Mariana, que começou a se debater assustada, nos olhos uma indizível expressão de surpresa e dor. Ela era pequena e frágil e, em poucos minutos, tudo estava terminado. Depois que ela morreu, Robert enrolou o seu corpo num cobertor e, altas horas da madrugada, colocou-o numa carruagem e saiu com ele da cidade. Chegou a um rio turbulento e profundo, e amarrou várias pedras no corpo de Mariana, atirando-o na água. As águas imediatamente o tragaram, e o corpo de Mariana sumiu para sempre; nunca mais foi encontrado.

O desaparecimento de Mariana foi um mistério. Ninguém sabia que ela e Robert se encontravam. As moças do bordel nem desconfiavam de que ele estava dormindo com uma menina. Apenas Rani, sua preferida e confidente, sabia de seu envolvimento com ela, mas Rani nunca disse nada. O pai de Mariana ficou feito louco, procurando-a por toda parte, afirmando que ela era um pouco estranha e perturbada, sempre fantasiando as coisas, e que precisava de cuidados, mas não conseguiu apurar nada. Os fidalgos que se deitaram com ela, por medo e vergonha, se calaram, até que ninguém nunca mais ouviu falar da pobre e pequenina Mariana.

Nesse ponto, as imagens se desvaneceram na mente de Luciana, e a tela projetada na parede do quarto se dissolveu. Luciana encarou Rani com lágrimas nos olhos e se ajoelhou diante dela, enlaçando seus joelhos. Em seguida, deitou a cabeça em seu colo e simplesmente chorou.

Rani teve que aguardar alguns minutos até que as lágrimas de Luciana secassem. As lembranças haviam levado a moça a extrema comoção, e ela sentia a dor da culpa pesar sobre seus ombros.

— Agora compreendo tudo — lamentou-se Luciana, ainda agarrada ao colo de Rani. — Pobre Cecília... foi aquela menina.

— Não fui autorizada a lhe trazer essas lembranças para que você se sentisse culpada.

— Como é que você acha que eu deveria me sentir? Agora me lembro de quem fui e do que fiz a ela. Acha que é fácil saber que matou alguém?

— É por isso que temos consciência: para que ela nos alerte sobre o que fizemos de bom ou mau, de certo ou errado, mas para que possamos consertar e evoluir. Não é para nos castigar nem para nos infligir punições.

— Mas e o remorso?

— O remorso é muito bom, porque é através dele que reconhecemos o mal que fizemos. Mas não encare o mal como essa coisa terrível e condenável. O mal é parte do crescimento humano, porque é através dele que aprendemos o valor do bem. E, mais cedo ou mais tarde, todo mundo aprende.

— Ah! Rani, o que foi que eu fiz? Eu nasci homem e abusei das mulheres. E hoje, vim como lésbica para aprender o quê?

— Você nasceu mulher para experienciar o universo feminino que tanto desprezou. Robert jamais acreditou que as mulheres possuíssem inteligência e vontade. Para ele, as mulheres eram objetos inúteis e descartáveis. Quando jovens e belas, serviam para o prazer. Se feias, tinham utilidade nas tarefas domésticas. As velhas eram dispensáveis e podiam ser abandonadas. Quantas mulheres Robert colocou na rua porque, ao envelhecer, ficavam impedidas de trabalhar ou não despertavam mais o interesse dos homens? Quantas moças grávidas ele abandonou porque não podiam mais se deitar com ninguém? E quantos abortos provocou para não perder os seus lucros? Foram muitos lares desfeitos, muitas vidas perdidas, muitas esperanças destruídas.

— Obrigada, Rani, isso só faz com que me sinta mais culpada — ironizou Luciana.

— Pois não devia. Devia era agradecer a Deus a oportunidade que teve de reencarnar e se modificar. Eu ainda não consegui essa chance.

— Por que não?

— Porque só queria estar junto de você, e isso não será possível.

— E você, Rani? Onde é que entra nisso tudo?

— Já disse que você me trouxe da Índia para a Inglaterra, e depois, para o Brasil. Eu sempre fui a sua preferida, a única que você respeitava e a quem realmente amou. Mas não era a única em sua vida, apesar de você sempre voltar para mim. Tive que suportar muitas humilhações para ter você ao meu lado.

— Não tem ódio de mim?

— Meu coração não aprendeu a odiar, só a amar. Durante muito tempo, fiquei atrás de você, porque queria estar perto de você, partilhar da sua vida, mesmo que no mundo astral. Demorei muito a encontrá-la, porque procurava um homem. Mas os seus pensamentos acabaram me atraindo, e eu a reconheci sob essa capa de mulher. O amor que sentia naquela época, ainda sinto, mas o desejo que experimentei em sua companhia esfriou quando a vi. Foi bom, porque pude perceber o que é, realmente, o amor. Tanto faz, para mim, que você seja homem ou mulher. O que sinto por você vem daqui de dentro — Ela colocou uma das mãos sobre o seu coração e outra sobre o coração de Luciana. — Quando entendi isso, ficou mais fácil perdoá-la.

— Você me perdoou?

— Já disse que sim. Sabe, Luciana, quando desencarnei, passei algum tempo no astral inferior, presa à paixão que sentia por você. Mas depois que você sumiu, fiquei pensando... de que me valia tanto sofrimento se você já não estava mais ali? E, ainda que estivesse, do que valia, para mim, estar ao seu lado naquele momento de solidão e dor? Resolvi partir também. Os espíritos que me acolheram ressaltaram que eu possuía muitas qualidades e as foram mostrando a mim, uma a uma. Disserem que eu era uma pessoa generosa e boa, amiga de todos, compreensiva, sensível, honesta e sincera, incapaz de maltratar ou de querer mal a quem quer que fosse, ainda que a meus inimigos, e, acima de tudo, dotada de grande capacidade de amar. Meu único problema, eles diziam, era o apego que sentia por você.

— E as outras mulheres? Também pensam como você?

— A maioria a odeia, mas muitas desistiram de você quando a encontraram nesse corpo. Disseram que não tinha graça se vingar de um homem que agora era mulher. Outras sequer a encontraram, porque estavam tão presas ao sexo e à sua masculinidade que não conseguiram enxergar, no corpo de Luciana, a alma do Robert de antigamente.

— Pelo que você está me dizendo, eu nasci mulher para fugir das minhas inimigas. É isso?

— Mais ou menos. Não para fugir, propriamente, mas para ter liberdade de viver as suas experiências sem interferências indesejáveis.

— Não sei se adiantou muito vir mulher...

— Se está se referindo ao fato de ser lésbica, isso não tem nada a ver com os seus projetos. A sua preferência sexual, é claro, está ligada à sua sexualidade do passado. Você sempre foi um homem atraído pelas mulheres, com uma sexualidade muito ativa e forte. Mas não foi para compreender a feminilidade sexual que você reencarnou como mulher. Você nem fez disso um plano de vida. Você gosta de mulheres porque sempre gostou, isso está impregnado em sua alma. Continua com essa preferência porque isso não influi nos seus projetos de crescimento. Tanto faz que você goste de fazer sexo com homens ou mulheres. Sua necessidade é de valorização dos ensinamentos morais, de amor e respeito ao seu semelhante.

— E eu não poderia conseguir isso reencarnando como homem?

— Se você tivesse vindo homem, estaria usando as mulheres, talvez não da mesma forma, porque os tempos hoje são outros, mas continuaria não tendo respeito por elas, julgando-as seres inferiores e servis. Talvez você se casasse, e sua esposa seria praticamente uma escrava, sem vontade ou direitos. Se tivesse filhas, não permitiria que elas estudassem nem que vivessem suas próprias vidas, mas as criaria para o lar e para servir a seus maridos. Se possuísse empregadas a seu serviço, iria discriminá-las e tratá-las como subalternas, pagando-lhes salários menores e dando-lhes cargos inferiores aos dos homens. Foi para isso que você veio mulher: para ter essa compreensão de que homens e mulheres são iguais em importância no mundo, e o papel que cabe à mulher na sociedade não a torna incapaz de exercer as suas próprias escolhas nem de dar vazão à inteligência e à liberdade de seguir o destino que eleger. Uma mulher pode ser carinhosa e mãe, ao mesmo tempo em que está apta a estudar e seguir a carreira que quiser.

— É algo a se pensar, Rani.

— O que você fez no passado não deve influir nessa vida a ponto de pensar em deixá-la antes do tempo programado. Você precisa voltar.

— Entendo o que você diz, mas, no fundo, no fundo, não sei se sinto alegria nessa vida. Acho que as culpas, inconscientemente, me levam a querer desistir.

— Você não pode desistir. Pense no que já conquistou até agora.

— Estou pensando no que ainda não consegui conquistar. A atitude de Cecília me fez pensar na minha falta de amor. Sou uma mulher muito sozinha, e isso me dói bastante.

— Dói porque você estava acostumada a viver rodeada de mulheres, mas agora não tem ninguém.

— Não sei, Rani. Sinto que falta alguma coisa. Um amor, talvez... um amor de verdade.

Os olhos de Luciana se encheram de lágrimas, bem como os de Rani. Naquele momento, Luciana tinha vívidas na memória as lembranças de todas as mulheres que conhecera em outras vidas, inclusive de Marcela, que fora uma das que mais abusara, e de Rani, que sempre fora sua companheira e amiga. Agora compreendia o vazio dentro de si e o desejo oculto que a levava a pensar em retornar ao mundo espiritual, ainda que, conscientemente, seu cérebro físico não tivesse aquela impressão.

— Você não deve se sentir assim — falou Rani, lendo-lhe os pensamentos. — Por mais que eu a ame, não poderei estar com você.

— Estou tão cansada! Tenho medo de estar usando as mulheres novamente, como fazia antes.

— Isso não está acontecendo. Você as respeita, porque é uma delas e sabe o quanto de potencial possui para fazer coisas boas e produtivas.

— Mas não consigo amar ninguém. Nem Marcela, que viveu comigo tantos anos.

— Você e Marcela já aprenderam a se amar, e é por isso que não estão mais juntas. Marcela agora tem outras experiências para viver, assim como você tem as suas. Sei que você não quer mesmo morrer. Está apenas triste e cansada, mas vai superar. Você é um espírito forte e determinado, e não vai desistir da vida com tanta rapidez.

— Você tem razão, mas eu preciso de um pouco mais de tempo para pensar.

— E você ainda tem uma tarefa a cumprir.

— Que tarefa?

— Algo que vai ajudá-la a compreender o que seja o ser feminino.

— O que é?

— Logo vai descobrir. Quando chegar o momento, virei prepará-la.

— Para quê?

— Não quero deixá-la curiosa nem apressar o curso das coisas. Vim apenas alertá-la de que há uma missão muito importante em sua vida, que irá impulsionar o seu crescimento.

— Não sei do que está falando, mas confio em você.

— Ótimo. E agora, volte logo, que é para não causar danos ao seu corpo físico. E, se precisar, chame por mim. Virei ajudá-la, se puder.

Rani e Luciana trocaram um abraço efusivo, e o espírito de Rani desapareceu num piscar de olhos. Durante algum tempo, Luciana ficou fitando o lugar vazio onde ela estivera e depois se virou para o corpo físico, deitado na cama branca do hospital. Caberia a ela decidir se aquele corpo viveria ou não, o que a assustava um pouco. Ela sempre achara que a vida ou a morte eram estados de poder, e que esse poder estava nas mãos de Deus.

E estava. Deus era soberano em todas as coisas, mas deixava a seus filhos o livre-arbítrio para direcionar as suas vidas. Tratava-se de uma concessão, e Luciana pensou que deveria aproveitar aquela concessão da melhor forma possível. Por isso, sabia que tinha que retornar e, na volta, tentaria fazer diferente.

Ainda havia a misteriosa tarefa que Rani dissera que lhe cabia. Embora não soubesse do que se tratava, algo em seu íntimo lhe dizia que era importante. Era algo relacionado ao *ser feminino,* algo que talvez transformasse a sua vida para sempre. Luciana nem desconfiava do que poderia ser, mas sua alma se agitou e se colocou na expectativa.

CAPÍTULO 15

O tempo estava começando a esquentar, após uma breve e refrescante chuva, e Ariane não queria ficar em casa e perder a oportunidade de sentir na pele a proximidade do verão. Estava se preparando para sair quando a mãe veio chamá-la ao telefone.

— Quem é? — perguntou Ariane desinteressada.
— É a mãe de Flávio. Disse que é urgente.

Dolores detestava falar com Anita e, por isso, raramente telefonava para sua casa. Mas era imperioso que conversasse com Ariane, ou ela acabaria estragando todos os seus planos.

— Alô? — falou Ariane ao telefone.
— Venha a minha casa imediatamente — ordenou Dolores, com voz arrogante. — Estou esperando.

Desligou antes que Ariane pudesse responder. Pelo tom de sua voz, Dolores parecia bem aborrecida, o que só podia ter uma razão: ela presenciara Ariane em companhia de Marcela, e era visível a amizade que entre as duas havia se firmado. Ariane pensou em não ir, mas sentiu incômoda hesitação. Afinal, travar amizade com Marcela fora ideia de Dolores, na tentativa de descobrir algo no passado da moça que pudesse aniquilar o seu relacionamento com Flávio. No meio do caminho, Ariane começou a mudar de ideia, em função do afeto e da verdadeira amizade que já sentia por Marcela.

Chegou mesmo a pensar em desistir, mas algo lhe dizia que ela estava chegando perto de conhecer algum segredo importante da vida de Marcela, um segredo que talvez a ajudasse a reconquistar Flávio. E aquele segredo parecia estar relacionado a uma moça chamada Luciana, que Ariane não conhecia e de quem nunca antes ouvira falar, nem mesmo da própria Marcela. Fora por acaso que ela deixara escapar aquele nome, em tom de nervosismo e medo, o que dava a Ariane a certeza de que Marcela e Luciana eram cúmplices em algum segredo sórdido e escuso.

Mas teria ela o direito de vasculhar a vida de Marcela e de revelar esse segredo, se é que havia realmente um?

De toda sorte, era melhor atender o chamado de Dolores. Ela estava zangada, e com uma certa razão, porque presenciara uma camaradagem entre Marcela e Ariane que jamais deveria existir. Poucos instantes depois, Ariane entrava na casa de Dolores, que a aguardava com impaciência.

— Até que enfim! — exclamou Dolores. — Pensei que não fosse aparecer mais.

— Estive ocupada... — desculpou-se a moça, à falta de coisa melhor para dizer.

— Fazendo o quê? Você não trabalha nem estuda. Gasta a vida em butiques e restaurantes. Será que não lhe sobra tempo para prestar contas de suas atividades a sua futura sogra? — Ariane não disse nada. Queria protestar, mas havia uma supremacia nas palavras e nos gestos de Dolores que a fazia se calar. — Muito bem, explique-se.

— Explicar-me? — balbuciou Ariane. — Como assim?

— Não se faça de tonta, menina! Vi muito bem a forma como você e Marcela se tratavam. Pareciam até grandes amiguinhas!

— Foi impressão sua. Quero dizer, Marcela até que é uma garota legal, mas...

— Uma garota legal? — esbravejou ela, os olhos chispando fogo. — Você já se esqueceu de que foi ela quem lhe tomou o noivo?

— Não.

— Pois então, comece a agir como se ela fosse sua inimiga. Do contrário, de nada adiantará essa farsa.

— Isso não é verdade, Dolores. Você não sabe o que está acontecendo.

— Pelo visto, muitas coisas estão acontecendo, e uma delas é que você e Marcela se tornaram amigas. Será que ela vai convidar você para ser madrinha do seu casamento?

— Não diga uma coisa dessas. Flávio vai se casar comigo — concluiu ela, sem muita convicção.

— Você não me parece muito segura disso.

— As coisas não são tão fáceis como você pensa. E depois, Marcela é uma pessoa com sentimentos...

— Você está desistindo do nosso plano? É isso? Encantou-se pela pobretona e está querendo partilhar com ela da sua vida inglória? O que há? É monotonia? Cansou-se da vida regalada e farta que você leva? Da vida que eu lhe dei, porque, sem a minha ajuda financeira, o seu pai já teria falido!

— O quê?! Que história é essa? Meu pai tem a clínica...

— Que quase faliu quando Justino se retirou da sociedade. E quem você pensa que ajuda seu pai a manter aquela porcaria? Sua mãe? — Ela não respondeu. — Você não sabe, não é sua tonta, mas quem dá apoio financeiro ao incompetente do seu pai sou eu. E sabe por quê? Porque quero que a filha dele se case com o meu filho. Vim preparando você desde pequena para isso e não admito que você me traia agora. Ou você leva avante o plano e se casa com Flávio, ou pode ir procurando uma cama vaga no apartamento fétido da sua amiguinha. Você, sua mãe e seu irmãozinho!

Aquilo era uma humilhação. Por que o pai nunca dissera que mantinha a clínica graças à ajuda de Dolores? Será que a mãe sabia daquilo? Não devia saber, porque nunca comentara nada.

— Por que está sendo tão cruel, Dolores? Você sabe que amo Flávio, mas não me julgo capaz de concluir esse plano.

— Ah! Não? Quero ver só quando você estiver debaixo da ponte, o que é que vai pensar. Vai se arrepender de não haver seguido as minhas ordens.

— O que você quer que eu faça? — tornou Ariane, em lágrimas. — Já tentei, mas não consegui nada. Não é culpa minha se Marcela é uma boa pessoa...

— Não acredito nisso! Ela esconde alguma coisa, sei que esconde! E você sabe o que é!

— Não sei de nada...

— Impossível. Você não sabe mentir. Está em seus olhos que descobriu alguma coisa. O que é? Vamos, fale. Eu exijo que me conte a verdade!

— Não sei se é importante — hesitou Ariane, oprimida pela irresistível força de Dolores.

— Ah! Então existe algo, não é? O que é? Diga-me!

— Não é nada... quero dizer, é apenas uma suspeita, nada de concreto.

— Que suspeita é essa? Fale logo, Ariane, porque eu já estou perdendo a paciência! O que está esperando? Fale, ou vou pôr o seu pai na falência!

A ameaça era muito grave para Ariane resistir. Ela era jovem e achava que podia se virar sem o luxo e o conforto, mas o que dizer da mãe e do irmão? A mãe já não tinha mais idade para procurar emprego e não sabia fazer nada, e o irmão ainda estava estudando. E quanto ao pai? Ariane não se importava com ele. Era por culpa dele que ela agora se encontrava nessa situação, mas não podia permitir que a incapacidade do pai colocasse em risco a vida de todos na sua família.

— Marcela tem uma amiga... — começou ela a dizer, entre a contrariedade e o medo.

— Que amiga?

— O nome dela é Luciana.

— E daí? O que tem essa amiga de mais?

— Desconfio de que ela e Luciana guardam algum segredo. Acho que compartilharam algo escuso ou ilícito, não sei.

— Por que pensa assim?

— No dia em que você esteve lá, Marcela deixou escapar o nome de Luciana e ficou muito nervosa com isso.

— Hum... O que você acha que pode ser?

— Não sei ao certo. Pensei em drogas ou prostituição.

— Sim! — berrou Dolores de repente. — Só pode ser isso. Ela mora sozinha e já mantém relações com Flávio há muito tempo. E meu filho não foi o primeiro, tenho certeza. A infeliz veio de Campos e, não tendo como sobreviver, tratou logo de se prostituir. Deve ter conhecido essa tal de Luciana na vida, e ela a apresentou às drogas. Todo mundo se droga quando as coisas vão mal, não é mesmo?

— Pode ser. O fato é que Luciana sabia, inclusive, da tentativa de suicídio.

— Sabia? Mas que interessante! Deve ter sido por isso que ela tentou se matar. A vida foi ficando dura, ela deve ter apanhado de algum malandro e já devia estar cheia de maconha ou heroína quando resolveu que a vida não valia a pena. Vai ver que foi por isso que tentou dar cabo da própria vida. Menina idiota! Nem se matar conseguiu!

— Por falar nisso, por que você foi falar sobre o suicídio com Marcela? Ela está pensando que foi o Flávio quem contou.

— E daí? Melhor que pense. Vai achar que não pode confiar nele e, quem sabe, não cai fora? — Ariane não respondeu, e Dolores prosseguiu: — Se essa tal de Luciana sabia da tentativa de suicídio, é porque deve ser uma pessoa bem chegada, você não acha? Íntima mesmo. Será que Flávio sabe a seu respeito?

— Não sei.

— Precisamos descobrir mais. Você está no caminho certo, Ariane, algo me diz que está. Em breve, essa vagabunda vai se delatar e vai colocar todos os podres para fora.

— Ela é professora concursada. Não deve ser nenhuma vagabunda. Pensando melhor agora, essa história está muito exagerada. Nunca ouvi falar de prostitutas drogadas que consigam se formar professoras e ainda passar num concurso público.

— É, isso é esquisito. Mas talvez ela só puxasse um baseado de vez em quando, para diminuir a dor da sua miséria. Devia estudar de dia e se prostituir à noite. Isso não é tão incomum assim. Depois que se formou, abandonou a vida e as drogas, mas duvido que tenha contado algo a Flávio. Se isso for verdade, ele precisa saber. Pelo bem da nossa família, Flávio tem que ser alertado sobre o passado sombrio e sujo dessa moça.

— Vá com calma, Dolores. Nós nem sabemos se isso é verdade.

— É por isso que você tem que voltar lá e descobrir. Não quero fazer intrigas infundadas, porque Flávio não é nenhum tolo e, se não for verdade, ele vai se voltar é contra mim.

— E se ele já souber de tudo? E se ela lhe contou e ele a aceitou desse jeito? Afinal, foi ele quem cuidou dela no hospital.

— Duvido muito. Ela deve ter inventado uma história comovente, e Flávio, coração mole, caiu direitinho. Mas eu sei a criação que dei a meu filho e duvido muito que ele aceitasse se casar com uma prostituta.

— Marcela diz que tentou se matar por causa de um ex--namorado.

— Muito conveniente, não é mesmo? Uma moça pobre e sozinha, seduzida e abandonada pelo namorado numa cidade grande. Quer algo mais tocante e comovente? O tolo do Flávio logo amoleceu e resolveu que tinha que cuidar da pobrezinha. Está aí a mentira.

— Não sei, Dolores, algo nessa história não cai bem. Ela não combina com a personalidade de Marcela.

— Marcela é uma idiota que pensa que é esperta. Se ela acha que vai dar o golpe do baú no meu filho, está muito enganada. Não vou permitir!

— Engraçado, não é? Você não quer que Flávio se case com Marcela porque ela é pobre. No entanto, pelo que você mesma disse, eu não estou muito longe de me tornar tão ou mais pobre do que ela.

— É diferente, meu bem — ironizou. — Você tem berço, tem estilo. Sua família é do nosso meio, e você não vai causar comentários em sociedade.

— Será mesmo por isso? Ou será porque você espera a minha gratidão e a minha obediência?

— Isso não tem importância. O que importa é que você é a mulher ideal para o meu filho. Venho sonhando com esse casamento desde que você nasceu. Não é justo que Flávio destrua os meus sonhos de mãe. Ele não tem esse direito.

— Ele não tem o direito de ser feliz?

— Ele não sabe o que é felicidade. Se se casar com essa moça, vai ver como o preconceito da sociedade pode torná-lo extremamente infeliz. Estou lhe fazendo um favor e, mais tarde, ele ainda vai me agradecer.

— Acho que você está sendo egoísta. Está pensando apenas em si mesma e nas aparências sociais.

— Quem é você para me julgar, menina? — enfureceu-se ela. — Não me queira como inimiga, porque eu posso destruir você e a sua família com uma simples assinatura.

— E você seria bem capaz disso, não é mesmo?

— Quer experimentar?

— Não precisa. Sei bem quem você é.

— Você devia estar do meu lado. Fiz tudo por você, para que seja feliz com o homem que ama. Por que se volta contra mim agora?

— É você que está contra o mundo, Dolores. Pensa que o mundo lhe pertence e não se conforma que ele gire em direção contrária à que você pretende.

— Muito bonito e filosófico, mas não quer dizer nada. O mundo não me pertence por inteiro, mas existe uma parcela dele que eu posso comprar.

— Você não pode comprar amor. E é por isso que vai acabar sozinha nesse seu mundo de riquezas e dinheiro.

— Pare com essa discussão tola — cortou ela irritada. — Não gosto de sermões nem de digressões moralistas. E depois, você não é ninguém para me dar lições de moral. Deixe de lado as crises de consciência e alie-se a mim. Verá que só tem a lucrar.

A vontade de Ariane era de chorar, mas nem lágrimas ela conseguia mais verter. Só agora conseguia enxergar a mulher mesquinha e egoísta que era Dolores. E ela acabara se deixando envolver pelas suas maldades. Em sua paixão irracional por Flávio, embrenhara-se num caminho de traição do qual não via mais como voltar. Não gostaria de levar adiante aquele plano pérfido, mas tinha que pensar em sua família.

CAPÍTULO 16

A noite maldormida e os pesadelos constantes impediram Marcela de ir à escola naquele dia. A visita que fizera a Luciana na véspera a deixara transtornada e aflita, e doía-lhe no coração lembrar-se da imagem da amiga, toda ligada a tubos e fios, jogada inerte na cama daquele hospital. Ela apanhou o telefone e ligou para a escola, informando que não poderia ir naquele dia. Não era seu costume faltar. Nem as faltas mensais a que tinha direito, ela costumava tirar. Por isso, ninguém reclamou de sua ausência, e ela tranquilizou a diretora afirmando que apenas não se sentia muito bem.

Foi para a cozinha preparar um café e ligou para Flávio várias vezes naquela manhã. Sentia-se insegura e com medo, porque o estado de Luciana lhe despertava muitas preocupações, ao mesmo tempo que a assustava a possibilidade de que, com isso, Flávio viesse a descobrir a natureza de sua ligação.

Já perto da hora do almoço, vencida pelo cansaço, recostou-se no sofá e acabou adormecendo, só despertando quando a campainha da porta começou a tocar insistentemente. Marcela se levantou sonolenta e olhou o relógio da parede. Passava de duas horas da tarde, e o estômago doeu de repente. Ela passara a manhã toda sem se alimentar, e agora sentia fome. Mas não tinha vontade de preparar nada nem se animava a sair para comer.

Quando Marcela abriu a porta, ouviu a exclamação de Ariane, que a encarava com ar de espanto:

— O que foi que houve, Marcela? Estou há meia hora tocando!

— Eu dormi, Adriana. Passei a noite em claro e acabei pegando no sono no sofá.

— Você não foi trabalhar hoje. Fiquei preocupada.

— Não estou me sentindo bem.

— Você está com uma cara horrível! Está doente?

— Não se preocupe, não é nada.

— Ninguém fica assim por nada. Se não está doente, o que foi que houve?

— Não estou me sentindo bem, já disse.

— Mas o que você tem? É dor de cabeça? De barriga? Cólica?

— Por favor, Adriana, eu estou bem. Apenas gostaria de ficar sozinha, se não se importa.

— Quer que eu vá embora? — Marcela assentiu. — Tem certeza?

Marcela não resistiu. Não aguentava mais guardar tanta dor dentro do peito sem poder partilhá-la com ninguém. A única com quem ainda podia falar sobre Luciana era Maísa, mas ela quase não a via. Estava sozinha e apavorada, com medo de Luciana morrer e de acabar revelando a verdade a Flávio. Mas ela não queria realmente ficar sozinha. Dissera aquilo só porque sabia que, se Adriana ficasse, ela acabaria se abrindo e lhe contando o que a machucava tanto. E foi exatamente isso o que aconteceu. Marcela se atirou no pescoço de Ariane e desatou a chorar de tal forma que a outra ficou deveras preocupada.

— O que é isso? — perguntou Ariane, abraçando a amiga com carinho. — O que foi que houve?

— Oh! Adriana!

— Foi o Flávio? Vocês brigaram? — Ela meneou a cabeça, e Ariane prosseguiu, deveras preocupada: — Foi a mãe dele? Ela lhe fez alguma coisa?

— Não é nada disso... Mas eu estou tão desesperada!

— Por que você não se acalma e me conta o que aconteceu? Sou sua amiga, quero ajudá-la.

— Será que posso confiar em você?

Ariane engoliu em seco e respondeu com uma quase convicção:

— Você sabe que pode — o estômago de Marcela roncou, e Ariane tornou com preocupação: — Já almoçou?

— Ainda não.

— Pois então venha. Só sei fazer macarrão, mas pelo menos, você não morre de fome.

Enquanto Ariane apanhava as panelas e os ingredientes da macarronada, Marcela se sentou à mesa da cozinha e afundou o rosto entre as mãos, começando a chorar novamente.

— Estou me sentindo péssima... — balbuciou ela. — Aconteceu algo tão horrível!

— Com você? — Ela negou. — Com Flávio? — negou novamente. — Então, com quem?

— Luciana...

— Quem?

— Luciana. Lembra-se de que lhe falei sobre ela?

— Lembro de que você falou o nome dela, mas não me disse nada a seu respeito. O que foi que houve com Luciana?

— Você não sabe o quanto nós somos amigas! E agora... — Ela começou a chorar novamente, até que conseguiu falar com voz sofrida: — tentaram matá-la...

— Matá-la? Mas quem, meu Deus? Foi assalto?

— Não... foi... uma... ex... companheira...

— Meu Deus! E por que ela fez isso? Foi por causa de algum namorado?

— Você não entendeu. Luciana não tem namorado. Ela tem...

— Tem o quê? Um amante?

— Não — Marcela achou que já era hora de parar de divagar e, enchendo-se de coragem, disparou: — Na verdade, Luciana foi esfaqueada pela mulher que era sua amante.

— O quê?! — Ariane parou o que estava fazendo e abriu a boca, pasmada. — Quer dizer que Luciana é lésbica?

— É.

— Que coisa nojenta!

— Não diga isso, Adriana, não é nojento. Somos apenas pessoas comuns.

— *Somos?* Marcela, não vá me dizer que você e essa Luciana... — calou-se, com medo das próprias palavras — que você e ela tiveram... um caso!

— Tivemos. Sinto se a decepciono, mas a verdade é que eu fui perdidamente apaixonada por Luciana, e foi por causa dela que tentei me matar.

Nesse ponto, Ariane soltou as panelas e se sentou ao lado de Marcela, fitando-a com um assombro mudo. E ela que imaginara tantas coisas que justificassem um segredo, nem de longe pensou que Marcela pudesse ser lésbica. Como poderia pensar aquilo, se ela e Flávio iam se casar?

— Não estou entendendo — murmurou Ariane confusa. — Você e Flávio... você o está enganando?

— Não. Flávio é tudo o que me resta, e eu o amo mais do que a própria vida. No entanto, não posso negar a pessoa importante que Luciana foi e ainda é em minha vida.

— Isso é um disparate! — gritou Ariane, levantando-se da mesa e afastando-se de Marcela. — E eu que pensei que você quisesse a minha amizade. O que pretendia comigo? Seduzir-me? Vá esquecendo, Marcela, porque não sou disso.

— Você está sendo injusta, Adriana. Quando a conheci, era você quem estava procurando uma amiga. Foi você quem me procurou todas as vezes, quem ia ao meu trabalho me esperar na hora da saída. E nunca, em todos esses momentos, sequer me passou pela cabeça ter alguma relação íntima com você. Gosto muito de você, mas é como amiga. É Flávio que amo e é só com ele que quero estar.

Raciocinando em cima das palavras de Marcela, Ariane se acalmou e tornou a se sentar, levantando-se em seguida para ir mexer a panela no fogo. Não sabia o que fazer e não queria encarar Marcela, por isso, pôs-se a preparar a comida, tentando pensar em algo para dizer.

— Como foi que isso aconteceu? — perguntou ela, lutando contra a indignação.

— O quê?

— Como foi que você e Luciana...

— Como nós nos conhecemos? — Ela assentiu. — Nós éramos amigas em Campos...

De forma pausada e paciente, Marcela contou a Ariane toda a sua história desde que saíra de Campos, para ir atrás de Luciana. Contou de seus primeiros anos juntas, dos estudos, dos empregos, dos concursos, da força que Luciana sempre lhe dera e como a incentivara a ser alguém na vida.

— Luciana trabalha como dentista? — perguntou Ariane, surpresa com a história que Marcela contara.

— Tem um consultório com uma amiga, e estão indo muito bem, pelo que Maísa me disse.

— Maísa é outra de suas amantes?

— Não. É a amiga que divide o consultório com Luciana. São amigas desde a faculdade, mas Maísa não é lésbica, se é o que quer saber. É casada com um advogado, filho de um desembargador.

— Como uma mulher que não é lésbica pode ser amiga de outra que é?

— Amizade não tem nada a ver com sexo.

— Acho difícil. Quem não é lésbica não aceita uma coisa dessas.

— Não julgue os outros por si mesma. Só porque é preconceituosa, não quer dizer que todo mundo tenha que ser.

— Ouça, Marcela, não tenho nada a ver com a vida dessa sua amiga Luciana. Se ela quer enveredar por esse caminho, o problema é dela. Mas o fato é que você me enganou. Fez-se passar por alguém que não é.

— Eu a enganei? Nunca menti para você. Apenas guardei um segredo que só a mim pertence e que já me arrependo de ter revelado.

De repente, as palavras de Marcela provocaram, em Ariane, uma reflexão sobre si mesma. Quem era ela para falar em enganar ou mentir? Marcela estava certa: ocultara-lhe aqueles fatos porque sabia que ninguém compreenderia, mas eram coisas que só a ela diziam respeito e que não faziam mal a ninguém. Mas, e quanto a ela? Ariane, sim, mentia e se fazia passar por alguém que não era, só para descobrir segredos com que pudesse destruir a vida de Marcela. Será que aquilo era correto? Onde estava a sua capacidade de discernir e avaliar o que era certo ou errado? E depois, fora ela mesma quem dissera a Marcela que podia confiar a ela o seu segredo. Que amiga era aquela, afinal, que oferecia confiança, mas o que dava mesmo era recriminação? E quem era ela para julgar? Se havia alguém ali com uma conduta reprovável, esse alguém era ela, que se fingia de amiga quando, na verdade, não passava de uma impostora.

Esses pensamentos envergonharam Ariane, que começou a se sentir mal com tudo aquilo. De repente, percebeu que a verdade que Marcela lhe contara não era assim tão terrível. Teria sido muito pior se ela fosse viciada, prostituta ou ladra. Mas não. Marcela era uma moça direita e honesta, e ela não tinha como pôr em dúvida a sua amizade. Nunca fizera ou dissera nada que revelasse intenções escusas. Ao contrário, procurou ajudá-la em seu caso com o fictício *Mike* e deu-lhe sábios conselhos referentes à problemática da mãe. Sempre se demonstrou muito apaixonada todas as vezes em que falava de Flávio. Afinal, onde é que estaria a razão?

Se Dolores soubesse daquilo, seria um desastre. A primeira coisa que faria seria contar a Flávio, e Ariane não sabia o que ele pensava sobre o assunto, porque nunca antes haviam conversado a respeito. Naquele ponto, ela começou a se sentir curiosa e perguntou com mais calma:

— Seu namorado sabe disso?

— Não.

Marcela estava magoada, o que era bastante compreensível.

— Não fique chateada comigo, Marcela — desculpou-se Ariane.

— O que você queria? Contei-lhe o meu maior segredo, e você veio logo com um monte de recriminações. Acreditei que você era minha amiga, confiei em você, mas você não pôde me compreender. Estou decepcionada comigo mesma, porque pensei que você fosse algo que realmente não é.

— Como assim? — tornou Ariane assustada.

— Pensei que você fosse compreensiva, mas agora vejo que é igual a todo mundo: preconceituosa e crítica.

— Perdoe-me, Marcela, eu não quis criticar você nem nada. Mas é que você me pegou de surpresa. Jamais poderia imaginar que você fosse lésbica.

— Eu não sou. Luciana diz que não, porque estou apaixonada por Flávio e pretendo me casar com ele. E, ainda que fosse, o que isso tem de mais? Por acaso diminuiu a amizade que sinto por você e que você sente por mim?

— Não sei... acho que não...

— Você não sabe de nada mesmo. Veja Maísa, por exemplo. Você não a conhece, mas ela sempre foi muito amiga de Luciana. No começo, até eu senti ciúmes, mas depois percebi que o que havia entre as duas era amizade mesmo, Maísa nunca se importou com a homossexualidade de Luciana nem se preocupou com o que os outros poderiam falar. É amiga porque é, porque gosta de Luciana, porque sente com o coração. Não acha isso bonito?

— Se é como você diz, é bonito, sim — ela se calou por uns instantes, fitando a outra e se permitindo sentir apenas com o coração. — E quer saber? Você tem razão. Acho que eu me deixei impressionar pelo preconceito da sociedade e me esqueci de dar mais valor ao sentimento. Amizade não tem preço. Preconceito é descartável. Gosto de você assim mesmo, Marcela.

— Eu não sou lésbica, Adriana. Não mais. Mas não posso negar ou me envergonhar do que senti por Luciana nem do que ela representou em minha vida. Só tenho medo é que Flávio não entenda isso.

— Foi por isso que não lhe contou?

— Eu tentei, várias vezes. Mas ele já me deu a sua opinião a respeito, e não é muito favorável. Tenho medo de perdê-lo.

Ao invés de sentir-se vitoriosa com o segredo que, finalmente, conseguira arrancar de Marcela, Ariane descobriu-se preocupada com o futuro da amiga ao lado de Flávio e percebeu que não desejava mais separá-los. Nem se incomodava com o fato de que Marcela fora apaixonada por outra moça. Só o que lhe importava, naquele momento, era a felicidade da amiga, a preocupação que ela sentia por Luciana e o medo de perder Flávio.

— Quer que eu vá com você ao hospital visitar Luciana? — perguntou Ariane, sinceramente interessada em ajudar.

— Você realmente faria isso? — Ela assentiu. — Oh! Adriana, eu adoraria! Flávio sabe que Luciana está internada, mas desconhece a verdade, e eu tenho medo. Se você fosse comigo, eu me sentiria bem melhor.

— Então está combinado. Vamos almoçar, e eu a acompanharei ao hospital.

Marcela se aproximou de Ariane e segurou a sua mão, falando emocionada:

— Sabia que você era minha amiga. Entendo a sua primeira reação, mas sabia que você também acabaria me entendendo. Obrigada, Adriana.

O nome *Adriana* deu uma pontada no coração de Ariane. Ela estava arrependida de haver iniciado aquele jogo e queria deixar tudo para trás, mas sua mentira a levara longe demais. Ariane mentira sobre seu nome, sobre o namorado fictício e, principalmente, sobre seu relacionamento com Flávio e com Dolores. Não havia como convencer Marcela de que tudo não passara de um mal-entendido, e, se ela descobrisse, terminaria a primeira e única amizade que conquistara em toda a sua vida. Pensando naquilo, Ariane abaixou a cabeça e chorou. Ela também tinha um segredo que não queria que ninguém descobrisse.

No hospital, a visita transcorreu sem alterações. O estado de Luciana era estável, e ela tinha boas chances de sair do coma. Não havia sequelas aparentes, e tudo indicava que, se ela retornasse, se curaria e voltaria a ter uma vida normal. Só o que faltava era reagir.

Ariane não pôde entrar com Marcela, de forma que ela teve que ir sozinha. As enfermeiras se lembravam dela como a noiva do doutor Flávio Raposo Epion, conceituado ortopedista que tinha particular interesse na doente. Sozinha com Luciana, Marcela desprendeu a emoção do peito e deixou que as lágrimas se derramassem em abundância, extravasando os sentimentos que, na presença de Flávio, não podia se permitir demonstrar. Em seu estado de coma, Luciana via e ouvia tudo o que Marcela dizia, mas seu espírito, embora determinado a voltar ao corpo físico e reassumir a sua vida no plano material, não se sentia forte o bastante para recomeçar em meio a uma torrente de lágrimas.

Quando Marcela deixou o Centro de Tratamento Intensivo, tinha os olhos inchados e vermelhos, e Ariane, num primeiro momento, sentiu raiva daquela situação. Estava perdendo o noivo para uma mulher que chorava por causa de outra mulher. Não pela amizade, mas pelas lembranças de uma antiga paixão. Aquilo não lhe parecia justo. Por que Flávio tinha que ser o primeiro homem por quem Marcela se interessou?

Por outro lado, apiedou-se de seu estado dolorido. Era óbvio que Marcela vivia um dilema muito grande, em conflito com seus próprios sentimentos. Ariane experimentava sensações contraditórias no que se referia a Marcela, dividindo-se entre a revolta pela perda do amado, naquelas circunstâncias, e a amizade que sentia por ela. Queria reconquistar Flávio, mas se afeiçoara a Marcela a tal ponto que sofria com a sua dor.

— Foi tudo bem? — perguntou Ariane, logo que Marcela saiu do CTI.

Marcela assentiu pausadamente e respondeu com tristeza:

— Dá uma dor no coração vê-la naquele estado!

— Ela vai melhorar, tenho certeza.

Já dentro do carro, Marcela apertou a mão de Ariane e falou com emoção e sinceridade:

— Estou muito agradecida a você, Adriana. Está sendo minha amiga de verdade, a única que tive depois de Luciana. A amizade que sinto por você não tem preço, e pode ter certeza de que é sincera e desinteressada, assim como sei que a sua é por mim.

Uma pontada de remorso descompassou o coração de Ariane, que apenas sorriu e virou a chave na ignição. Tinha medo de que Marcela descobrisse quem ela realmente era e se sentia atormentada pela culpa de estar enganando e traindo a outra. Mas agora já fora longe demais e não podia voltar. Marcela não a compreenderia e não a perdoaria jamais. O melhor que tinha a fazer era sumir. Desapareceria da vida de Marcela como uma nuvem de fumaça. Ela não sabia o seu endereço ou o seu telefone, de forma que não a veria nunca mais. Sim, pensando bem, era o melhor. Não tinha forças para contar a verdade e não podia mais prosseguir naquela farsa.

Dolores que a desculpasse, mas ela não era mulher para aquilo. No começo, deixara-se levar pelo ciúme e a paixão, mas agora percebia que de nada valia prender um homem que não a amava. E depois, havia coisas mais importantes do que assegurar um bom casamento: a amizade era uma delas, e só agora Ariane compreendia o seu verdadeiro valor.

Na porta da casa de Marcela, Ariane parou o carro e, sem desligar o motor, abraçou a amiga e disse emocionada:

— Gosto muito de você, Marcela. De verdade. Perdoe- me por ter parecido incompreensiva e chocada com o seu se- gredo, mas foi pura surpresa. Jamais pensaria mal de você ou deixaria de acreditar na sua amizade. E, se algum dia eu a magoar ou decepcionar, não terá sido por querer, mas porque sou uma mulher cheia de fraquezas e imperfeições. Tente me compreender e pense em mim apenas como um ser humano.

— Por que está dizendo isso? — estranhou Marcela.

— Queria que você soubesse.

Ariane tornou a abraçá-la e procurou sorrir com natu- ralidade e, embora Marcela achasse muito estranha a sua atitude, não fez nenhum comentário. Talvez ela também estivesse sensibilizada com o ambiente do hospital. Ou tal- vez não estivesse sendo sincera quanto à revelação de sua homossexualidade.

— Você está assim por causa do que lhe falei esta manhã? — indagou Marcela, parada a meio caminho da saída.

— Não, em absoluto — respondeu Ariane, com tanta convicção, que a convenceu de imediato.

— Então, por quê?

— Coisas minhas, que nada têm a ver com você. Não se preocupe com o seu segredo; jamais o revelarei a ninguém.

— Não estou preocupada com isso. Preocupo-me é com você.

— Não se preocupe. Não é nada.

Ariane deu um beijo no rosto de Marcela e empurrou-a gentilmente para fora, tornando a ligar o carro. Marcela des- ceu com um estranho pressentimento e quando o automóvel se afastou alguns metros foi que novamente se lembrou de que não possuía ainda o telefone e o endereço de Adriana. Ela ainda chegou a chamá-la de volta e agitar os braços, mas Ariane fingiu que não a viu pelo espelho retrovisor. Continuou o seu curso, deixando Marcela com o estranho pressentimento de que Adriana pretendia se afastar dela.

Quando Ariane chegou a casa, encontrou a mãe em frente ao espelho, se arrumando para sair, o que a deixou um pouco mais aliviada, depois da comovente tarde que passara com Marcela.

— Você vai sair? — perguntou Ariane surpresa, observando a mãe se arrumar.

— Pensei em ir ao cinema, ver *Um Estranho no Ninho*. Estava apenas esperando você chegar para saber se não quer ir comigo.

— Hum... Jack Nicholson? — Ela assentiu. — Você sabe que adoro Jack Nicholson.

— Por isso mesmo, pensei logo em você. Dizem que o filme é maravilhoso.

— E o Huguinho?

— Foi dormir na casa de um amigo. Então? Vamos ou não vamos?

Ariane considerou por alguns minutos. Não estava com muito ânimo para sair, mas não podia perder a oportunidade de ver a mãe se distrair.

— Está certo — concordou por fim. — Dê-me apenas meia hora para tomar um banho e me aprontar.

— Vista uma roupa bonita. Depois, vamos jantar. Dessa vez, fiz reserva naquele restaurante elegante a que fomos da outra vez.

— Qual? Aquele em que encontramos o doutor Justino, e ele nos convidou para nos sentarmos com ele?

— Esse mesmo.

Ariane estranhou o fato de a mãe fazer reservas em um restaurante, ainda mais em um restaurante chique feito aquele, mas não disse nada. Era bom que ela quisesse sair e se distrair, e não seria ela a estragar a sua alegria e a sua noite. Na verdade, nem Anita sabia que escolhera aquele restaurante movida pelo desejo inconsciente de reencontrar Justino.

Depois do filme, seguiram direto para o restaurante. Anita usava um conjunto de saia e blusa pretos, que Ariane não conhecia.

— Essa roupa é nova? — indagou ela, quando se sentaram à mesa.

Anita assentiu e respondeu com um sorriso, feliz porque a filha havia, finalmente, reparado.

— Comprei hoje. Você gostou?

— Você está querendo me dizer que saiu sozinha para fazer compras?

— O que é que tem? Não posso?

— É claro que pode! E deve. Ah! Mamãe, fico muito feliz por você estar reagindo a essa situação.

— Obrigada. Mas você ainda não me disse se gostou ou não.

— Gostei! Ficou muito bem em você. Preto sempre emagrece.

Anita sorriu satisfeita e apanhou o cardápio que o garçom lhe estendia. Ambas estavam com os rostos enfiados no menu quando ouviram uma voz conhecida soando acima de suas cabeças:

— Acho que dessa vez fui eu que sobrei. Será que não posso me juntar a vocês?

As duas olharam ao mesmo tempo, e Anita distendeu as feições num largo sorriso:

— Doutor Justino! Mas que surpresa!

— O restaurante está cheio, como sempre, e eu não consegui um lugar. Ia jantar com um cliente, mas ele desmarcou em cima da hora, e eu não confirmei minha reserva aqui, como sempre faço, de forma que fiquei sem mesa. Então, posso me sentar com vocês?

— É claro — respondeu Ariane, mudando a bolsa de lugar para que ele se sentasse.

— Será um prazer retribuir o favor que nos fez da outra vez — acrescentou Anita, mais alegre do que normalmente estaria.

Ele se sentou e fitou Anita discretamente, porém, com interesse, fazendo-a corar por uns instantes. De seu lugar, Ariane percebeu o olhar de Justino e o rubor da mãe, e seu coração bateu mais forte. Seria possível que Justino estivesse interessado nela? Se estivesse, parecia óbvio que a mãe também não lhe era indiferente, embora se esforçasse ao máximo para não demonstrar um interesse anormal.

Que ótima ideia, pensou Ariane. Justino estava desquitado de Dolores, e a mãe e o pai não tinham mais chances de se reconciliar. Justino era um homem atraente e simpático, muito digno e correto, um verdadeiro cavalheiro. Bem o tipo de que Anita precisava. Ariane resolveu prestar mais atenção aos dois e tudo faria para incentivar um envolvimento entre eles.

— Vocês não vêm sempre aqui, vêm? — perguntou Justino.

— Não — respondeu Anita. — Mas gostei muito do lugar e, dessa vez, fiz reserva.

— Que sorte a minha! Não fosse por vocês, eu não conseguiria jantar esta noite.

— Você só janta fora? — indagou Ariane.

— Normalmente. Agora estou solteiro e não tenho ninguém que me prepare um bom jantar.

Terminou as últimas palavras fitando Anita diretamente nos olhos, o que lhe causou um estranho tremor e deu a Ariane a certeza de que ele estava interessado na mãe.

— Você precisa ir jantar lá em casa um dia desses — convidou Ariane.

— Eu bem que gostaria... Mas, infelizmente, não posso.

— Por quê? — era Anita.

— Não me leve a mal, dona Anita, mas é que seu marido e eu já nos desentendemos uma vez...

— Mamãe e papai estão separados — cortou Ariane rapidamente, evitando o olhar de reprovação de Anita.

— Estão? Mas que pena! Sinto muito.

— Não sinta — objetou Anita, voltando-se para encará-lo. — Foi a melhor coisa que já fiz por mim até hoje.

— Se é assim, sinto-me mais à vontade para aceitar o seu convite, Ariane. Isto é, se sua mãe não se incomodar.

— Não me incomodo — declarou ela, quase num sussurro.

— Acho isso uma ótima ideia! — era Ariane. — Hum... vejamos... que tal amanhã?

— Amanhã? — indignou-se Anita.

— Por que não? Amanhã é sexta-feira. Um ótimo dia para jantar em casa de amigos. O que você acha, Justino?

— Por mim, está tudo bem. A não ser que dona Anita não queira.

— Ela quer. Não é, mamãe? — Anita, confusa, não respondeu, e Ariane insistiu: — Não é, mamãe?

— Sim... Amanhã está bem.

— Então está combinado — confirmou Justino. — Amanhã janto em sua casa.

— Será um prazer recebê-lo, doutor Justino — declarou Anita, saindo de seu estado de torpor. — Se não se importar com um jantar simples e caseiro.

— Faz tempo que não provo comida caseira — contrapôs ele, com simpatia. — E a senhora tem cara de quem cozinha muito bem.

— Por que vocês não param com a formalidade, hein? — interrompeu Ariane. — Essa história de dona para cá, de doutor para lá, é muito cafona.

— Acho uma excelente ideia — concordou Justino. — Ainda mais porque agora considero Anita minha amiga, e formalismos são reservados apenas a estranhos. E nós não somos mais estranhos, somos?

Novamente aquele olhar penetrante, que fez com que Anita quase engasgasse. Ela sentiu o corpo gelar e teve vontade de sair correndo dali, agora que estava mais do que claro que Justino a estava cortejando abertamente. Mas como poderia ser aquilo, se ela era uma mulher gorda e velha? Seria possível que ele estivesse apenas se divertindo com ela, fazendo-a crer que ele a cortejava quando, na verdade, só o que queria era zombar de sua aparência?

Pensando nisso, Anita se retraiu um pouco e procurou se conter, embora a simpatia natural de Justino fizesse com que ela se desarmasse mesmo sem querer ou sentir. A noite transcorreu agradável, até que chegou a hora de se separarem, e Justino lamentou profundamente o fato de elas estarem de carro e não precisarem que ele as levasse em casa. De toda sorte, o jantar ficou acertado para a noite seguinte, às oito horas, e ele não pretendia faltar.

No caminho para casa, Ariane ia falando com euforia:

— Ele está interessado em você, mãe! Você viu?

— Será? Acho que deve ser impressão. Um homem fino e elegante feito o doutor Justino deve ter muitas mulheres lindas à disposição. Não ia se interessar por uma gorducha feito eu.

— Por que você se diminui tanto assim? Ele está interessado em você, sim.

— Não é possível. Não sou nenhuma beldade.

— E daí? Justino é um homem de princípios e valores. E depois, você não está tão gorda assim. Mesmo que estivesse, ele pareceu não se importar. Bastava ver os olhares que ele lhe deu. Pareceu-me bem interessado.

— Tem certeza de que ele olhou mesmo para mim com interesse? Será que não está zombando de mim? Ou será que nós não estamos nos iludindo?

— Quanta besteira, mamãe! Já disse que Justino é um homem de princípios. Não iria perder o seu tempo flertando com uma mulher só para zombar dela. E nós não estamos nos iludindo. Se ele não tivesse interesse em você, não aceitaria o nosso convite para jantar.

— Você ouviu o que ele disse: está enjoado de comida de restaurante.

— Isso é desculpa. Ele pode muito bem pagar uma cozinheira. Só falou isso para justificar o fato de que estava louco para aceitar o convite. Louco para jantar com você.

Aquelas palavras sacudiram o seu coração, e Anita corou novamente. Fazia muitos anos que nenhum homem demonstrava interesse por ela e parecia-lhe difícil se convencer de que um homem feito Justino, dentre tantas mulheres jovens e bonitas, fosse se interessar justo por ela.

— Foi muita coincidência encontrá-lo ali, não foi?

— Nem tanta. Justino costuma frequentar aquele restaurante. A coincidência foi ele não ter feito reserva justo no dia em que nós fizemos. E, cá entre nós, foi uma feliz coincidência. Do contrário, você e ele não teriam se aproximado.

Anita não respondeu. Algo dentro dela retornara à vida, e ela via reacender, em si mesma, o fogo da paixão. Não uma paixão de adolescente, desvairada, louca, inconsequente. Mas uma paixão madura e comedida, um fogo que arde sem queimar, que ilumina sem ofuscar, um sentimento de euforia controlada não pela imposição da razão, mas pela própria experiência de vida que faz assentar o ímpeto e despertar a ponderação.

CAPÍTULO 17

No depoimento que deu à polícia, Maísa acabou falando sobre o telefonema que Luciana lhe dera e sobre as vozes altercadas que escutara em seguida, quando ela largou o fone para atender a campainha. Diante disso, a polícia intimou Cecília para depor, mas ela negou tudo e, como Breno previra, nada pôde ser comprovado. Vozes ao telefone eram uma prova frágil demais para uma acusação formal.

A faca deixada na cena do crime ainda estava sob exame, e o resultado da identificação pelas digitais levaria algum tempo para sair. Cecília compareceu ao consultório uma semana depois, dizendo-se chocada e impossibilitada de trabalhar, mas foi logo dispensada por Maísa, que sentia horror só de olhar para ela.

— Não vai me pagar indenização? — perguntou Cecília, em tom de desafio, logo que Maísa a despediu.

— Você é muito descarada mesmo, não é? Depois do que fez, ainda se atreve a voltar aqui e, pior, pedir indenização?

— É o meu direito.

— Pois então, vá buscá-lo na Justiça. De mim, você não vai ter nem um tostão.

— É isso mesmo o que farei. Você não pode me despedir assim, com uma mão na frente e outra atrás.

— Devia ter pensado nisso antes de fazer o que fez.

— Eu não fiz nada — objetou ela calmamente.

— A mim, você não engana. Sei muito bem que foi você que esfaqueou Luciana e posso imaginar por quê. Ela ia me contar tudo minutos antes de você aparecer.

— Eu não apareci. Você está me acusando de algo que não fiz. Posso processá-la por isso, sabia?

— Pois faça! Vou adorar ver a sua cara na Justiça quando ficar provado que você é uma criminosa.

Coberta de ódio, Cecília saiu batendo a porta do consultório. Estava furiosa e bem podia matar Maísa também. Não fosse a enrascada em que já se metera, daria cabo daquela megera. Maísa jamais gostara dela, e ela também não gostava de Maísa. Contudo, tinha que ter cautela. A polícia já a interrogara e estava desconfiada, embora não pudesse provar nada.

— O que vamos fazer? — perguntou ela a Gilberto, minutos mais tarde.

— O melhor é fugir.

— Não posso fugir antes de apanhar o meu dinheiro. Maísa me deve e vai ter que pagar.

— Não seja tola, Cecília. Como pretende obrigar Maísa a lhe dar dinheiro?

— Posso ir à Justiça do Trabalho.

— Você deve ter enlouquecido mesmo. Se estamos tentando fugir da Justiça, você vai até a Justiça para quê? Para se incriminar?

— Tenho os meus direitos.

— Que direitos? Raciocine, Cecília! Você quase matou uma mulher e está com a corda no pescoço. Se pensa que a polícia não desconfia de você, está muito enganada.

— Ninguém nos viu.

— Luciana nos viu.

— Ela está em coma e duvido que acorde.

— Pior para nós. Assassinato tem pena maior.

— Você está se apavorando à toa. Ninguém pode provar nada contra nós.

— Ah! Não? E a faca? Esqueceu-se de que você a deixou lá quando fugimos? E se tirarem as suas impressões digitais?

Ela havia esquecido. Na pressa de fugir, Cecília deixara cair a faca no chão da sala de Luciana e se esquecera dela completamente. No depoimento que dera à polícia, não mentira sobre seu envolvimento com Luciana, fingindo-se triste e chocada, o que justificaria a presença de suas impressões digitais no apartamento inteiro. Mas a faca, com o sangue de Luciana e contendo as suas digitais, era uma prova incontestável.

— Temos que apanhar essa faca — anunciou ela, olhar febril. — É a única prova contra nós.

— Ficou louca? A faca está nas mãos da polícia.

— Precisamos fazer alguma coisa! — descontrolou-se. — Tinha me esquecido da droga da faca. Por que você não a apanhou? Por que a deixou lá?

— Não venha me culpar agora. Você não devia ter feito aquilo.

— Ela vai nos incriminar. A faca vai nos incriminar!

— *Nos* incriminar? Vai incriminar você. Foi você quem a usou.

— Vai dar para trás agora, vai? — revidou ela atônita. — Vai se acovardar e pular fora?

— Não se trata disso. Mas eu não fiz nada. Dei uns socos na cara dela, mas não a matei.

— Não a matou, mas a deixou bem machucada. E ainda a estuprou. Acha que isso também não é crime?

— Estupro não é homicídio, e os sopapos que lhe dei não a mataram. Ninguém pode me acusar de algo que não fiz.

— Eu posso! Você foi meu cúmplice. Direi que, depois de estuprá-la, você a segurou enquanto eu a esfaqueava. Todo mundo vai acreditar. Quem é que vai duvidar? Um homem que estupra e esmurra uma mulher indefesa é capaz de qualquer coisa.

— Isso é uma loucura! — choramingou ele. — Por que fui me deixar envolver por uma doida feito você?

— Agora eu sou doida, não é? Na hora que transávamos, você não pensava isso. Quando trazia dinheiro para você, minha loucura nunca o incomodou.

— É diferente. Você não tinha matado ninguém.

— E você? Já havia estuprado alguém antes?

— Eu... perdi a cabeça. Tinha fumado um baseado...

— Mais um motivo para não duvidarem de mim: viciado, estuprador e assassino.

— Eu nunca matei ninguém.

— Você foi comigo à casa de Luciana porque quis! — esbravejou ela.

— Você não pode fazer isso comigo. Eu estava doidão e não sabia o que você ia fazer. Você me disse que nós só íamos dar um susto nela. Eu nem sabia que você estava com uma faca!

— Não adianta se fazer de inocente agora. Ninguém vai acreditar nessa sua história.

— Vamos fugir — cortou ele desesperado. — Antes que nos prendam, vamos desaparecer daqui.

— E o dinheiro...?

— Deixe o dinheiro para lá! Vamos arrumar nossas trouxas e meter o pé na estrada. Antes que seja tarde!

Cecília estava tão desesperada quanto ele e começava a ver sentido no que ele dizia. Tentar arrancar dinheiro de Maísa era uma inutilidade, e ela não podia recorrer à Justiça. O depoimento de Maísa a comprometera e, em breve, a polícia acabaria prendendo-a, seguindo a pista das impressões digitais na faca que usara em seu crime. Que outra alternativa lhes restava? Estavam sem dinheiro, mas ela sempre podia se prostituir para arranjar algum. Não era isso mesmo que vinha fazendo com Luciana? Algo que, de uma certa forma, até lhe parecia normal?

— Está bem — concordou ela afinal. — Vamos fugir hoje à noite. Não quero que meus pais desconfiem de nada.

— Precisamos ter cuidado. A polícia mandou que você não se ausentasse da cidade e, se nos pegar em fuga, será o seu fim.

— Será o nosso fim. Você está comigo nessa, não se esqueça.

A polícia nada sabia sobre Gilberto, porque, até aquele momento, Cecília não havia ainda revelado o seu nome, e ele não tocara em nada na casa de Luciana. Uma ideia assomou em sua mente, e ele começou a raciocinar com rapidez. A surra e o estupro deviam ser crimes sérios, mas não tão sérios quanto um assassinato. A faca não continha suas digitais, só as de Cecília, e ninguém poderia provar que ele a usou. Restava a alegação de Cecília de que ele segurara Luciana. Precisava desmentir isso. Talvez houvesse uma saída...

— Esteja pronta às dez horas — anunciou ele, tentando conter a excitação em sua voz. — Virei buscá-la.

— Não se preocupe, estarei esperando.

Com um aceno de despedida, Gilberto se foi. Mais tarde, à hora aprazada, Cecília o aguardava ansiosamente, a trouxa pronta, contendo as roupas e as pequeninas bugigangas que Luciana lhe dera. Às dez e cinco, ela ouviu um assobio embaixo de sua janela e a abriu com cuidado, para não acordar as irmãs que dormiam com ela.

— Por que demorou tanto? — sussurrou, enquanto empurrava a trouxa para ele e enfiava uma perna pelo peitoril.

— Vamos embora — resmungou ele em resposta, ajudando-a a saltar.

Assim que ela pulou para o lado de fora e ajeitou as roupas, uma luz branca e brilhante se derramou sobre seu rosto, tornando-a cega por uns instantes. Ela colocou a mão na frente dos olhos, tentando ver o que estava acontecendo, até que uma voz grave e autoritária soou a seu lado:

— Vai a algum lugar, dona Cecília?

Ela se assustou e, num átimo de segundo, compreendeu tudo. Gilberto a havia traído e a entregara à polícia, avisando, inclusive de sua fuga, da fuga que ele mesmo sugerira. Ela tentou correr, mas foi agarrada por braços fortes que a seguraram e a conduziram para o camburão parado do outro lado da rua, oculto pela escuridão.

— Vocês não podem fazer isso! — berrava ela. — Conheço os meus direitos! Não podem me prender assim!

O homem que fizera a pergunta exibiu um papel sob os seus olhos e anunciou friamente:

— Não se preocupe. Nós temos um mandado de prisão.

Ela começou a chorar desesperada e se virou para Gilberto, mas ele havia sumido, e os guardas a empurraram para dentro do camburão e trancaram a porta, deixando-a aos gritos e dando socos na parede do carro.

Em outro carro, longe das vistas de Cecília, Gilberto tremia. Fizera a sua parte entregando-a às autoridades, mas não podia simplesmente ficar parado vendo-a ser levada à força para a prisão. Ele gostava muito dela, mas não era justo o que ela pretendia fazer com ele. Queria acusá-lo de algo que ele não fizera nem desejara. Aquilo lá era amor?

Na delegacia, lhe informaram sobre o que aconteceria. Se Luciana não desse queixa do estupro, o que eles achavam que ela não faria se acordasse, ele seria acusado de invasão de domicílio e lesões corporais leves, mas não de tentativa de homicídio. E, o que era pior, se Luciana viesse a morrer, de homicídio consumado e qualificado. Ele não entendia o que isso significava, mas devia ser algo bem ruim. Embora não lhe agradasse passar uns anos na cadeia, convenceram-no de que era melhor do que ser acusado de assassinato. Assim, contou toda a verdade, que pareceu bem verossímil para a polícia, e Cecília foi presa, enquanto ele aguardaria, em liberdade, o julgamento pelos seus crimes.

———— ∾ ————

A notícia deixou Maísa entusiasmada. Ela não se conformava de ver Cecília livre enquanto Luciana se consumia naquela cama de hospital. Maísa estava a seu lado naquela tarde e, baixinho, contara sobre a prisão de Cecília. Depois, pediu que Luciana reagisse e, de olhos fechados, rezava, segurando a sua mão por cima do lençol. Luciana abriu os olhos lentamente e ouviu, ainda sem compreender, as súplicas de Maísa:

— Por favor, Deus, não a deixe morrer. Ela é tão jovem, tem ainda tanto a viver...

— Tenho mesmo... — confirmou Luciana, a voz meio cavernosa como se acabasse de sair do túmulo. — O que estou fazendo aqui...?

— Luciana! — gritou Maísa, hesitando entre abraçar a amiga e correr para chamar a enfermeira.

— Estou com sede — prosseguiu ela, a voz ainda bastante fraca. — Pode me dar um copo d'água?

— Espere um instante... — falou ela apressada, enquanto saía pelo corredor em busca da enfermeira.

Poucos minutos depois, a enfermeira apareceu, seguida pelo médico, que correu a examiná-la. Maísa teve que aguardar do lado de fora, mas logo recebeu a notícia de que Luciana estava fora de perigo e estaria sendo transferida para o quarto ainda naquela tarde.

— Você não sabe o que tive que fazer por você — anunciou Maísa de bom humor, assim que pôde vê-la novamente. — Até o medo da polícia venci por sua causa.

— Jura? Então, minha internação valeu para alguma coisa.

— Não tem graça, Luciana. O mínimo que você me deve é ficar em minha casa quando sair e deixar que eu cuide de você.

Luciana não teve como contestar e ficou acertado que ela passaria uns dias na casa de Maísa, até se recuperar totalmente. A notícia da prisão de Cecília deixou-a entristecida, porque ela jamais poderia esperar que alguém que ela julgava que a amasse fosse capaz de fazer uma coisa daquelas. Ela se lembrava vagamente do ocorrido. Lembrava-se do aparecimento repentino de um rapaz atrás de Cecília, da discussão que elas tiveram e das mãos do homem a segurando. Em seguida, os socos em seu rosto, o gosto de sangue e uma dor violenta nas entranhas, quando ele a violentou com brutalidade. Já meio desfalecida, ouviu a voz dele à distância, pedindo a Cecília que fossem embora. E, quando a consciência ameaçava esvanecer-se por completo, experimentou uma dor aguda e cortante na proximidade do coração, e a fraqueza a dominou inteiramente, na medida em que o sangue afluía numa torrente, fugindo sem controle de seu peito. Depois disso, a escuridão e o silêncio a atiraram no vazio de si mesma.

CAPÍTULO 18

— Isso é maravilhoso! — dizia Flávio ao telefone. — Vou já para aí.

Ele colocou o fone no gancho e se levantou para sair, parando com aborrecimento ao ver a mãe barrando a sua passagem na porta do quarto.

— O que é maravilhoso? — perguntou Dolores curiosa.

— Nada. Uma amiga de Marcela que sofreu um atentado e saiu do coma.

— Um atentado? Como assim?

— Alguém tentou matá-la com facadas no peito. Deve ter sido um ex-namorado.

— Ex-namorado, é? Estranha a capacidade que a sua noiva tem de se envolver com gente desse tipo.

— Gente de que tipo, mamãe? — impacientou-se.

— Não precisa fingir para mim, Flávio, porque sei de tudo.

— Sabe de tudo o quê?

— Sei que ela tentou se matar por causa de um ex-namorado.

— Quem foi que lhe contou isso?

— Não interessa. Sou uma pessoa influente e tenho amigos em toda parte.

— E daí? O que você tem com isso?

— Nada. Mas não é estranho que, agora, a amiga quase tenha sido morta pelo ex-namorado?

— Não vejo nada de estranho nisso. São coisas que acontecem.

— A fatalidade parece rondar a sua noivinha. Será que tudo tem que acontecer com ela? — Flávio não respondeu. — Como é mesmo o nome da amiga dela?

— Luciana. Por quê?

Ela gelou ao ouvir aquele nome, o mesmo que Ariane pronunciara da última vez que estivera ali. Era coincidência demais.

— Luciana de quê? — questionou ela, enquanto sua cabeça ia maquinando.

— Não sei e não me interessa.

— Será que essa Luciana é uma pessoa direita?

— Como assim?

— Não estará envolvida com drogas ou coisa assim? Talvez seja por isso que tenham tentado matá-la.

— Mamãe, você devia ser escritora. Tem uma imaginação muito fértil. Luciana é uma moça decente e morou com Marcela quando elas vieram de Campos.

Dolores fingiu surpresa:

— É mesmo?

— É, sim. As duas se formaram, e Luciana hoje é dentista. Tem um consultório particular, que divide com uma amiga.

— Onde é o seu consultório?

— Acho que no Méier. Por quê? Está precisando se tratar?

— Não seja tolo, Flávio. Estou pensando em enviar-lhe umas flores.

— Ela está no hospital. Envie para lá.

— Muito bem. Em que hospital?

— Deixe de bobagens, mamãe. Conheço-a muito bem e sei que você não está nem um pouco interessada em enviar flores a Luciana. Mas Marcela está aflita para vê-la. Por favor, deixe-me passar. Minha noiva está me esperando.

Com olhos brilhantes, Dolores saiu do caminho para que Flávio passasse. Assim que escutou o ronco do motor de seu carro saindo da garagem, ela apanhou o telefone e ligou para Ariane.

— Venha aqui imediatamente — ordenou ela com voz fria, batendo o telefone em seguida.

Ariane já esperava uma ligação de Dolores e não se surpreendeu nem ficou contrariada com o seu telefonema e a sua ordem. Estava decidida a acabar com aquela farsa e, embora não pudesse dizer isso a Dolores, agiria como se não tivesse descoberto nada. Mas não precisava se apressar. Arrumou-se com calma e só apareceu na casa de Dolores duas horas depois.

Dolores andava em círculos pela sala, fumando um cigarro atrás do outro, quando ela chegou.

— Por que demorou tanto? — questionou contrariada. — Estou esperando há duas horas.

— Só agora pude vir. Tenho meus assuntos para resolver.

— Que assuntos? Deixe isso para lá. Quero informações sobre a tal de Luciana. Por que não me contou que ela foi vítima de uma tentativa de assassinato?

— Como foi que descobriu?

— Flávio me contou. Por que não me disse?

— Achei que não era importante.

— Não era importante? Onde é que você está com a cabeça, Ariane? Essa moça talvez seja a resposta aos nossos problemas.

— Não sei por quê. Tentaram matar a moça, o que não tem nada a ver com Marcela.

— Duvido muito. Algo me diz que essa moça é a chave de tudo.

— Impressão sua. Você está se deixando levar pelo desespero e quer se agarrar a qualquer coisa.

— Deixe que eu mesma decida isso. E agora me diga: quem tentou matá-la?

— E eu é que sei? Pergunte à polícia. Ou a ela, quando acordar.

— Ela já acordou. Flávio está indo para lá com Marcela.

— Já? — Ariane demonstrou genuína surpresa e alegria ao mesmo tempo.

— Você parece satisfeita. Por quê?

— Quem não ficaria satisfeita em saber que alguém, seja quem for, está se recuperando e voltou à vida?

— Não fuja do assunto. Ela é importante para Marcela, não é? Muito importante.

— Isso, você já sabe.

— O que há entre as duas?

— Não sei.

— Você sabe, mas não quer me contar.

— Não sei de nada, já disse.

— Em que hospital ela está?

Ariane não queria dizer, mas não teve escolha. Dolores não acreditaria se ela dissesse que não sabia e iria pressioná-lo até conseguir.

— No São Lucas — respondeu maquinalmente.

— Em que quarto?

— Não sei. Da última vez que soube algo, ela estava no CTI.

— Ela agora está no quarto. Preciso descobrir qual é. Você vai ter que agir novamente.

— Para quê? O que você pretende fazer? Interrogar Luciana?

— Não seja tola! Estou seguindo a minha intuição. Quero que você vá até lá e descubra algo.

— Não posso fazer isso.

— Por que não?

— É perigoso. Posso me encontrar com Flávio.

— Tem razão. Havia me esquecido desse detalhe.

Ariane suspirou aliviada. Ao menos por enquanto estava livre de ter que procurar Marcela novamente, o que não estava mais disposta a fazer. Não podia dizer a Dolores que mudara de planos, mas não faria mais nada que ela pedisse. Ficou imaginando o que ela diria se soubesse que Justino frequentava agora a sua casa e vivia em companhia de sua mãe, levando-a ao cinema e restaurantes. Na certa, ficaria furiosa e a ameaçaria ainda mais.

— Deixe Luciana para lá — aconselhou Ariane. — Ela não pode nos ajudar em nada. É apenas uma amiga de Marcela.

— Duvido muito. Sou uma pessoa muito intuitiva, e a intuição me diz que há algo revelador entre essas duas, e estou disposta a descobrir o que é.

Dolores não sabia o quão próxima estava da verdade. A seu lado, espíritos das sombras a acompanhavam diuturnamente, interessados também na infelicidade de Marcela. Poderosos aliados de outras vidas, não perdiam a oportunidade de intuí-la sobre os fatos da vida de Marcela, o que levava Dolores sempre ao caminho certo. Sem imaginar, ela seguia as dicas de seus amigos das sombras e ia *adivinhando* tudo o que era importante para o deslinde daquele mistério.

Naquele momento, a intuição lhe dizia que ela deveria abandonar o plano que traçara com Ariane. A moça já fizera muito, e ela devia agora agir por conta própria.

— Pode deixar que eu resolvo tudo sozinha de agora em diante — falou para Ariane, seguindo os conselhos de seus amigos. — Não preciso mais de você, por enquanto.

Foi uma surpresa que Dolores não quisesse mais a intervenção de Ariane. Ela pensava que teria que prosseguir naquele plano até o final e não entendia o que a havia feito mudar de ideia. Contudo, era ótimo que não precisasse mais fingir.

Depois que Ariane se foi, Dolores ficou pensando numa maneira de descobrir algo que ela nem sabia bem o que seria. Precisava obter informações de Luciana, mas não podia ir ao hospital visitá-la. Foi quando teve uma ideia que talvez pudesse surtir efeito. Ela se arrumou toda e, em poucos instantes, seguia para a clínica decadente de Nélson.

Ao chegar, foi informada de que ele não estava, e ela se sentou em sua sala para esperar. O lugar estava precisando de uma pintura e havia poucos pacientes. Sem a sua ajuda, em breve, a clínica estaria falida. Nélson chegou meia hora mais tarde e foi tomado de imensa alegria ao ver Dolores sentada em seu consultório.

— Dolores, minha querida! — balbuciou ele, certo de que ela estava ali para reatar o seu caso. — Mal pude acreditar quando me disseram, na recepção, que você estava aqui.

— Não vá se animando — cortou ela, esquivando-se dele. — Não foi para isso que vim. Preciso de um favor.

— Um favor? Meu?

— Sim, seu. Você é amigo do diretor do hospital São Lucas, não é?

— Sou. Ou fui, não sei bem.

— Não importa. Quero que você ligue para ele e obtenha umas informações para mim.

— Que tipo de informações?

— A respeito de uma moça. Seu nome é Luciana, não sei o sobrenome. Ela deu entrada há alguns dias, vítima de uma facada no peito. Quero saber tudo sobre ela, principalmente, o autor e o motivo do crime.

— Por que eu faria isso por você? — retrucou ele de má vontade, encarando-a agora com ar hostil.

— Porque este lugar está um lixo, e eu posso limpá-lo para você. — Antes que ele respondesse, ela retirou o talão de cheques da bolsa e preencheu um, exibindo-o para Nélson. — Isso é o suficiente para começar a limpeza?

Ele apanhou o cheque e engoliu em seco. Era muito mais do que poderia esperar faturar em um mês de serviço com a clínica dando lucros. Ele a fitou com rancor, mas ela nem se incomodou. Estava com o fone na mão e o passou para ele, que o apanhou sem qualquer emoção.

— Ligue para o hospital São Lucas — disse para a recepcionista. — Diga que é urgente.

Em poucos minutos, Dolores tinha em mãos todas as informações que Nélson conseguira obter com o diretor do hospital. Ele teve que esperar pacientemente até que o diretor entrasse em contato com o setor correspondente e se informasse sobre a moça, o que levou cerca de meia hora.

Pelas informações que obtivera, inclusive através dos comentários que as enfermeiras ouviam, a moça fora ferida por uma outra, de nome Cecília, que se encontrava agora na prisão. O motivo do crime, ele não conhecia nem ninguém parecia comentar. A polícia estivera poucas vezes no local, por causa do estado de Luciana, e fora aconselhada a aguardar até que ela tivesse alta para ir depor.

Mas o que Dolores conseguira já era o suficiente. A criminosa fora presa e seria de grande utilidade, ainda mais se ela lhe acenasse com a possibilidade de uma ajuda financeira para a sua defesa. Iria procurá-la pessoalmente, certa de que estava prestes a descobrir o grande segredo de Marcela, um segredo que, esperava, aquela moça pudesse lhe revelar.

A ansiedade foi tão grande que Dolores não esperou muito para fazer uma visita a Cecília na cadeia. Sua presença na delegacia causou estranheza, mas o delegado era esperto e prudente, e o nome Dolores Cândida Raposo era seu conhecido como uma das maiores *socialites* de então. O que uma dama distinta e elegante como aquela poderia querer com uma criminosa baixo nível feito Cecília era algo que ele jamais poderia supor. Contudo, o pedido foi feito, e ele não teve como negar a visita.

O delegado lhe arranjou uma sala reservada para que ela pudesse conversar a sós com Cecília, que chegou algemada, conduzida pelas mãos indelicadas de um guarda. Num primeiro momento, Cecília pensou que aquela mulher fosse a defensora designada para o seu caso e se largou sobre a cadeira de madeira que lhe foi indicada, fitando Dolores com uma certa expectativa e ansiedade.

Logo que o guarda as deixou a sós, Dolores começou a falar com ar de superioridade:

— Sabe quem eu sou?

— Minha defensora? — Dolores meneou a cabeça. — Então, nem imagino.

— Meu nome é Dolores Cândida Raposo. Esse nome diz algo a você?

— Não. Deveria?

— Talvez. Mas isso não vem ao caso no momento. Basta que você saiba que eu sou uma pessoa muito importante e influente na sociedade.

Cecília pensou em perguntar: e daí?, mas teve medo de que ela fosse amiga ou parenta de Luciana e achou melhor não dizer nada.

— Sabe por que vim? — prosseguiu Dolores.

— Não faço a mínima ideia — respondeu Cecília, agora com cautela.

— Você deve ter tido um motivo muito sério para tentar matar Luciana. Não teve?

— Quem foi que disse que fui eu que tentei matá-la?

— Não precisa fazer teatro comigo, menina. Não estou aqui para julgá-la nem condená-la.

— O que a senhora tem com isso?

— Nada, particularmente. Estou apenas interessada em conhecer algo a respeito dessa moça.

— Por quê?

Notando o medo no olhar de Cecília, Dolores aproximou mais o rosto do dela e tornou em tom baixo, porém, claro e audível:

— Tenho dinheiro, menina. Dinheiro suficiente para pagar o melhor advogado do país para fazer a sua defesa.

— E por que a senhora faria isso por mim? — retrucou Cecília, cada vez mais desconfiada.

— Porque eu preciso de um favor seu e posso lhe oferecer um meu. Por que não fazermos a troca?

Durante alguns minutos, Cecília permaneceu estudando aquela senhora rica e elegante sentada à sua frente. Não sabia quem ela era nem por que estava ali, mas se ela lhe oferecia dinheiro para pagar uma defesa brilhante, por que não aceitar? Estava mesmo comprometida até a alma, não tinha nada a perder.

— Muito bem — falou ela, o olhar vívido de quem agora se sentia um pouco dona da situação. — Farei como a senhora me pede. Mas em troca, quero um bom advogado para fazer a minha defesa.

— Não se preocupe com isso. Já disse que posso pagar o melhor.

— Então, vamos lá — ela jogou o corpo para trás e esticou as pernas sobre a mesa. — O que a senhora gostaria de saber?

— Em primeiro lugar, preciso saber por que você tentou matar Luciana. Não tenha medo. O que disser ficará apenas entre nós. Não sou espiã nem estou aqui a serviço da polícia ou da Justiça.

Cecília venceu a desconfiança e contou tudo. Aparentemente, a tentativa de homicídio de Luciana nada tinha a ver com Marcela, e não havia indícios de uma ligação entre as duas. Mas os amigos espirituais de Dolores, irradiando baixas vibrações, iam inspirando-a para que tomasse o rumo certo, e Dolores seguia as suas sugestões sem nem titubear, atribuindo-as a sua própria intuição, sem saber que a intuição nada mais era do que o pensamento dos espíritos que a acompanhavam.

Não apenas os bons espíritos são capazes de inspirar pensamentos ou ideias na mente dos encarnados. Os espíritos da treva também podem intuir para o mal, e, estando o encarnado em afinidade com eles, seguirá os seus *conselhos* como o faria uma pessoa mais avisada e vigilante, que tende a obedecer as sugestões de seus guias e mentores. Estabelecida a sintonia de propósitos, os pensamentos se ligam como em cadeias, formando elos poderosos que só com a oração poderiam se romper.

· Mas Dolores não sabia de nada disso e, ainda que soubesse, nada faria para alterar esse estado, pois o que lhe interessava era atingir o seu objetivo, fosse quem fosse que a estivesse ajudando. E os espíritos lhe diziam que seria através de Cecília que ela descobriria o grande segredo de Marcela.

Agora um pouco intimidada pelo tom de voz de Dolores, além de também estar sujeita à influência dos espíritos ignorantes que as cercavam, Cecília desviou os olhos do rosto da outra e contou com cuidado:

— Luciana me traiu.

— Como?

— Ela me traiu... Prometeu-me coisas e depois me deixou a ver navios.

— Que tipo de coisas? Vamos, menina, fale! Seja o que for, pode me contar. Estou velha demais para me chocar com as sujeiras do mundo.

Dolores esperava que Cecília lhe contasse algo sobre drogas e prostituição e já começava a se impacientar.

— Bem... — prosseguiu Cecília, ainda com cautela — Ela me prometeu dinheiro... mais ou menos.

— Por quê? O que você teria que fazer para ela?

— Olhe, dona, na verdade eu não tinha que fazer nada. Só transar com ela.

— O quê?! Transar? Quer dizer, sexualmente? — Ela assentiu. — Está querendo me dizer que Luciana é lésbica?

— Isso mesmo.

— Só isso? — havia um tom de desapontamento na voz de Dolores que Cecília não entendeu, e ela prosseguiu decepcionada: — Nem drogas, nem prostituição?

Cecília não sabia o que Dolores queria escutar. Se soubesse, teria inventado uma história só para agradá-la, mas como não conhecia os seus propósitos, achou melhor dizer a verdade:

— Não sei a que a senhora está se referindo, mas Luciana não usa drogas e, que eu sabia, nunca se prostituiu.

— Sei... E o que sabe sobre uma moça chamada Marcela?

— Marcela? Nada. Só sei que era amiga de Luciana.

— Amiga? Elas também foram amantes?

— Foram. Luciana me contou que ela e Marcela foram apaixonadas. Fugiram de Campos e viveram oito anos juntas aqui no Rio. Depois, Luciana se cansou dela e terminou tudo. Parece que a tal de Marcela tentou até se matar por causa disso.

— Tentou se matar? — repetiu Dolores, começando a vislumbrar o desfecho daquela história, que começava a lhe parecer interessante.

— Foi. A garota é uma tonta. Apaixonou-se pelo médico que a salvou e vive com medo de que ele descubra a verdade.

Os olhos de Dolores brilharam intensamente, e ela concluiu com frieza:

— Obrigada, menina, você me foi muito útil. Aguarde uma visita de meu advogado.

— É só isso?

— Você já disse o que eu queria saber — Dolores se levantou abruptamente e chamou o guarda que esperava do lado de fora. — Pode levá-la agora. Estou satisfeita.

O guarda não esperou uma segunda ordem. Levantou Cecília pelo braço e saiu conduzindo-a pelo corredor. Cecília queria perguntar por que a entrevista se encerrara tão repentinamente, mas nem teve tempo. Esperava ser crivada de perguntas por aquela mulher, mas ela fora sucinta em seus questionamentos e parecia interessada apenas no relacionamento de Luciana e Marcela.

Para Dolores, tudo estava satisfatoriamente esclarecido. Particularmente, ela não via na atitude de Marcela algo que, por si só, levasse a um rompimento do noivado com Flávio. Ela conhecia a opinião do filho a respeito de homossexualidade e sabia que ele não a aprovava, mas não estava certa sobre a reação que ele teria ao saber que Marcela era ou fora lésbica. Ele estava apaixonado demais, e homens apaixonados tendiam a fazer coisas estúpidas em nome do amor.

E se Flávio já conhecesse aquela história? Se ela lhe contasse a verdade agora, talvez ele se aborrecesse e brigasse com ela, acusando-a de querer fazer intrigas para destruir o seu noivado. E, se ele nada soubesse, será mesmo que se importaria? Talvez ele nem se incomodasse e até ficasse feliz porque Marcela não tivera outro homem antes dele. Mas também podia ser que ele se desgostasse da moça e a condenasse pelo que fez. Como poderia ela saber? Não podia agir de forma direta com o filho. Tinha que estudar uma maneira de afastá-los usando aquela verdade, o que não significava que, necessariamente, precisasse contar tudo a ele.

Cecília lhe dissera algo que parecia muito importante: Marcela tinha medo de que ele descobrisse a verdade. Se era assim, ele não devia saber nada. O passado de Marcela permanecia obscuro e sigiloso, o que constituía uma arma em suas mãos.

Enquanto isso, Marcela e Flávio deixavam juntos o hospital, onde haviam acabado de visitar Luciana. Apesar do temor de que o noivo descobrisse algo, Marcela fez questão de ir com ele, para não o deixar cismado. Além disso, o estado de Luciana ainda era delicado, e ela não podia falar muito, o que evitaria que Flávio fizesse perguntas comprometedoras.

Quando chegaram ao apartamento de Marcela, Flávio comentou:

— Você sabia que foi uma moça que a esfaqueou?

— Uma moça? Como assim? Como é que você sabe?

Marcela já sabia, por Maísa, que Cecília era a possível autora daquele crime horrendo, mas ela ainda não estivera com Maísa para saber que Cecília estava presa, e Luciana não tocou no assunto.

— Era o comentário entre as enfermeiras — prosseguiu ele. — Dizem que a moça a esfaqueou por ciúme.

— Será?

— É o que dizem. E não foi por ciúme de namorado, não! Parece que as duas tinham um caso.

Marcela ouvia as palavras de Flávio cheia de horror, e um suor gelado começou a brotar de sua testa.

— Isso é fofoca — rebateu ela, esforçando-se para que a voz não saísse tão trêmula quanto seu coração. — Essas enfermeiras não sabem de nada. Pegam um comentário aqui, outro ali, e criam uma história sensacionalista.

— Não sei, não. Não creio que todas juntas fossem inventar a mesma história. Dizem que foi o próprio detetive da polícia quem contou, meio em tom de chacota, que a outra já está até presa.

O sangue fugiu do rosto de Marcela, que sentiu os lábios gelarem e o coração petrificar, ao mesmo tempo em que tentava ainda reverter aquela situação:

— Luciana não é assim.

— Não era, você quer dizer. Ou talvez fosse, e você nunca tivesse percebido. Ela nunca tentou nada com você? — Marcela meneou a cabeça. — Nunca lhe deu uma cantada?

— Não...

— Não é possível que você não tenha percebido nada em oito anos de convivência com ela.

— Luciana não é assim, já disse!

— Não entendo essas meninas — continuou ele, sem dar atenção às palavras de Marcela. — Tanto homem dando sopa por aí, e elas vão escolher logo outra mulher para transar.

— Por que você é tão preconceituoso? — rebateu Marcela, já no limite de suas forças.

— Não sou preconceituoso. Se Luciana e a tal querem ter um caso, o problema é delas. Eu só não consigo entender... — Ele parou de falar e retrucou desconfiado: — Você nunca teve nada com ela, teve?

— E se tivesse tido? Ia terminar comigo?

— Não, porque sei que você não teve. Você não é desse tipo.

— Responda-me uma coisa, Flávio: o que você sente ao ver duas mulheres transando?

— Nojo.

— Tem certeza? Não fica excitado também?

— Não...

— Não é o que parece. Quando vamos ao motel, você bem que se anima vendo aquelas fitas de mulheres transando.

— É diferente. Aquilo é filme, são mulheres desconhecidas, não é com você.

— Isso é hipocrisia.

— Está tentando me dizer alguma coisa, Marcela? — rebateu ele, já agora bastante desconfiado e se afastando dela uns centímetros.

Por uma fração de segundos, ela se viu contando toda a verdade, sem se importar com o que ele diria ou qual seria a sua reação. Mas o olhar de expectativa e paixão que ele lhe lançava deu um choque na sua determinação, e ela voltou os olhos para dentro de si e examinou o seu coração. Como se sentiria se Flávio a deixasse por causa de seu passado com Luciana? Certamente, ela não iria suportar e, por mais que dissesse a si mesma que o suicídio era um erro, sabia que seria a única coisa que poderia fazer por si mesma. Era covarde e não tinha coragem de enfrentar a vida e seus dissabores.

— Não estou tentando lhe dizer nada — respondeu ela vagarosamente. — Só me incomoda o fato de você ser preconceituoso, porque eu não sou.

Disse essas últimas palavras com cautela e olhou para ele, que sustentou o seu olhar e revidou:

— Você pode não ser preconceituosa, mas até que ponto vai essa sua liberalidade? Será que você e Luciana já chegaram a ter algum caso?

Era agora ou nunca. A última chance que poderia esperar de contar toda a verdade e acabar com aquela agonia.

Marcela chegou a articular o monossílabo, mas a coragem lhe escapou na hora. O medo de perder ainda era muito grande, e ela calou a voz da verdade e mentiu mais uma vez:

— É claro que não. Quando morávamos juntas, Luciana nunca demonstrou nenhuma tendência homossexual.

Mentir lhe fazia grande mal. Na verdade, aquela era a primeira vez que precisava elaborar uma mentira. Até então, o que vinha fazendo era silenciar quanto às afirmações de Flávio, levando-o a crer que suas desconfianças sobre um possível ex-namorado eram corretas.

— Posso lhe fazer uma pergunta que, até então, jamais quis formular? — questionou ele, olhando-a com ar entre severo e súplice.

— Pode. O que é?

— Por que você tentou se matar?

Ela sentiu como se uma corrente elétrica descarregasse inteira sobre o seu coração, que quase se tornou audível, tamanha a intensidade com que se descompassava.

— Você sabe...

— Na verdade, não sei. Apenas fiz suposições sobre o que parecia ser. Mas agora, gostaria de ouvir de você. O que, realmente, aconteceu?

— Eu... não gosto de falar sobre isso... E você prometeu que nunca iria perguntar... que não se importava com o meu passado...

— Isso foi antes... — Ele ia tocar no nome de Luciana, mas desistiu. — Mas agora, preciso saber. Não quero que a mulher com quem vou me casar esconda nada de mim. Precisamos de cumplicidade até nos nossos segredos mais íntimos.

Mais uma vez, a oportunidade de revelar a verdade se fazia, mas ela não tinha coragem e se atirou de cabeça no poço da mais profunda mentira:

— Eu tinha um namorado, e ele me deixou. Quando fugi de Campos, estava sozinha com Luciana, éramos duas meninas, e eu conheci esse rapaz num bar. Nós nos apaixonamos, e eu me entreguei a ele. Depois de oito anos, ele simplesmente me abandonou. Pensei que o mundo tivesse desabado sobre mim e quis morrer.

— E Luciana? Quando foi que saiu daqui? Foi antes ou depois disso tudo acontecer? Foi por causa desse rapaz que ela se mudou? Vocês brigaram porque ele a trocou por ela?

A pressão estava por demais forte e, nesse ponto, Marcela não conseguiu mais se conter, desabando num pranto angustiado e pontilhado de soluços aflitos, demonstrando o seu estado de patente desespero.

— Por que está fazendo isso comigo? — lamentou ela. — Eu não fiz nada... Por que está me tratando como se eu tivesse feito alguma coisa errada? Eu o amo, Flávio, será que não vê? O que importa o meu passado? Não percebe o quanto está me fazendo sofrer com essa sua desconfiança?

As súplicas o comoveram, e ele correu para ela, os olhos úmidos de arrependimento. Estreitou-a com força e beijou-a diversas vezes na boca, nos olhos, nas faces. Ela chorava e soluçava, nem conseguia mais falar. Seu desespero era tão visível que ele começou a se desesperar também e praticamente implorou:

— Pelo amor de Deus, Marcela, perdoe-me! Como sou estúpido! Eu a amo e sei que você me ama. Por que estamos discutindo bobagens quando o que importa é o nosso amor?

— Ah! Flávio...! — soluçava ela.

— Não diga mais nada. Não quero que você diga mais nada. Eu acredito em você, sei que você me ama e que não seria capaz de fazer nada de errado. Vamos deixar isso tudo para lá e viver a nossa vida.

Ela redobrou o choro porque ele ainda não havia compreendido a verdade, e ela fracassara na coragem de ser sincera. Agora sabia que não poderia lhe contar. Embrenhara-se na mentira e não sabia como desatar tantos nós. Por isso, encostou o rosto em seu peito e continuou a chorar, até que as lágrimas se cansaram e pararam de cair.

CAPÍTULO 19

Ao deixar Marcela em casa, Flávio seguiu dirigindo em silêncio, refletindo sobre tudo o que acontecera naquele dia: a visita a Luciana, os comentários das enfermeiras e a discussão com a noiva. Ele não sabia o que pensar. Algo dentro dele lhe dizia que a verdade estava no que não fora dito, nas palavras distorcidas e nos pensamentos adulterados. Mas, o que dizer do que sentia? Onde estaria a verdade a respeito de seus sentimentos?

Flávio não duvidava de seu amor por Marcela, mas estava preso à ideia do modelo de mulher perfeita que a sociedade lhe impingira desde a mais tenra infância. E agora, não sabia o que fazer. Por mais que Marcela negasse o seu envolvimento com Luciana, uma voz dentro dele dizia que ela estava mentindo, mas, ainda assim, era melhor não saber. Por outro lado, por que ela mentiria? Seria medo da sua reação ou vergonha de si mesma? Aquele era um assunto espinhoso, e ele preferia não ter que discuti-lo com Marcela. Não lhe agradava imaginá-la trocando com outra mulher as mesmas carícias a que se entregavam, chegando mesmo a sentir uma certa repulsa. Preferiu não pensar mais no assunto e centrou os pensamentos no futuro. Marcela e ele se casariam, teriam muitos filhos, e ele não precisaria mais se preocupar com aquela história.

Quando ele chegou a casa, Dolores ainda estava acordada e o viu passar a caminho do quarto. Pensou em chamá-lo, mas conseguiu se conter. Suas palavras tinham destinatário certo, e não era o filho.

No dia seguinte, Dolores acordou mais cedo do que o habitual e saiu sem dizer nada a ninguém. Não pediu motorista e foi, ela mesma, dirigindo até a casa de Marcela. Queria encontrá-la antes que ela saísse para o trabalho.

Não eram nem sete horas quando ela tocou a campainha do apartamento de Marcela, que abriu a porta já arrumada para ir trabalhar.

— Dona Dolores! — surpreendeu-se ela. — O que faz aqui tão cedo?

— Tenho urgência em lhe falar — respondeu ela, passando para o lado de dentro e fechando a porta com cuidado.

— Não pode ser outra hora? Estou de saída para o trabalho.

— Tem que ser agora.

— Mas vou me atrasar...

— Ligue e diga que está doente. Depois de ouvir o que tenho a lhe dizer, você não vai conseguir trabalhar.

Mesmo sem saber do que se tratava, Marcela sentiu medo. Jamais vira aquele olhar de víbora ameaçá-la de forma tão exuberantemente feroz. Ela apanhou o telefone e ligou para a escola, dizendo que estava doente e precisaria faltar. Em seguida, desligou e foi sentar-se junto de Dolores.

— O que foi que aconteceu? — começou ela, quase em súplica.

— Não vou fazer rodeios com você, Marcela. Diga-me apenas o quanto quer para deixar meu filho em paz.

— O quê!? — retrucou ela, mal acreditando no que ouvia. — A senhora enlouqueceu? Amo Flávio, e nós vamos nos casar.

— Só se eu morrer antes. Você não se casa com ele nem que eu tenha que mover céus e terra para impedir.

— Por que está dizendo isso, dona Dolores? A senhora pode não gostar de mim, mas pensei que já havia me aceitado.

— Como você é estúpida, menina! Então acha que eu ia me conformar em ver o meu filho, meu único filho, se casando com uma mulherzinha apagada, vulgar e sem classe feito você? E, ainda mais, lésbica?

Os olhos de Marcela se esbugalharam, e ela pensou que fosse desmaiar.

— O que a senhora está dizendo?

— Não se faça de inocente comigo, garota. Sei muito bem que você e uma tal de Luciana dormiram juntas por oito anos. Foram caso uma da outra, lésbicas, sim!

— Quem lhe contou isso?

— Não importa. O fato é que eu sei, e não adianta nem você tentar mentir — Marcela abaixou a cabeça, derrotada, e começou a chorar de mansinho: — Isso, chore mesmo, sua *oportunistazinha* barata. Seu plano de escalada social está desmascarado, e você pode parar de fingir para o meu filho e voltar para a sua amante lésbica quando ela sair daquele hospital.

— Isso não é verdade, dona Dolores. Não sou interesseira nem oportunista. Vou me casar com seu filho porque o amo de verdade.

— Como o ama, se você gosta é de transar com mulheres? Ou será que pretende enganar meu filho, depois do casamento, com sua amante de saias?

— Isso é uma afronta! — Ela se levantou indignada. — Sou uma mulher decente, assim como Luciana também é. A senhora não tem o direito de vir a minha casa e nos insultar.

— Não precisa fazer cenas comigo, Marcela, porque não vai funcionar. Sei muito bem quem você é e o que pretende, e estou aqui para impedir que você arruíne a vida do meu filho. Pela última vez, quanto você quer para deixá-lo em paz e sumir da sua vida?

— A senhora não pode fazer isso. Não pode me obrigar a aceitar.

— Posso, sim. Ou será que prefere que eu conte a verdade a meu filho? Ele ainda não sabe da sua estranha preferência, sabe? — Ela não respondeu. — Duvido muito. Você não é mulher o suficiente para lhe dizer a verdade. Mas eu sou. E não hesitarei em lhe contar tudo o que sei.

— O que a senhora ganha fazendo isso? Flávio pode muito bem me aceitar como sou.

— Duvido muito. Conheço a educação que dei a meu filho, e nela não se inclui o trato com gente da ralé.

— A senhora não faria isso. Vai fazer Flávio sofrer.

— Aposto como ele sofreria muito menos se você simplesmente desaparecesse. Você lhe pouparia o desgosto de saber que a noiva que ele tanto pensa que ama nada mais é do que uma lésbica safada e interesseira.

— Que prazer a senhora sente em me humilhar, dona Dolores? Que mal eu fiz à senhora?

— Você faz mal à própria vida. Sua existência corrompe a sociedade e macula as pessoas de bem.

— Isso não é verdade — soluçou ela. — Eu amo Flávio, e nem a senhora, nem ninguém pode negar.

— Não estou aqui para discutir o seu amor. E estou sendo generosa com você, porque podia simplesmente contar tudo a meu filho, e ele a abandonaria de qualquer jeito. Mas não. Não quero que você fique na pior. Sei que você é pobre e trabalha duro naquele colégio para ter o que comer. Por isso quero lhe dar uma ajuda. Você pode melhorar de vida, nem vai precisar se casar com Flávio ou com qualquer outro homem. Pode simplesmente pegar o dinheiro e ir buscar a sua amante para viver com ela confortavelmente em qualquer outro lugar. Por que não voltam para Campos?

— A senhora está sendo cruel. Não sabe nada a meu respeito, não conhece os meus sentimentos. Por que me julga dessa maneira?

— Conheço gente feito você. Caçadoras de dote, há muitas por aí. Você não será a primeira nem será a última. Mas o meu filho não vai ser vítima de nenhum golpe barato para levá-lo ao altar. Não enquanto eu ainda estiver viva.

Havia tanta angústia no olhar de Marcela que Dolores, ao invés de se condoer, sentiu-se vitoriosa e capaz. Ela, sozinha, podia manipular toda a vida de uma pessoa, o que lhe dava uma sensação de poder indescritível, como se ela fosse a senhora do destino de Marcela.

— Vou lhe dar um tempo para pensar — prosseguiu Dolores. — Até amanhã de manhã. Depois disso, conto tudo a Flávio, e você pode esquecer o noivado e o dinheiro. Pense bem.

Não havia mais o que fazer ali, e Dolores se levantou elegantemente para sair. Depois que ela se foi, Marcela ficou alguns minutos parada, olhando para a porta que ela acabara de fechar. Aquilo devia ser algum pesadelo. Ainda na véspera estivera conversando com Flávio, e tudo parecia ter se acertado. Ele não fizera mais perguntas, e os dois haviam se amado com intensidade e paixão. Como podia ser que agora Dolores aparecia em sua casa para lhe fazer aquele tipo de ameaça? E quem poderia ter-lhe contado tudo? Teria sido a própria Luciana?

Não. Luciana prometera que jamais contaria. Maísa também não. Flávio não tinha certeza de nada. Só sobrava Adriana, mas a nova amiga não conhecia Flávio nem a mãe dele. Ah! Que falta fazia Adriana. Marcela não tinha o seu telefone, mas era com ela que gostaria de conversar. Luciana estava no hospital, e ela não podia levar-lhe problemas. Maísa, apesar de amiga, não era íntima, e ela não costumava fazer-lhe confidências. Com Flávio, não podia nem pensar em falar. Quem sobrara então para conversar?

Ninguém. Marcela não tinha amigos nem ninguém com quem pudesse abrir o seu coração. De repente, sentiu-se tão sozinha, tão infeliz! Começou a chorar descontrolada e atirou-se na cama, fitando o retrato de Flávio em cima da mesinha. Seus olhos percorreram o quarto, pousando sobre o exemplar de *Morte e Vida Severina,* e algo significativo assomou em sua mente: não seria melhor pular da ponte e da vida?

Marcela não queria morrer porque amava Flávio e sabia que ele a amava. Mas não poderia suportar separar-se dele. Também não aguentaria se ele descobrisse a verdade sobre ela através de Dolores. O juízo que ele faria dela seria pior do que a morte, e ela não conseguiria enfrentar o olhar de decepção que ele teria para ela. Se era assim, se era para decepcioná-lo, para fazê-lo infeliz e estragar a imagem que ele construíra sobre o seu amor, o melhor mesmo era morrer.

Atordoada e vencida, Marcela se levantou da cama e foi procurar remédios para dormir, mas, desde o dia em que Flávio entrara em sua casa pela primeira vez, retirara todos os comprimidos do armário e a proibira de comprar outros. No armário do banheiro, havia um aparelho de barbear com o qual se depilava, e ela retirou a gilete. Experimentou a lâmina no dedo, e um filete de sangue aflorou, tênue e quase imperceptível.

Voltou para a cama com a gilete e se deitou, apanhando o retrato de Flávio e agarrando-se a ele. Igualzinho ao que fizera com o de Luciana, pensou. A única diferença era que sujaria o retrato de sangue. Será que valia mesmo a pena fazer aquilo? Será que não preferia viver? Ficou pensando na reação das pessoas quando soubessem, na cara de quem descobrisse o seu corpo. Dessa vez, não haveria Maísa para impedir a consumação de seu ato extremo.

Faltava ainda uma coisa: Marcela não podia partir sem deixar uma mensagem a Flávio. Ele precisava saber, ao menos, do seu amor. Não pretendia lhe contar sobre aquela mentira sórdida, mas não podia deixá-lo pensando que ela se fora porque não o amava. Ao contrário, partia por excesso de amor a ele, para não ter que fazê-lo sofrer.

Apanhou a caneta em sua escrivaninha e arrancou uma folha de caderno, escrevendo com uma caligrafia bonita e caprichada, a típica letra do professor:

Meu querido Flávio,
Parto dessa vida por minha covardia, por falta de amor a mim mesma e medo de ser o que sou. O que sou agora não importa. Basta que você saiba que sou uma mulher cheia de erros e defeitos, mas que talvez tenha, como única virtude, o verdadeiro amor que sente por você.
Não chore a minha morte nem se sinta culpado por eu ter desistido de viver, e lembre-se de mim como aquela que mais o amou na vida, porque o meu amor por você não tem limites nem razão.
Amo você.
Amo você.
E só você.

Marcela.

Terminou de escrever o bilhete e o colocou em cima da cama, no travesseiro ao lado do seu. Queria que ele estivesse visível para quem o encontrasse. Em seguida, apertou a gilete contra o pulso, fechou os olhos e chorou.

Assim que chegou a casa, a primeira coisa que Dolores fez foi telefonar para Ariane.
— Venha até aqui imediatamente — ordenou ela e bateu o telefone, sem esperar resposta.
Do outro lado da linha, Ariane fitava o fone mudo, coberta de indignação. Dolores não podia mandar nela daquela maneira. Já estava passando dos limites. Afinal, ela não era seu lacaio nem sua secretária particular, e ela não tinha o

direito de dispor de seu tempo como se ele lhe pertencesse. Contudo, mesmo contrariada, achou melhor atender o chamado de Dolores, pois, pelo tom de sua voz, alguma coisa muito importante deveria ter acontecido.

Ariane estava se preparando para ir à manicura, mas mudou de ideia e rumou direto para a casa de Dolores. Encontrou-a recostada numa espreguiçadeira, à beira da piscina, fumando tranquilamente ao sol frio da manhã invernal.

— Bom dia, Dolores — cumprimentou ela, sem muito interesse. — Por que me chamou tão cedo?

— Você sabe o que fiz hoje? — retrucou ela, em tom de irritante vitória.

— Não. O quê?

— Salvei a honra de meu filho, a sua felicidade e a minha realização.

— Como é que é?

— Resumindo: dei um jeito de fazer aquela Marcela sumir.

— Você o quê?

— Acabei com ela, Ariane. Você tinha que ver a cara dela quando eu a desmascarei.

— Como assim, você a desmascarou?

— Sente-se aqui, e eu lhe conto tudo. Você não vai acreditar. Fiz, em um dia, bem mais do que você em vários meses. Sabe o que descobri? — Ariane meneou a cabeça. — Que a sua amiguinha Marcela é lésbica e vivia com a tal de Luciana. Você sabia? — Ariane não respondeu, e Dolores continuou falando, sem lhe prestar muita atenção. — Isso não importa. O importante é que eu acabei com aquele ar de anjo que ela pendurou na cara só para impressionar o meu filho. Podemos nos considerar vitoriosas. Marcela está fora da jogada, e Flávio vai se voltar para você. Trate de estar bem-disposta para lhe oferecer conforto e carinho.

— O que você fez? — tornou Ariane atônita. — Como foi que descobriu essa... particularidade de Marcela?

— Eu sou esperta, meu bem. Peguei as suas informações e rapidinho consegui desvendar a história toda. Descobri por que e por quem Luciana foi esfaqueada e o paradeiro da quase assassina. Ela está presa, e eu fui visitá-la na cadeia. É uma pobretona, mau caráter e interesseira, e não foi difícil arrancar-lhe a verdade.

— Que verdade?

— A que lhe contei, ora! Que Marcela é lésbica e vivia com Luciana. A moça, que se chama Cecília, me contou tudo...

Enquanto Dolores falava, o coração de Ariane ia se tornando pequenininho de dor e arrependimento, pois sabia que fora ela quem começara aquela história toda. Se não tivesse se aproximado de Marcela, Dolores jamais descobriria sobre Luciana e, muito menos, sobre a tal de Cecília. E agora, Dolores fizera alguma coisa para terminar com o namoro de Marcela e Flávio, e ela era a única culpada. Não queria aquela culpa, não podia conviver com a lembrança de que conquistara a felicidade passando por cima da felicidade de mais alguém.

Dolores não parava de falar, sentindo um prazer mórbido ao narrar para Ariane a conversa que tivera com Marcela e ver a reação da moça ao se descobrir desmascarada. Havia até uma certa euforia ao descrever o ar de assombro, de frustração, de medo e de desespero de Marcela quando ela desferiu o golpe fatal, forçando-a a aceitar dinheiro e sumir, antes que ela contasse ao filho a verdade sobre o seu passado sujo.

No fundo, sabia que estava atingindo Ariane também. Fingia falar descontroladamente, mas não havia nada que Dolores fizesse que não fosse estudado e planejado. Contava o que acontecera entre ela e Marcela com ar de superioridade e vitória, deixando claro, nas entrelinhas, que esmagara Marcela como poderia esmagar qualquer uma que atravessasse o seu caminho.

Para Ariane, o efeito era diferente. A cada palavra de Dolores, ela se lembrava da história que a mãe lhe contara sobre o seu casamento, sobre ter dado dinheiro à moça por quem o pai fora apaixonado para que a mãe pudesse se casar com ele. E no que foi que deu? Anita vivera uma vida infeliz, e o pai também nunca sentiu o que era a verdadeira felicidade, porque se casou com uma mulher a quem não amava apenas para se compensar da perda.

Será que era essa vida que queria para ela também?

Decididamente, Ariane queria ser feliz ao lado do homem por quem se apaixonasse. Mas era essencial que esse homem a amasse também. Tinha o exemplo da mãe e do pai e sabia como podia ser infeliz e destrutiva uma convivência sem amor, principalmente naquelas circunstâncias. Não, não queria isso para si mesma nem para Flávio. Nem para Marcela. Eles eram pessoas que mereciam a chance de, ao menos, errar por si mesmas, sem que alguém mais tivesse que determinar os seus erros. Era direito deles tentar o que achassem melhor, viver as suas próprias experiências, sofrer ou ser felizes com as escolhas que fizessem livremente. Dolores não tinha o direito de fazer isso por eles.

Antes que Dolores terminasse a sua narrativa sórdida e mordaz, Ariane se levantou e virou as costas para ela, caminhando para a rua a passos apressados.

— Aonde você vai? — ela ainda ouviu Dolores gritar. — Volte, Ariane, ainda não acabei de contar...

Ariane não ouvia mais nada. Sua pressa a levou até o carro e fez surdos os seus ouvidos. Ela entrou rapidamente e ligou o motor, cantando pneus rumo à casa de Marcela. Tocou a campainha várias vezes, mas ninguém ouviu. Tentou a maçaneta, que estava trancada, e pôs-se a dar murros na porta, mas ninguém atendia. Começou a se apavorar. Algo em seu íntimo lhe dizia que alguma coisa muito errada estava acontecendo.

— Marcela! Marcela! — gritava em desespero, virando a maçaneta várias vezes. — Você está aí? Pelo amor de Deus, Marcela!

Como Marcela não respondesse, Ariane correu até um orelhão próximo e ligou para o número particular da mesa de Flávio, no consultório. Era a única coisa que lhe ocorria naquele momento, e ele era a única pessoa que ela conhecia e que conhecia Marcela também.

— Alô! Flávio? É Ariane! — Ele ia dizer qualquer coisa, mas ela não lhe deu tempo. — Venha à casa de Marcela agora! É urgente!

Desligou e voltou correndo para o apartamento de Marcela, deixando Flávio sem nada entender do outro lado da linha. O que Ariane estaria fazendo em casa de Marcela? E desde quando as duas se conheciam? Sua voz, muito grave e aflita, o deixou preocupado. Por mais que não entendesse por que Ariane havia lhe telefonado para chamá-lo à casa da noiva, não podia simplesmente ignorar.

Flávio deu um sorriso sem graça para o paciente que aguardava atendimento e ligou para a casa de Ariane. Quem atendeu foi a mãe, e ele pediu para falar com a moça, mas Anita o informou que ela havia saído para ir à manicura e não havia retornado. Ainda assustado, tentou a sua casa, e a empregada lhe disse que Ariane lá estivera, mas que havia saído apressada fazia quase uma hora.

Ele consultou o relógio e constatou que o horário conferia com o tempo que Ariane levaria para ir da sua casa à casa de Marcela, o que o deixou ainda mais preocupado. Àquela hora, Marcela deveria estar na escola, dando aulas, de forma que ele não esperava encontrá-la em casa.

Ainda assim, ligou para lá. O telefone tocou insistentemente por várias vezes, mas ninguém atendeu, e ele deduziu que Marcela deveria estar trabalhando.

Não havia com o que se preocupar. Ariane, com certeza, fora à sua casa e conversara com sua mãe, retomando aquelas ideias absurdas de namoro e casamento. Talvez a mãe tivesse lhe dito algo que a desagradou, e Ariane, de propósito, resolvera se vingar, deixando-o preocupado e angustiado por causa de Marcela, cujo endereço ela nem conhecia.

Ainda assim, uma opressão se espalhou pelo seu peito, e Flávio foi tomado por um indizível medo de perder Marcela. Ele olhou para o paciente, sentado à sua frente com ar de interrogação, apertou o interfone e chamou a secretária, dando-lhe ordens para transferi-lo, imediatamente, ao consultório do pai.

— Sinto muito, seu Odécio, mas recebi um chamado urgente. Tenho que sair.

O cliente fez cara de pasmado e ia contestar, mas Flávio já havia atirado longe o jaleco e disparado porta afora. Em seus pensamentos, mil coisas se atropelavam e, por mais que ele tentasse encontrar alguma explicação que o fizesse compreender por que Ariane estaria em casa de Marcela, não conseguia pensar em nada que fosse, ao menos, razoável. Mesmo assim, seguiu avante, procurando não se deixar levar pela surpresa e as indagações.

―〰―

Enquanto isso, Ariane chegava ao patamar onde ficava a porta do apartamento de Marcela e estranhou que ela agora estivesse apenas encostada. Pela pequenina fresta que se abria, ela aproximou um olho e espiou para dentro. O apartamento estava escuro, com todas as cortinas cerradas, e parecia deserto. Ariane sentiu medo e quase desistiu de entrar. Podia haver alguém escondido ali, esperando para surpreendê-la e atacá-la, o que lhe causou calafrios. Podia até mesmo ser que Cecília tivesse sido solta e houvesse ido à casa de Marcela para ultimar sua vingança contra Luciana. Quem poderia saber?

Talvez fosse melhor esperar que Flávio chegasse. Ela já havia telefonado para ele e tinha certeza de que ele não hesitaria em atender o seu chamado. Não depois que ela dissera que se tratava de Marcela e que era urgente. Mas se esperasse, quando Flávio chegasse, bem podia ser tarde demais. E se a porta estivesse aberta porque o malfeitor, ouvindo o som da campainha, houvesse resolvido ir embora? Podia ser que Marcela estivesse ferida e precisando de ajuda, e cabia a ela ajudar.

Não pensou em mais nada. Decidida a descobrir o que havia sido feito a Marcela, Ariane empurrou a porta e entrou na escuridão da sala. Olhou ao redor e não encontrou Marcela em lugar nenhum. Queria chamá-la, mas a voz entalou na garganta, presa pelo medo de ser descoberta. Sem produzir qualquer ruído, Ariane dirigiu-se ao quarto e escancarou a porta.

O quarto também estava vazio e parecia intocado, a não ser por uma pequena mancha de sangue derramada sobre a colcha branca que cobria a cama de Marcela. A visão do sangue sobre o branco do tecido causou um choque em Ariane, que levou a mãos aos lábios e abafou um grito de agonia e pavor, virando-se bruscamente para a porta de saída. Não chegou nem a dar meio passo e se chocou de frente com a própria Marcela, que vinha do banheiro com olhos vermelhos e um dos pulsos enfaixados.

— Adriana! — exclamou ela, debulhando-se em lágrimas e atirando-se ao pescoço da outra.

— Marcela... — balbuciou Ariane, tentando entender o que havia se passado. — O que foi que houve? Você se machucou? — Ariane havia se desvencilhado de Marcela e segurava seu pulso ferido com uma das mãos, o sangue ainda a tingir a bandagem malfeita. — O que foi isso? Você se cortou?

— Não foi nada — esclareceu Marcela, puxando o braço às pressas e se atirando na cama logo em seguida. — Oh! Adriana, você não sabe o que aconteceu! Dona Dolores... foi horrível!

Ela desatou a chorar convulsivamente, e Ariane aproximou-se dela, sentando-se na cama ao seu lado. Só então percebeu a gilete perto de onde o sangue se derramara e apanhou-a com cuidado.

— O que isso está fazendo aqui? — perguntou desconfiada, exibindo a lâmina para a outra. — Não vá me dizer que você... — calou-se, temendo as próprias palavras.

— Oh! Adriana! — choramingou Marcela novamente.

— Você ficou louca, Marcela? — revidou Ariane, entre zangada e aflita. — Ia tentar se matar novamente?

— De que adianta viver? — disparou a outra, redobrando o pranto. — Dona Dolores descobriu tudo! Sobre mim, Luciana e até sobre Cecília! Como pôde isso ter acontecido? Quem foi que teve a coragem de lhe contar só para me fazer infeliz?

Ariane sabia quem havia contado, mas não podia dizer. Estava feliz porque nada de mau havia acontecido a Marcela, e maldisse a si mesma por haver se precipitado e ligado para Flávio. Ele já devia estar chegando, e ela precisava arranjar uma boa desculpa para ir embora no meio daquela comoção.

— Não devia ter feito isso, Marcela. Você ainda tem o Flávio.

— Não tenho mais! Ele vai descobrir e vai me desprezar.

— Não acha que o está julgando mal? Já não é hora de acabar com essa agonia e lhe contar toda a verdade? Você já foi longe demais com essa mentira, e veja só no que deu. Flávio precisa saber...

Antes que Marcela pudesse dizer alguma coisa, Flávio chegou ao quarto e estava parado no umbral da porta, fitando aquela cena sem nada entender.

— Saber o quê? — falou ele, assustando as moças. — E Ariane, o que está fazendo aqui?

— Vocês se conhecem? — retrucou Marcela, surpresa com essa constatação.

— É claro que conheço Ariane! — continuou ele, indignado. — Conheço-a desde pequeno.

— Como pode ser isso? Adriana, isso é verdade?

Na confusão, Marcela não percebera a troca de nomes, mas Flávio, sim. Num átimo, compreendeu tudo: Adriana, a amiga misteriosa que ele nunca via e que não deixava telefone nem endereço. Nome muito parecido ao seu verdadeiro.

— Isso, por acaso, foi ideia da minha mãe? — perguntou ele, cheio de raiva, e sem notar o sangue no pulso e na cama de Marcela.

— Foi — confirmou Ariane, a voz sumida de medo e vergonha.

— Isso o quê? — intercedeu Marcela. — Que ideia? Será que vocês podem me explicar o que está acontecendo? Não estou entendendo nada.

— Conte a ela, Ariane. Explique para que ela possa compreender que grande amiga você é.

— O nome dela é Adriana — corrigiu Marcela, só agora se dando conta de que ele a chamava de outro jeito.

— Não é não, Marcela! O nome dela é Ariane mesmo. Ela é filha do ex-sócio de meu pai e amiga íntima de minha mãe. — Ele apontou o dedo para a outra e disparou em tom acusador: — Fazia parte do plano de vocês fazer-se passar por amiga de Marcela para destruir o nosso noivado? É isso, Ariane?

Marcela olhava de Ariane para Flávio tão surpresa com o que ele dizia que até se esquecera de seu próprio sofrimento. De repente, foi como se uma nuvem saísse da frente dos olhos de Marcela, e ela pôde enxergar e compreender a realidade daquela situação.

— Você está querendo me dizer, Flávio, que Adriana adotou um nome falso e se fez passar por minha amiga só para destruir o meu namoro com você? — Ele assentiu. — Por quê?

— Porque ela quer se casar comigo, e é o que minha mãe quer também.

Marcela fitou-a cheia de horror, sentindo no peito a dor aguda da traição.

— Adriana, como pôde? Eu acreditei em você, confiei em você, contei a você os meus segredos mais íntimos...

Agora compreendo tudo — Ela ocultou o rosto entre as mãos e desatou a chorar. — Foi você, não foi? Foi você quem cometeu aquela traição e contou tudo a dona Dolores.

A muito custo, Ariane conseguiu retomar o domínio sobre si mesma e falar algo em sua defesa.

— Por favor, Marcela, em primeiro lugar, peço que me perdoe. Meu nome não é Adriana, como você vê, mas Ariane. Conheci-a seguindo o plano de Dolores, que sugeriu que eu me aproximasse de você e me tornasse sua amiga, para descobrir os seus segredos e usá-los contra você, afastando-a de Flávio.

Aquela confissão estava sendo muito dolorosa e penosa, mas Ariane não podia parar e tentar inventar uma desculpa qualquer que a isentasse de responsabilidade em tudo o que acontecera.

— Você fingiu ser minha amiga! — acusou Marcela, entre a raiva e a decepção. — E eu contei-lhe toda a minha vida, dei-lhe as armas para você me destruir. Quantas noites passei aqui, com pena de você, julgando-a uma pobre menina rica abandonada pelo namorado e sem o apoio da família. Como fui ingênua e burra!

— Você foi ingênua, mas não burra — contestou Ariane, a voz cada vez mais sumida. — Você é uma pessoa muito especial, Marcela, e eu me afeiçoei a você de verdade.

— Como quer que eu acredite em você? Você fingiu para me destruir... Conseguiu... Ariane... não foi? Como pôde ser tão cruel...? — calou-se decepcionada, engolindo o pranto, os lábios trêmulos e o coração dolorido.

— Você não sabe o que está dizendo. Flávio está ao seu lado.

Marcela chorava angustiada. Não sabia o que lhe doía mais: se o medo de perder Flávio ou a traição de Ariane.

— Por que fez isso comigo quando só o que quis foi ajudá-la? Eu era sua amiga... Ariane. E você? Nunca sentiu nada por mim?

Vendo o quanto ela chorava, Flávio se aproximou e estreitou-a em seus braços, só então percebendo a bandagem manchada de sangue que cobria o seu punho.

— Mas o que é isso? — questionou ele alarmado. — O que houve com seu pulso? Marcela se calou e voltou a atenção para ele, olhando de soslaio para a gilete que Ariane deixara sobre a mesinha, e o sangue que manchava a colcha. Flávio seguiu o seu olhar e ficou surpreso por não haver notado o que havia se passado ali.

— Você tentou se matar novamente? — prosseguiu ele indignado. — Por quê?

Marcela e Ariane se olharam naquele momento, uma com angústia e medo, a outra com angústia e arrependimento.

— Seja o que for que ela lhe disser, Flávio — considerou Ariane — , terá sido em nome do amor.

— O que quer dizer com isso? O que houve entre vocês duas que eu não sei?

— Não houve nada entre nós, exceto, talvez, uma grande amizade que mal chegou a nascer e já foi eliminada. Arrependo-me muito pelo mal que lhe causei, Marcela, e quero que saiba que eu gosto, realmente, de você. Se fiz o que fiz, foi porque pensei que amava Flávio e o queria a qualquer preço. Hoje sei o quanto estava enganada e posso lhe afirmar com toda a sinceridade do meu coração: não quero me casar com Flávio, e nada me daria mais alegria do que vê-lo casado e feliz com você.

— Não acredito em você — contestou Marcela, embora sem muita convicção.

— Eu também não acreditaria, se fosse você, mas é a mais pura verdade. Aprendi a gostar de você e a dar valor à amizade, embora estivesse presa ao poder de Dolores.

— Você me traiu...

— Eu não a traí. Você pode não acreditar em mim, mas jamais disse uma palavra a ninguém... — Ela parou de falar abruptamente, encarando Flávio, que as fitava cheio de assombro. — Lamento o mal que lhe fiz. Vou embora e prometo que você nunca mais vai ouvir falar de mim.

Marcela não conseguiu se mover ou dizer nada que a impedisse. Estava decepcionada, triste, com raiva e com medo, tudo ao mesmo tempo. Queria ir atrás dela e lhe pedir maiores explicações, mas a presença de Flávio a paralisou. Ele ouvira mais do que deveria e não tardaria a questionar sobre tudo aquilo. E ela agora já não tinha mais como lhe omitir a verdade ou inventar uma mentira que a salvasse.

CAPÍTULO 20

Ninguém seguiu Ariane. Por mais surpreso e indignado que Flávio estivesse, havia preocupações maiores do que aquela com que se ocupar. Marcela havia tentado novamente o suicídio, o que indicava que ela estava com problemas sérios outra vez.

— Muito bem — disse ele, algum tempo depois que Ariane saiu. — Deixe-me ver esse pulso agora.

— Não foi nada.

— Isso, quem decide, sou eu. Vamos, mostre-me.

Embora contrariada, Marcela exibiu a ele o pulso ferido. Ele desatou as bandagens, fez um ar de reprovação e foi com ela para o banheiro refazer o curativo.

— Sorte que foi superficial — anunciou ele, examinando o corte com atenção. — Passou perto da veia, mas não vai precisar levar pontos.

Com extremo cuidado e muito profissionalismo, Flávio apanhou o material de primeiros socorros dentro do armário e pôs-se a cuidar da ferida, enquanto Marcela puxava o pulso de vez em quando, à medida que ele limpava o local.

— Está doendo — queixou-se ela, mas ele não lhe deu muita atenção.

Depois de refeito o curativo, ele a conduziu de volta ao quarto e tirou a colcha da cama, sentando-se com ela sobre o lençol nu.

— E agora, será que você pode me explicar o que aconteceu?

— Você não viu? — falou ela, tentando desviar o assunto. — Sua ex-namorada se fez passar por minha amiga para me destruir.

— Você sabe que não é a isso que me refiro. Quero saber o que aconteceu para você cortar os pulsos.

— Eu... não cortei... foi um acidente...

— Acidente com uma gilete, em cima da cama, no pulso esquerdo? Não me convenceu.

— Mas é a verdade... Eu estava vendo se a gilete estava afiada... precisava me depilar... passei-a por acaso sobre o pulso, e ele sangrou...

Flávio colocou os dedos sobre os seus lábios e censurou com ternura:

— Está tentando enganar a si mesma, porque a mim, você não engana. Ouvi muito bem Ariane dizer que você já havia ido longe demais com a sua mentira e precisava me contar a verdade, porque eu precisava saber. Saber o quê?

— É alguma invenção daquela fingida! — objetou ela, tentando imprimir à voz um tom de fúria. — Provavelmente, mais uma de suas mentiras para fazer intriga.

— Não me pareceu mentira nem intriga. Ela falava de algo que você sabia muito bem o que era.

— Você não pode dar crédito ao que ela disse. Ariane já provou que é falsa e mentirosa.

— Não se trata de dar crédito, mas eu vi o jeito como vocês duas estavam falando. Você está tentando me esconder algo.

— Prefere acreditar nas artimanhas daquela fingida ao invés de confiar em mim? Como pude ser tão estúpida confiando nela? Que ódio que sinto de mim mesma!

— Acho que você está tentando fugir do assunto.

— Será que você não percebe que está fazendo justamente o que ela quer? Está entrando no jogo de Ariane e de sua mãe.

— Não estou entrando no jogo de ninguém. Estou apenas querendo descobrir a verdade.

— A verdade é cristalina. Você não vê, Flávio? Ela nos enganou com as suas artimanhas, fez-me passar por tola. E eu fiquei com pena dela. Jamais poderia imaginar que sua mãe estivesse por trás disso.

— Sei que mamãe e Ariane tramaram contra nós, mas não conseguiram nada. Aliás, nem tiveram tempo, porque foram desmascaradas antes. Mas o que eu ouvi não foi um truque nem artimanha. Ariane não sabia que eu estava aqui e se referia a algo que me pareceu bem real. O que é que eu deveria saber e você não me contou?

— Nada... — hesitou. — Por que não acredita em mim? Se não acredita, por que não corre para Ariane e vai perguntar a ela? Talvez a palavra dela tenha mais peso do que a minha.

— Você está usando Ariane como desculpa para não me contar a verdade, seja ela qual for.

— Eu, usando Ariane? Mas se foi ela quem me usou!

— Vamos esquecer Ariane. Quero que você me diga o que está acontecendo.

— Ela não está aqui, mas plantou a sua semente de discórdia. Você está me pressionando por causa dela.

— Pode até ser. Mas o que ela disse não foi invenção, e você parecia bem transtornada. Vamos, Marcela, o que é?

— Ariane é quem deve saber. Afinal, foi ela quem disse...

— Não tente me fazer de tolo, Marcela. Se você está me escondendo algo, eu preciso saber. — Ela o encarava à beira das lágrimas, e ele pressionou mais um pouco: — Por que você tentou se matar?

— Eu não tentei...!

— Você acusou Ariane de mentirosa, mas não está me parecendo muito diferente dela. Por que reluta em me contar a verdade?

Não havia mais saída, e Marcela sabia disso. Flávio escutara pouco, contudo, o que ouvira fora suficiente para lhe dar a certeza de que ela escondia algo importante.

— Por favor, Flávio, não é nada. Acredite em mim.

— Ninguém tenta se matar por nada. E, no seu caso, o nada já quase a matou por duas vezes. Não acha que é demais?

— Eu... — Ela estava tentando imaginar algo convincente para lhe falar, mas não lhe vinha nada à cabeça. A verdade lhe parecia, naquele momento, a única solução possível. — Tenho medo...

— De quê? De mim?

— De você não aceitar.

— O quê? Você fez alguma coisa? — Ela assentiu. — O quê? Vamos, diga-me. Eu exijo saber a verdade.

— Você não tem o direito de me pressionar — objetou ela, quase em desespero.

— Tem razão, não tenho. Mas você também não tem o direito de exigir que eu me conforme com mentiras e evasivas. Se não me contar a verdade, é porque não confia em mim, e se não há confiança entre nós, não pode haver casamento.

Ao ouvir isso, Marcela liberou o pranto e começou a chorar angustiada. Atirou-se ao pescoço de Flávio e deixou-se ficar abraçada a ele por alguns minutos. Ele a estreitou contra si, sentindo os tremores que os soluços infligiam a seu corpo frágil. Esperou pacientemente até que ela se acalmasse. Secou seus olhos, alisou seus cabelos e deu-lhe um beijo suave nos lábios, acrescentando com a voz mais doce que ele conseguiu entoar:

— Você sabe que a amo, não sabe? Seja o que for que você tenha feito, eu sempre vou continuar amando você.

— Eu sei... — soluçou ela. — Mas o seu amor... será capaz de aceitar coisas com as quais você não concorda e que não consegue entender? Coisas que você despreza e das quais sente repulsa e desprezo?

— Por que diz isso?

Ela ainda relutava em falar, mas descia por uma corredeira sem volta, que a obrigava a soltar o destino e deixá-lo seguir seu curso normal na correnteza da vida.

— Será que você não sabe? Nem desconfia?

Flávio abaixou os olhos e balançou a cabeça, falando com uma certa angústia:

— Você é lésbica, não é? Tentou se matar duas vezes por causa de Luciana, não foi?

Ela simplesmente cobriu o rosto com as mãos e assentiu, sem coragem de encará-lo.

— Eu não queria que as coisas fossem assim — murmurou ela, entre um soluço e outro. — Mas não podia apagar meu passado.

— Por que não me contou?

— Pensei em contar, mas tive medo. E depois, você mesmo foi criando uma história, acreditando que eu havia tentado o suicídio por causa de um ex-namorado. Criou até uma parte para Luciana, como se ela fosse a mulher que tivesse tirado o namorado de mim.

— E você achou melhor me deixar acreditar numa mentira...

— Tive medo. Não queria que você me desprezasse. Quando o conheci, fiquei confusa e assustada, nunca antes havia me relacionado com um homem, e era tudo novo para mim. Cheguei a pensar que estava confundindo as coisas...

— E não estava?

— No começo, pensei que sim, porque você foi aquele que salvou a minha vida, que me deu carinho e atenção, que se importou comigo sem ligar para o meu passado ou para o que eu havia feito. Pensei que tudo não passasse de gratidão e carência, porque você se preocupava comigo de verdade e parecia sincero no sentimento que me oferecia. Mas depois, fui percebendo que a sua presença me enchia de alegria, e a sua falta me causava tristeza e saudade. Depois que fizemos amor pela primeira vez, tive certeza de que estava mesmo apaixonada. Nunca antes havia experimentado algo tão bom e maravilhoso e me senti satisfeita e completa. Se isso não é amor, então, desconheço o que seja amar.

— Você possui uma forma muito estranha de amar.

— Por que diz isso?

— Seu amor a aprisiona na dependência.

— Está sendo injusto, Flávio. Quando você me conheceu, sabia que eu estava frágil e carente. Não queria que eu me apegasse a você e dependesse do seu amor?

— Ninguém deve ser tão dependente a ponto de abrir mão da vida quando vê ameaçada a segurança que pensa que a dependência traz. Foi por isso que Luciana a deixou, não foi? Porque se cansou da sua dependência.

— Você não tem o direito de falar de coisas que desconhece! Está me julgando por fatos que ocorreram antes de você surgir na minha vida e dos quais você nada sabe.

— Você está fugindo do assunto porque tem medo de me contar a verdade. Mas o fato é que ela a deixou, e foi por isso que você tentou se matar.

— E daí? — explodiu ela, agitando as mãos nervosamente. — Luciana simplesmente deixou de me amar. Isso acontece às vezes, sabia?

Com os olhos marejados, Flávio se afastou de Marcela e pôs-se a caminhar de um lado a outro do quarto, mordendo os lábios para não desabar no pranto. Estava diante de uma situação que lhe despertava sentimentos contraditórios e confusos. Se, por um lado, não aprovava a homossexualidade, por outro, amava Marcela acima de tudo. O que deveria fazer?

— Por que tentou se matar novamente? — indagou ele, seguindo o emaranhado de pensamentos que não o levavam a lugar algum. — Foi porque Luciana quase morreu?

— Não — objetou ela, entre perplexa e magoada. — Já não sinto mais por Luciana o amor que sentia na época em que o conheci.

O olhar de Flávio não parava de acompanhá-la, e Marcela começou a se sentir encurralada, como um animal acuado pelo predador faminto.

— Por que tentou se matar novamente? — repetiu Flávio, agora tomado por súbita rispidez e impaciência. Como é que ela podia lhe falar do amor por outra mulher como se estivesse se referindo a um namoradinho de infância?

— Eu... — balbuciou ela, percebendo a sua hostilidade recém-aflorada — tive medo de perdê-lo... Não queria perder você, Flávio.

— E preferiu se matar a arriscar me contar a verdade.

— Tive medo... — repetiu ela, a voz sumida na garganta.

— O único medo real que você tem é de perder.

— Estou perdendo você?

— Não sei se posso conviver com isso. Sinto-me enganado e traído.

— Não faça isso, Flávio. Eu o amo...

— Você diz que me ama, no entanto, não confiou em mim o suficiente para me contar o seu grande segredo. Por quê? Será que não é porque ainda ama Luciana?

— Isso é um disparate! Já disse que não contei porque tive medo de você não me aceitar. Depois de me dar a sua opinião sobre homossexuais e lésbicas, o que queria que eu pensasse?

Flávio ficou por um tempo refletindo no que ela lhe dissera. Realmente, falara coisas ruins sobre o assunto, mas de uma forma impessoal. Era diferente quando a pessoa envolvida era aquela com quem pretendia se casar.

— Não me referia a você — defendeu-se ele.

— Referia-se, sim. Você mesmo disse que não gostaria de me ver envolvida com isso. Como eu poderia me abrir com você depois disso? Para mim, você iria me deixar.

— Ainda assim, devia ter me contado. Por mais que me chocasse no começo, meu amor por você acabaria fazendo-me compreender e aceitar.

Ela deu um sorriso esperançoso e procurou abraçá-lo, mas ele não correspondeu.

— Por que não esquecemos tudo isso? — sussurrou ela. — O que importa é que nós nos amamos.

— Não estou bem certo. Se você realmente me amasse, teria assumido o risco de me perder e teria me contado a verdade.

— Mas você não queria saber! Por várias vezes, tentei lhe contar, mas foi você mesmo quem disse que o meu passado não lhe interessava. Por que se importa com ele agora?

Era visível a confusão de Flávio. Queria deixar aquilo de lado e estreitá-la com ardor, mas se lembrava da reação dela quando Luciana fora esfaqueada, da sua aflição e de seu quase desespero. Não seria aquilo uma prova de amor? Marcela não estaria sofrendo por medo de perder a pessoa a quem verdadeiramente amava?

E um pensamento maldoso o incomodava: Marcela o amava, não tinha dúvidas, mas será que o seu amor resistiria se Luciana quisesse voltar para ela? Como ele se sentiria se a sua noiva — ou esposa — o abandonasse por outra mulher?

— O que me importa agora — considerou ele — é a possibilidade de você ainda amar Luciana...

— Mas eu não a amo!

— Você não me deixou terminar. Incomoda-me esse amor, a mentira e a insegurança que sentirei daqui para a frente, o medo de ser trocado por uma lésbica.

— Você está sendo cruel.

— E você pode não conter as suas tendências.

— Que tendências? O que está querendo dizer? Que eu sou lésbica também?

— E não é?

— Eu sabia! Tudo não passa de desculpa para o seu preconceito.

— Ao contrário de você, eu nunca menti. Sempre fui sincero e claro a respeito do que pensava sobre homossexualidade.

— Está querendo me dizer que vai romper comigo por causa de um preconceito idiota?

— Não. Não me agrada que você tenha se relacionado com outra mulher, mas eu até poderia relevar isso se você tivesse sido honesta desde o princípio. A sua mentira só me faz imaginar que você me usa como refúgio para a sua frustração. Não digo que você não me ame. Sei que ama. Mas o que pergunto é: será que o seu amor é genuíno ou é fruto da sua carência?

— Você está sendo injusto novamente. Nunca fiz nada para que você duvidasse do meu amor.

— Não mesmo? E o que me diz do seu desespero quando soube que Luciana estava no hospital?

— É diferente! Não queria que ela morresse.

— Isso não é amor?

— É, mas não o amor em que você está pensando. Luciana e eu, hoje, somos como irmãs. Por favor, Flávio, acredite em mim!

— Eu quero acreditar, mas tenho medo de ser enganado.

— Isso não vai acontecer. Eu juro!

— Você já mentiu uma vez. Não pode estar mentindo novamente agora?

— Por que é tão impiedoso? Já disse por que menti. Você me obrigou a isso.

— Eu a obriguei? Ora, essa é boa.

— Não, não você, mas as circunstâncias. Será que o que fiz foi assim tão terrível? Você não pode me perdoar?

— Tenho medo de estar me iludindo. Você não confiou em mim. Como posso confiar em você agora?

— Confie no meu amor. Perdoe-me por não lhe ter contado. Sei que errei, mas não foi com a intenção de enganá-lo. Foi a minha insegurança.

— Preciso de tempo para pensar, Marcela.

— Você não pode estar falando sério. Por favor, não me deixe.

— Não estou deixando você. Mas preciso de um tempo. Há muito a considerar nesse caso.

— Você está fazendo parecer que eu cometi um crime. E é o que sua mãe quer. Não percebe?

— Minha mãe não tem nada a ver com as suas mentiras.

— Mas foi ela quem tramou isso tudo! Ela e Ariane. Sua mãe esteve aqui e me ameaçou. Não sei como ela descobriu, mas ameaçou contar tudo a você, caso eu não sumisse da sua vida.

Flávio sentiu a contrariedade que aquela notícia lhe causava e tornou com desagrado:

— Minha mãe esteve aqui?

— Hoje cedo.

Era bem o tipo de sua mãe. Aquilo podia ter sido mesquinho e cruel, mas não alterava as circunstâncias. Fora Marcela quem mentira, não sua mãe.

— Isso não muda nada — contrapôs ele. — Você me devia fidelidade e confiança, não ela.

— Pelo amor de Deus, Flávio, ela usou isso para nos destruir! Se ela não tivesse vindo aqui, eu não teria tentado me matar novamente, e Adriana não o teria chamado, e você não teria descoberto, e...

— E eu continuaria vivendo na mentira. Era isso que você pretendia? — Ela abaixou os olhos e não respondeu, e ele continuou: — Então me diga por que desistiu de se matar. Ia me deixar, como minha mãe queria?

— Não...

— Mas então, ela iria me contar a verdade. Você ia assumir esse risco?

— Não sei! — Ela desatou a chorar e foi falando aos tropeções: — Não sei o que ia fazer. A única coisa que sabia era que não queria mais morrer. Quis viver porque você deu um novo significado a minha vida.

— Você mesma ia me contar, então?

— Não sei, já disse! Oh! Por favor, não me pressione mais! Não sei de mais nada. Tudo o que sei, Flávio, é que o amo. Por que não pode acreditar nisso?

— Não sei se posso acreditar em você depois de tudo. Minha mãe não devia ter feito o que fez, mas não foi ela quem inventou essa história. E se você tivesse me contado antes, nada disso teria acontecido.

— Por favor, Flávio, reflita. E acredite em mim quando digo que o amo.

— Não sei, Marcela. Só com o tempo é que poderei dizer.

Ele se levantou para sair, mas ela tentou segurá-lo.

— Por favor, não vá.

— Deixe-me, Marcela. Ficar aqui com você só vai aumentar a minha insegurança.

Mesmo contrariada, Marcela afrouxou as mãos que seguravam o seu braço, e ele se encaminhou para a porta.

— Você não vai mais voltar, não é? — indagou ela, com voz sofrida.

Flávio não respondeu. Hesitou alguns segundos, mas logo se reequilibrou e partiu sem olhar para trás.

Uma angústia indescritível sacudiu o coração de Marcela, que já não tinha mais forças para discutir nem para tentar convencê-lo a ficar. Um extremo cansaço dominou todo o seu ser, e ela foi arriando o corpo até que seu rosto tocasse o chão, e as lágrimas se espalhassem sobre ele. Fechou os olhos lentamente e suspirou entre soluços. Perdera tudo. Será que ainda valia a pena viver?

Flávio voltou para casa com o coração oprimido e subiu direto para o quarto. Dolores se preparava para um encontro com um playboy de vinte e oito anos e não queria se atrasar, mas não conseguiu simplesmente ignorar a chegada do filho. Ouviu seus passos no corredor e foi atrás dele em seu quarto.

— Está tudo bem? — sondou ela.

— O que você acha?

— Não acho nada. Por isso, estou perguntando.

Ele remoeu a raiva que sentia naquele momento da mãe e retrucou com uma fúria contida:

— Marcela tentou se matar outra vez. Você sabia?

Ela meneou a cabeça e respondeu com ironia:

— Como poderia saber? Quem dorme com ela é você, não eu.

— Não se faça de cínica, mãe! Sei muito bem que você foi à casa dela e a ameaçou.

O rosto de Dolores estava impassível. Não era surpresa que Flávio tivesse descoberto a verdade. Só o que ela não podia era deixar que ele se voltasse contra ela.

— Fui à casa dela, sim — concordou Dolores com segurança. — Mas não lhe fiz nenhuma ameaça.

— Não adianta fingir, mãe, porque já sei de tudo. Ela mesma me contou.

— Contou o quê?

— Contou-me de seu plano sórdido, mandando Ariane se fazer passar por Adriana para fazer amizade com Marcela e a destruir.

— E daí? Fiz o que toda mãe faria por seu filho.

— Quanta dedicação — desdenhou ele. — O que você lucra destruindo a vida das pessoas? Não se importa em destruir a felicidade de seu próprio filho?

— Quanto drama... Eu lhe fiz um favor. Você ia se casar com uma lésbica oportunista. Devia me agradecer por tê-la desmascarado a tempo.

— Como pode ser tão insensível e mesquinha?

— Quem foi que disse que sou insensível? Sensibiliza-me a sua vida, a sua felicidade.

— Você não se importa com isso. Só o que vê são os seus interesses.

— Eu apenas tentei evitar que você estragasse a sua vida se casando com uma lésbica.

— Não a chame assim! Marcela não é lésbica.

— E como é que se chama então uma mulher que vive de amores com outra?

— Marcela não é assim.

— Creio que você já sabe de tudo, não é mesmo? Do romance nefasto que ela teve com aquela dentista de subúrbio.

— Isso não é problema seu. E depois, quem tem que se preocupar com isso sou eu.

— Você devia aceitar o meu conselho e se casar com Ariane. Ela é a mulher ideal para você.

— Ariane é uma mentirosa! E foi ela quem me telefonou quando Marcela tentou se matar novamente! Ela estava lá, na casa dela, fingindo-se de amiga. Ninguém me contou. Eu vi!

— Ariane, sim, o ama de verdade. Não é uma aventureira feito Marcela.

— É pior. É falsa, intrigante, maquiavélica.

— Mas não é lésbica. Raciocine, Flávio. Como você pode ser feliz se casando com uma lésbica? Marcela gosta é de mulheres, e de você, só o que quer é o dinheiro.

Flávio não conseguiu mais ouvir. Estava enojado daquilo tudo, sem saber quem era pior naquela história: se Marcela, a mãe ou Ariane.

Mas Flávio não era o único a se lamentar pelo ocorrido. Ariane, muito mais do que ele, perdia-se em seu remorso. Se Flávio terminasse com Marcela, e se ela tentasse se matar novamente, será que poderia conviver com a culpa? Ficou andando de um lado para outro no quarto, até que resolveu ligar para Marcela. Precisava saber se ela estava bem. Já tentara se matar duas vezes. Quem garantia que não tentaria uma terceira? O telefone tocou insistentemente na casa de Marcela antes que ela atendesse, e Ariane exclamou aliviada:

— Marcela? Graças a Deus que você está bem!

Na mesma hora, Marcela reconheceu a voz de Ariane e desligou o telefone. Não queria falar com ela nunca mais.

Não queria a sua amizade nem a sua simpatia. Muito menos a sua piedade.

Ariane sentiu uma infindável tristeza com a reação de Marcela, mas não podia esperar nada diferente. Ela estava magoada e com raiva, o que era compreensível. Mas estava viva, e isso era tudo o que importava. Sim, viva. Ficou pensando no que poderia fazer para ajudá-la e achou que a única solução possível seria tentar entrar em contato com Luciana.

Foi ao hospital em que ela estava internada, rezando para que Luciana ainda não tivesse tido alta. Encontrou-a acordada no quarto e pediu licença para entrar. Luciana não a conhecia e ficou à espera de que ela lhe dissesse por que estava ali.

— Sou amiga de Marcela — começou ela a dizer, e Luciana abriu um sorriso simpático. — Meu nome é Ariane e... bem, não sei como lhe dizer isso. Sei que o seu estado é grave, mas não sabia mais a quem procurar.

— Eu estou me sentindo muito bem — rebateu Luciana, já começando a se preocupar. — Pode me contar o que quer que seja. Se aconteceu alguma coisa a Marcela, pode falar.

— Não aconteceu nada, ainda... é o que espero.

— Como assim? Por favor, seja mais clara. Sinto-me confusa com tanto rodeio.

Ariane inspirou fundo, tomando coragem, e foi falando sem encarar Luciana:

— Gostaria que você me perdoasse por vir procurá-la, mas sei que você é a única amiga que ela tem. Acho que Marcela e Flávio brigaram, e estou com medo do que ela possa fazer...

— Brigaram? Você quer dizer, terminaram? — Ela assentiu. — E você está com medo de que ela tente o suicídio outra vez? — Ela assentiu novamente. — Mas por quê? Eles pareciam tão apaixonados!

— Você sabe o quanto Marcela se esforçou para esconder a relação de vocês duas, não sabe? — Era uma surpresa que aquela moça soubesse daquilo, mas Luciana não fez nenhum comentário, limitando-se a aquiescer com a cabeça.

— Pois é, a mãe de Flávio descobriu e ameaçou contar tudo a ele, caso ela não terminasse o namoro. Por isso, ela tentou se matar de novo...

— O quê!? Está me dizendo que a doida da Marcela tentou outro suicídio? Mas você disse que temia...

— Temia que ela tentasse ainda um outro, depois deste último.

— O terceiro, você quer dizer?

— É. Não sei o que deu a conversa que ela teve com Flávio, mas temo pelo pior. Se eles terminaram, Marcela bem pode tentar se matar outra vez.

— Não me leve a mal por perguntar, mas qual o seu papel nessa história toda? Se é amiga de Marcela, e amiga íntima, pois conhece até o seu passado, por que não vai correndo à casa dela averiguar e impedir?

— Porque... nós brigamos. Marcela está aborrecida comigo.

Por mais que Luciana quisesse saber por que, não teve tempo de perguntar. A preocupação com a vida de Marcela era muito maior, e ela falou em tom incisivo:

— Apanhe o telefone e ligue para ela.

Ariane obedeceu sem titubear. Discou o número da casa de Marcela e estendeu o fone para Luciana, que o apanhou aflita. Como sempre, a campainha soou inúmeras vezes, mas ninguém atendeu.

— Tente de novo — pediu Luciana, e Ariane ligou mais uma vez.

O som da campainha continuou a tocar, até que, lá pela décima quinta vez, Marcela atendeu. Tinha uma voz sonolenta e pastosa, e Luciana falou com pressa:

— Marcela? É você?

— Sim... Quem é? Luciana?

— Sou eu. Como você está?

— Bem... E você? Aconteceu alguma coisa para estar me ligando?

— Na verdade, Marcela... — Ela pensava rapidamente em uma desculpa convincente para lhe dar — eu gostaria que você viesse me visitar. Estou me sentindo tão sozinha...

— Agora?

— Se possível.

— Eu gostaria, Luciana, mas não sei se vai dar. Tomei uns comprimidos para dormir e estou me sentindo um pouco zonza.

— Você o quê?

— Tomei uns comprimidos... — calou-se, só então percebendo o temor na voz de Luciana. — Espere um pouco, não é o que você está pensando.

— Não?

— Eu estava com dor de cabeça e um pouco nervosa. Por isso, tomei umas pílulas.

— Pensei que o médico tivesse proibido as pílulas para dormir.

— Fui à farmácia e comprei. Você sabe que ninguém pede receita médica mesmo.

— Isso não importa. Por que o nervosismo?

Ela demorou a responder, até que falou quase num sussurro:

— Flávio rompeu comigo...

Luciana fitou Ariane com ar significativo e retrucou:

— Isso não é motivo para fazer nenhuma besteira, é?

— Não sei... Mas não quero que você se preocupe.

— Impossível não me preocupar. Ouça, Marcela, por que você não vem até aqui, e nós conversamos sobre isso?

— Não estou com vontade de sair.

— Por favor, estou pedindo. Venha me fazer companhia. Falaremos sobre o assunto, e, quem sabe, você não se sentirá melhor? — Ela não respondeu. — Por favor, só um pouquinho.

— Está bem. Já que insiste, vou tomar um café forte e vou para aí.

— Ótimo! Venha logo. Estarei esperando.

Desligaram, e Ariane falou em seguida:

— Eu não disse?

— Mas graças a Deus que ela está bem. Está vindo para cá.

— Então, é melhor que eu me vá. Se ela me vir aqui, vai ficar com raiva e é bem capaz de ir embora.

— Foi só para isso que veio?

— Como disse, você foi a única pessoa em quem pude pensar e lhe sou grata por isso. Faça por ela o que não consegui fazer: seja amiga.

O assunto estava encerrado, e Ariane se despediu de Luciana, tomando o caminho de volta para sua casa. Não queria que Marcela a encontrasse ali de jeito nenhum.

Quando Marcela chegou, Ariane há muito já havia partido. Ela beijou Luciana no rosto e sentou-se na poltrona ao lado da cama.

— E então? — disse ela. — Como é que estamos?

— Muito bem. Acho que amanhã ou depois terei alta.

— Fico feliz, Luciana. Esse hospital é deprimente.

— Hospitais não lhe trazem boas lembranças, não é?

— Não.

— Que bom que não precisa mais deles.

— É verdade.

— Bem, diga-me lá: o que aconteceu entre você e Flávio? Nada grave, espero.

— Ele rompeu comigo — Ela começou a chorar. — Acho que nunca mais vai voltar.

— Não vai? Por quê?

Só depois que o pranto se acalmou foi que Marcela conseguiu contar, em minúcias, tudo o que havia acontecido. Contou de Dolores, de Ariane e da reação de Flávio, o que fez com que Luciana entendesse por que Ariane não queria que Marcela a encontrasse.

— Estou tão deprimida, Lu! Sinto que desejo morrer.

— Não deseja, não. Tem que viver para lutar pelo seu amor. Se morrer, quem é que vai lhe provar que você é uma mulher de fibra e de coragem?

— Mas eu não sou.

— É, sim. Só não sabe disso.

— Estou me sentindo um lixo. Pensei que Flávio me amasse.

— Ele a ama. Só está um pouco confuso, chateado com a mentira e inseguro. Mas vai passar.

— Não sei. Ele estava muito decepcionado quando deixou a minha casa.

— E essa tal de Ariane? Não me parece assim tão ruim.

— Ela foi uma víbora! Onde já se viu se fazer passar por amiga, mudar de nome e tudo, só para me enganar?

— Talvez ela esteja arrependida.

— Tomara! Tomara que morra de remorso.

— Quem a ouve falar desse jeito até pensa que é rancorosa.

— Não sou rancorosa, mas o que ela fez foi imperdoável.

Luciana não quis insistir. Afinal, não conhecia Ariane para tentar defendê-la. O pouco que sabia era o que vira alguns minutos antes, o que não era suficiente para formar um juízo de valor.

— Preocupo-me com você, Marcela — falou Luciana em tom sério. — Tenho medo de que tente aquilo novamente.

— Não vou tentar.

— Promete?

— Prometo.

— Olhe lá, hein? Pense que não vale a pena perder a vida por ninguém.

Era a primeira vez que Luciana tocava no assunto da tentativa de suicídio de Marcela, que perguntou:

— Como foi que você se sentiu, Luciana? Qual foi a sensação de saber que alguém tentou se matar por sua causa?

— Nada agradável. Senti-me horrível, com medo e culpa, embora soubesse que fiz o que achava certo. Mas fiquei me questionando se havia feito da forma correta e no momento mais apropriado. Não é uma sensação das mais confortáveis para ninguém.

— Imagino.

— Não adianta tentar se matar, Marcela, você só vai se enganar.

— Como assim, me enganar?

— Acredito que exista vida após a morte, e o que será de você quando acordar lá do outro lado, sem um corpo de carne e só com o seu arrependimento?

— O que quer dizer com isso?

— Quero dizer, e se você se arrepender? Se destruir o seu corpo físico, não pode mais voltar atrás. E dizem que os suicidas sofrem à beça no outro mundo. Ouvi dizer que até revivem o momento da morte e que ficam sentindo os vermes comendo o seu corpo.

— Cruzes, Luciana! Onde foi que ouviu isso? Em alguma história de terror?

— Eu li em algum lugar — afirmou, tentando se lembrar de onde poderia ter sido. Na verdade, suas palavras vinham de Rani, que se encontrava a seu lado, tentando incutir um pouco de juízo na cabeça de Marcela, nem que fosse pelo medo. — De qualquer forma, é melhor não arriscar. Se for verdade o que dizem, sua alma pode ficar vagando por aí, sem sossego, até o exaurimento da energia vital que você teria para usar até o fim de seus dias.

— Pare com isso, Luciana, está me assustando! Eu nunca a ouvi falar nessas coisas.

— Nem eu — concordou Luciana, sem saber de onde vinham aquelas ideias estranhas.

— E eu não estou mais pensando em me matar. Essa história de suicídio já está ficando monótona.

— Que bom que pensa assim. Ao invés de procurar um caminho que você pensa que é o mais fácil, mas que não é, deveria se fortalecer para continuar vivendo. Eu ainda acho que Flávio vai acabar voltando para você, e você precisa estar pronta para recebê-lo de volta.

Recebê-lo de volta... Era tudo o que Marcela queria, embora não acreditasse mais que aquilo fosse acontecer. Para ela, Flávio parecia um sonho perdido para sempre nas brumas da desilusão.

— Acho que isso não será mais possível — finalizou. — Eu o perdi para sempre.

Ela apertou a mão de Luciana, abaixou os olhos e chorou.

CAPÍTULO 21

O envolvimento entre Anita e Justino cada vez mais se intensificava, e ela começava agora a perder o temor que tinha de si mesma. Ele se demonstrava sempre gentil e interessado, e lhe fazia observações que elevavam o seu moral e a sua autoestima. Jamais fizera qualquer comentário a respeito de sua gordura; parecia mesmo não se importar com ela, ressaltando os pontos favoráveis que via em Anita. Isso fazia com que ela se sentisse segura e confiante, e ela recuperou o gosto de se vestir e se arrumar, ficando mais satisfeita com sua aparência física.

Eles haviam terminado de almoçar, e Justino acabara de deixá-la em casa para retornar ao trabalho. Anita se despediu com um longo e suave beijo e subiu ao apartamento com uma sensação de felicidade soprando em seu peito. O filho já havia retornado da escola e estava vendo televisão na sala. Anita passou por ele e o beijou no rosto, afagando seus cabelos desalinhados.

— Tudo bem? — perguntou ela. — Como foi na escola?

— Bem...

— E a sua irmã?

Huguinho deu de ombros e falou sem desviar a atenção do aparelho de TV:

— Acho que está lá no quarto.

Anita assentiu e foi bater à porta do quarto de Ariane, entrando eufórica e contando as novidades de seu envolvimento com Justino. Contudo, ao perceber o estado de desânimo da filha, ficou alarmada e indagou aflita:

— Aconteceu alguma coisa? Você está abatida.

Ariane olhou para ela com os olhos cheios de lágrimas e se atirou em seus braços, soluçando.

— Ah! Mamãe, você não sabe... não tem ideia do que eu fiz...

Aos prantos, Ariane contou a Anita tudo o que havia se passado entre ela e Marcela, desde o dia em que aceitara compactuar com o plano diabólico de Dolores. Anita ouviu tudo com tristeza, temendo que o futuro da filha fosse igual ao seu se ela prosseguisse com aquela loucura.

— Você não pode voltar para ele — objetou Anita.

— Não vou fazer isso. Primeiro, acho praticamente impossível que ele me queira depois de tudo o que aconteceu. E depois, eu mesma não o quero mais. Não quero que a minha vida seja uma repetição da sua.

— Fico muito feliz que você pense assim. Espero que tenha aprendido com o meu erro e não o repita. Ao menos essa utilidade teve a infelicidade do meu casamento: servir de exemplo para impedi-la de estragar a sua felicidade e a de Flávio, assim como eu estraguei a minha e a de seu pai.

— Também não exagere, mãe. Meu pai se casou com você porque quis. Vocês dois foram imaturos e não refletiram no que estavam fazendo. Se você se deixou levar pela paixão inconsequente, ele se deixou levar pela fraqueza e a conveniência. Ambos tiveram sua quota de participação.

— Que não precisa ser também a sua. Não fique triste. Tudo passa nessa vida.

— Apenas uma coisa me incomoda... o fato de Marcela não querer mais ser minha amiga.

— Isso também há de passar. Com o tempo, a raiva de Marcela vai esfriar, e ela vai perceber que você, apesar de ter traído a confiança dela, tentou ajudá-la de todas as maneiras. Vai se sensibilizar e acreditar que o seu arrependimento e a sua amizade são sinceros.

— Espero.

— Você é uma boa moça. Deixou-se envenenar pelas loucuras de Dolores, mas não é feito ela. Dolores é uma mulher ambiciosa e mesquinha, e não se importa com a felicidade de ninguém, só com a dela. Nem com a do filho se importa.

— O que ela diria se soubesse que você e o ex-marido dela estão namorando?

Anita corou levemente e retrucou envergonhada:

— Namorar é para garotinhas. Estamos nos relacionando...

— Dá no mesmo. O que interessa é que estão juntos. E Dolores ia se roer toda se descobrisse.

— Vai acabar descobrindo. Mais cedo ou mais tarde, isso vai chegar aos ouvidos dela.

— E daí? Está com medo?

— Não tenho do que ter medo. Quando comecei a sair com Justino, ele já era desquitado. Quem é casada sou eu...

— Você está se separando. E depois, foi papai quem deixou o lar.

— Tenho medo de que ele tire Huguinho de mim.

— Duvido até que ele tente. Não se preocupe com isso. Justino, além de tudo, pode ajudá-la. Aposto como conhece bons advogados que poderão defender a sua causa, se isso vier a acontecer, no que não acredito.

— Você é muito especial, Ariane, e agradeço a Deus por ter uma filha como você. Sem o seu apoio, não sei o que seria de mim.

Emocionada, Ariane abraçou a mãe e rebateu com olhos úmidos:

— E você é a melhor mãe do mundo, que agora está se redescobrindo como mulher. Está mais bonita, bem-vestida, com ar de felicidade. A companhia de Justino está lhe fazendo bem.

— Ele não se importa que eu seja gorda...

— Ele é um homem de verdade e dá valor ao que você tem por dentro. E depois, nem é tão gorda assim. Está um pouco acima do peso, mas nada de extraordinário. Ainda é uma mulher bonita.

Abraçaram-se novamente, e Ariane consultou o relógio. Tinha uma ideia em mente, algo que precisava fazer e que iria não apenas aliviar a sua consciência, mas talvez ajudasse na reconciliação de Marcela e Flávio.

Quando o último paciente do dia se retirou, Flávio se preparou para ir embora, não sem antes procurar o pai para uma conversa. Encontrou-o em seu consultório, examinando as radiografias de alguns pacientes.

— Olá, pai — cumprimentou da porta. — Posso entrar?

— E precisa perguntar? Entre, vamos. — Flávio entrou e foi se sentar na poltrona defronte à mesa de Justino, que abaixou as chapas e olhou para ele. — Algum problema?

— Marcela e eu rompemos — anunciou ele, após uma breve hesitação.

— Romperam? Por quê?

— Porque... ela mentiu para mim, me enganou, é... — calou-se, engolindo a última palavra.

— É o quê?

— Lésbica.

— O que você disse? Marcela é lésbica? Não acredito. Como pode ser?

Com um suspiro de tristeza, Flávio contou tudo ao pai, que balançava a cabeça de um lado a outro, ouvindo as palavras do filho com indignação e surpresa.

— Ela não me ama, pai — finalizou Flávio. — Está comigo apenas para esquecer uma antiga paixão.

Justino ficou olhando o filho por alguns instantes, até que considerou:

— Não creio que isso seja verdade. E você também, no fundo, não acredita nisso. Pode-se sentir o amor verdadeiro apenas com a sua proximidade. E duvido que você não o sinta em Marcela.

— Não sei mais o que sinto. Muitas coisas já me passaram pela cabeça desde então, inclusive que ela só esteja interessada no meu dinheiro.

— Não se deixe levar pelas ideias de sua mãe. Isso é ela quem acha. Mas você, no fundo, acredita nisso também?

— Não — desabafou ele, após breves segundos. — Marcela não faz o tipo interesseira.

— Você está é com preconceito.

— Não sei bem se é isso. É claro que não fico feliz em saber que a mulher com quem pretendia me casar transava com outra mulher. Mas o meu amor por Marcela poderia até superar isso...

— Então, qual é o problema?

— Pense bem, pai. No meu lugar, o que você faria? Aceitaria tudo numa boa, como se não fosse nada de mais?

— Não sei se é de mais ou não. Só o que sei é que não perderia um amor verdadeiro por causa disso.

— Você não concorda que é, no mínimo, estranho? Quero dizer, me casar com uma ex-lésbica?

— Também não posso responder a essa pergunta — considerou ele com ar de dúvida. — Talvez eu me chocasse um pouco no início, porque não estou acostumado a esse tipo de relação. Mas acabaria por aceitar. Se você analisar bem, Marcela não fez mal a ninguém. Fez o que quis da vida dela, e ninguém tem nada com isso.

— Mas será que isso é certo?

— O que é certo ou errado, meu filho? Quem somos nós para julgar?

— Tudo bem, eu posso até aceitar seu envolvimento com Luciana. Mas, e a mentira? Ela me enganou uma vez. Quem garante que não o fará de novo?

— Só porque ela não lhe revelou um segredo não quer dizer que vá traí-lo. Marcela não é nenhuma mentirosa. E depois, o que você esperava? Nesse ponto, se eu estivesse no lugar dela, talvez tivesse feito a mesma coisa.

— Não acredito. Você sempre foi sincero e assumiria o risco.

— Marcela não tem que ser como eu. Além do mais, se ela não disse a verdade, você não queria ouvi-la. Foi você quem provocou a mentira.

Ele fez ar de indignação e revidou:

— Quer dizer que o culpado agora sou eu?

— Não há culpados. Você teve medo de ouvir a verdade, ela teve medo de falar. Mas agora, seja de que maneira for, tudo se esclareceu. Então, qual o problema? Surpresas e choques se resolvem na confiança e no amor.

— Aí é que está. Não sei se ainda confio em Marcela. Receio que ela possa estar me usando para esquecer Luciana ou para conseguir salvar a sua reputação.

— Nisso mesmo é que não acredito. Marcela não é esse tipo de moça. Teve medo da sua reação e pode ter medo do preconceito social, o que é bastante compreensível, mas não leva jeito de quem usa um rapaz só para sustentar ares de respeitabilidade. Afinal de contas, ela já é uma pessoa respeitável. É professora, trabalha, vive de forma decente e ama você. O que importa o resto?

— Você acha que eu estou errado em me afastar dela?

— O seu coração é que vai lhe dizer isso, não eu. Você é um homem decente, Flávio, mas se deixou impregnar pelas ideias idiotas de sua mãe. Não perca o amor da sua vida por preconceito ou insegurança.

— Mas, e se ela me trair? E se voltar a sair com mulheres?

— E se sair com outros homens? Não é a mesma coisa?

Flávio ia dizer: é melhor, mas mudou de ideia e acrescentou taciturno:

— É pior.

— Por que então não espera para tomar uma atitude quando isso acontecer, se acontecer? Não vale a pena ficar imaginando situações que, provavelmente, nunca vão se concretizar. Você não a ama?

— Amo.

— Pois então, apresse-se. Vá procurá-la antes que ela se canse e você a perca para alguém que a compreenda e a aceite sem acusações ou temores. Quer que isso aconteça?

Flávio desviou o olhar do pai e fixou os pensamentos em Marcela, imaginando como seria a sua vida sem ela. Depois que a conhecera, sentira que tudo mudara e ganhara um significado que antes não existia. Marcela o preenchia em todos os sentidos: era meiga, carinhosa, inteligente, amiga e não era dada a futilidades como as moças de sociedade que conhecia. Era, enfim, tudo o que ele poderia desejar numa mulher.

Ele encarou o pai, que o fitava com ar de compreensão, e respondeu com voz sumida:

— Não.

Com um sorriso que se misturava às lágrimas, Flávio se levantou resoluto, feliz por ter ouvido os conselhos de Justino. Sim, ele realmente amava Marcela e nem achava que o que ela havia feito era crime ou pecado, algo reprovável que não merece compreensão. O que o incomodava mesmo era o fato de ela ter escondido aquilo por tanto tempo, de tê-lo enganado e não ter confiado nele. Mas, como o pai lhe dissera, ele não quis lhe dar a chance de contar a verdade.

E quanto ao fato de que ela havia vivido com outra mulher, e daí? Que importância isso poderia ter diante do amor que sentiam um pelo outro? Ele acreditava que Marcela o amava. Ela não era aquela interesseira que a mãe dizia. A mãe fizera aquilo tudo só para afastá-los, para que ele se casasse com Ariane. Mas ele não amava Ariane. Amava Marcela, e era com ela que iria se casar.

Resolveu passar em casa antes de ir procurar Marcela. Precisava de um banho, de roupas limpas e descontraídas. Iria comprar-lhe flores e bombons. Faria tudo ao estilo antigo e romântico. Passou na floricultura e comprou um lindo buquê de rosas vermelhas. Em seguida, foi a uma loja de doces e pediu a caixa de bombons mais finos que havia. Apanhou tudo e foi para casa se aprontar.

Assim que entrou em casa, foi surpreendido pelo som de gargalhadas que partiam da sala de estar. A mãe estava recebendo visitas, mas ele não estava nem um pouco interessado nelas. Sequer iria cumprimentá-las. Passou em silêncio pela porta da sala, tomando o caminho da escada. A porta dupla de vidro estava apenas encostada, de forma que, ao passar diante dela, pôde ouvir o que diziam lá dentro.

— Essa é muito boa, Dolores — falava uma mulher com voz esganiçada, entre gargalhadas sonoras. — Uma lésbica! Quanto atrevimento!

— Ah! Mas o meu Flávio colocou-a direitinho no lugar dela. Ela pensou que iria lhe tomar dinheiro, mas ele descobriu tudo e a enxotou.

— E o que ela fez? — acrescentou outra amiga. — Foi correndo chorar nos braços da amante?

Nova gargalhada, puxada por Dolores, que respondeu convicta:

— Certamente! Correu para o colo de sua mulher de calças... ou homem de saias, não sei bem...

Nesse instante, a porta da sala se escancarou com estrondo, quase quebrando os vidros, e Flávio apareceu com o rosto em chamas. Não disse nada. Fitou uma a uma das presentes com ódio e terminou em Dolores, que o olhava com ar de triunfo. Em seguida, rodou nos calcanhares e saiu, deixando as mulheres em um estado de torpor indescritível, envergonhadas com aquela situação.

Apenas Dolores não sentia nenhum constrangimento. Na verdade, chamara as amigas ali para um chá bem na hora em que sabia que Flávio chegaria do trabalho, manipulando a conversa de forma que ela se prolongasse até a hora em que ele chegasse. Era de seu interesse que ele ouvisse aquilo. As amigas ficaram impressionadas com a história, e ela as insuflou ainda mais com uma quase histeria, rindo de suas próprias observações e levando-as a acompanhá-la nas gargalhadas ensaiadas.

Em seu quarto, Flávio espumava de ódio. Não podia mais conviver com aquilo. Além de tramar contra ele, a mãe ainda o desmoralizava na frente das amigas, fazendo-o passar por idiota. Aquilo já era demais. Não aguentaria viver naquela casa nem mais um minuto e resolveu partir. Apanhou uma mala grande e começou a arrumar suas coisas, até que a mãe apareceu, meia hora depois. Entrou sem bater e foi se postar diante dele, cruzando os braços e acompanhando o seu trabalho de fazer a mala.

— Aonde é que pensa que vai? — indagou ela com ar reprovador.

— Isso não é da sua conta. E agora, saia, por favor. Não lhe dei permissão para entrar no meu quarto.

— A porta não estava trancada.

— Saia, já disse!

— Está aborrecido comigo porque eu falei a verdade, ao contrário do que Marcela fez com você?

Ele soltou as camisas que dobrava em cima da cama e a fitou com raiva.

— Por que fez isso, mãe? O que você ganha me humilhando dessa forma?

— Humilhando?! Mas se eu só o elogiei! Contei a minhas amigas o quanto você foi digno e honrado ao despachar aquela vagabunda lésbica.

— Pare de repetir isso! — explodiu ele. — Você não tinha o direito de falar da minha vida com ninguém!

— Por que ficou tão aborrecido, Flávio? Minhas amigas acharam até engraçado.

— Muito engraçado, não é? Devia se envergonhar de fazer fofoca. Ou acha que suas amiguinhas vão segurar a língua e não vão falar isso com mais ninguém?

— E daí? Qual o problema? Todo mundo vai felicitar você por ter posto aquela aventureira... — ia dizer lésbica, mas se conteve — no seu devido lugar. A não ser, é claro, que você volte para ela. Aí, sim, todos vão falar mal de você.

Se ela não fosse sua mãe, ele a teria estrangulado, tamanho o ódio que sentia naquele momento.

— É isso que você quer, não é? Espalhar essa história para todo mundo, para que eu fique com medo do falatório, para que eu sinta vergonha e nunca mais volte para Marcela.

— A língua da sociedade é implacável, Flávio, mas ninguém vai falar de você.

— Quer saber de uma coisa, mãe? Eu não ligo. Pouco me importam os comentários dessa gente hipócrita, fútil e vazia que frequenta a sociedade.

Para Dolores, presa às aparências sociais, os comentários em seu meio constituíam uma espécie de estigma, uma marca vergonhosa que se deveria evitar. Pensou que havia passado esse temor ao filho, mas não se surpreendeu muito com a sua reação.

— Os comentários não incomodam você — observou ela, em tom malicioso. — Mas deveriam. Quem é que quer ficar malvisto na sociedade?

— Você é asquerosa! — disparou ele, coberto de fúria. — Tenho vergonha de ser seu filho.

— Pode se envergonhar, desde que não me envergonhe.

— Não ligo a mínima se você sente vergonha ou não.

— Pelo visto, você já perdoou a sua noivinha por ser lésbica. E por ser interesseira? Perdoou-a também?

— Não me aborreça, mãe.

— Aposto como, assim que se casar com você, ela vai voltar à sua vidinha de lésbica, só que agora com dinheiro e posição social. Muito conveniente.

— Você não sabe o que diz. Marcela me ama.

— Ama? Quem lhe garante isso? Ela ou a outra? Sim, porque duvido que ela e Luciana realmente parem de se encontrar. Essa gente é assim: começa no vício e não larga mais.

— Marcela não é nenhuma viciada. Viveu a vida dela, e ninguém tem nada com isso. Muito menos você.

— Tudo bem. Não tenho nada com isso. Mas e você, não tem? Quem lhe garante que Marcela não vai cair em tentação outra vez e se atirar nos braços de sua namoradinha na primeira oportunidade que tiver? — Ela acertou em cheio no seu questionamento, e ele não respondeu. — Será que vale a pena arriscar tudo por uma noivinha lésbica?

— Para de chamá-la de lésbica!

— Mas não é isso que ela é?

— O que ela é não é da sua conta, e você não tem o direito de falar dela. Quem você pensa que é? Uma mulher fútil, maquiavélica, maldosa. Acha que é melhor do que alguém?

— Pelo menos, não sou nenhuma pervertida.

— É pervertida, sim. Perverteu-se em sua moral e em seus valores. — Ele fechou o trinco da mala e lhe lançou um olhar faiscante de revolta. — E agora, saia da minha frente. Você não é mais minha mãe.

Flávio a empurrou para o lado e saiu enfurecido. Já não escutava mais nada. Ganhou a rua e entrou em seu carro, completamente transtornado. No banco ao lado, as flores e os bombons que comprara para Marcela jaziam à espera de um final feliz. Ele os apanhou com fúria e os atirou pela janela. Estava tão irritado com a mãe que aquele não lhe parecia o melhor momento para uma reconciliação, pois poderia estourar com Marcela e descontar nela a sua indignação. Ou, o que era pior, podia atirar sobre ela as desconfianças que nutria e que a mãe, tão habilmente, conseguira alimentar.

Resolveu ir para a casa do pai. Era o único lugar onde poderia sentir a proximidade e o apoio de uma pessoa amiga.

⁓

Não era bem o final que Dolores esperava para aquela história, mas nem tudo estava perdido. Flávio esfriaria a cabeça e voltaria para casa, mas ela precisava se aproveitar de seu desequilíbrio para afastá-lo de vez de Marcela. Era hora de Ariane agir, de lhe dar apoio e estar ao seu lado. Ligou para ela e mandou que fosse a sua casa imediatamente.

— Lamento muito, Dolores — respondeu Ariane com frieza —, mas não tenho nada que fazer aí. Nossa relação acabou.

— O que é isso, menina? — rebateu Dolores com espanto. — E o nosso plano? Vai desistir, logo agora que estamos conseguindo sucesso?

— Prossiga com ele você. Não estou mais interessada.

— Não está mais interessada em Flávio?

— Não.

Desligou. Não suportava mais nem ouvir a voz de Dolores. Lamentava ter se deixado envolver pelas suas maldades, mas agora não tinha como apagar o que fizera. Só não queria continuar se enredando cada vez mais naquela sordidez. Sentia-se culpada pelo rompimento entre Marcela e Flávio e não queria atrair mais culpas para sua consciência.

Dolores ficou parada com o fone na mão, hesitando entre a fúria e a indignação. Pensou em telefonar novamente, mas não iria dar aquela importância toda a Ariane. Seria melhor aguardar, até que ela, sufocada pelo amor, voltasse correndo e implorando que ela a ajudasse a conquistar Flávio outra vez.

Mas não era nada disso que Ariane pretendia fazer. Estava tão arrependida que não tencionava mais se envolver nem com Flávio, nem com Dolores. Só o que queria era a sua consciência tranquila de volta. Resolveu agir. Se tivera capacidade para estragar o namoro de Flávio e Marcela, deveria ter também para fazê-los reatar. Precisava, ao menos, tentar.

Ao meio-dia, foi postar-se diante da clínica em que Flávio trabalhava. Sabia que ele costumava sair para o almoço por volta dessa hora e resolveu esperar. Dez minutos depois, ele apareceu em companhia do pai, o que a contrariou um pouco. Não pretendia envolver Justino na conversa que precisava ter com ele. Mesmo assim, não desistiu. Aproximou-se dos dois e cumprimentou-os com um esforço para parecer natural.

— Ah! Ariane, boa tarde — falou Justino, rapidamente se apercebendo da situação.

Flávio não respondeu, e Ariane falou com uma certa hesitação:

— Estão indo almoçar?

— O que você acha? — rebateu Flávio com rispidez.

Ela não conseguiu dizer mais nada, já pensando em desistir, até que Justino interveio:

— Estamos indo almoçar, sim. Gostaria de nos fazer companhia?

— Se não for incômodo...

O olhar que Flávio lhe dirigiu veio tão carregado de ódio que ela pensou em desistir novamente, mas Justino continuou tomando a dianteira:

— Que incômodo você poderia nos dar? Venha conosco, será um prazer.

Os dois começaram a andar pela calçada, mas Flávio não se dispôs a acompanhá-los. Permaneceu parado onde estava, fitando-os com uma certa fúria.

— Flávio, você não vem? — perguntou Justino.

— Não, podem ir. Perdi a fome.

— Não precisa ficar sem almoço, Flávio — contestou Ariane. — Quem está sobrando aqui sou eu. Deixe que eu vou embora.

— De jeito nenhum! — objetou Justino. — Flávio vai nos acompanhar, ora se vai! — Aproximou-se do filho e cochichou em seu ouvido: — Não se esqueça de que estou saindo com a mãe dela. Sei que você não quer a sua companhia, mas faça isso por mim.

Mesmo contrariado, Flávio os acompanhou só para não recusar o pedido do pai. No restaurante, sentaram-se, e Flávio tomou a cadeira o mais distante de Ariane possível, embora ficasse de frente para ela. Pediram o almoço e começaram a comer em silêncio, que só era quebrado por uma observação ou outra que Justino fazia.

Justino comia apressado, o que não foi percebido nem por Flávio, nem por Ariane. De repente, olhou para o relógio e soltou uma exclamação:

— Meu Deus! Como fui me esquecer?

— De quê? — indagou Flávio.

— Marquei uma consulta de emergência hoje, ao meio-dia e meia, e já é quase uma hora. — Flávio olhou-o surpreso, mas Justino prosseguiu: — Vocês vão ter que me desculpar; tenho que ir.

— Mas pai, você não pode — rebateu Flávio perplexo.

— Desculpe-me, filho, mas preciso correr. Acerte tudo aí, sim? E não se esqueça de levar Ariane em casa depois.

Rapidamente, Justino deu um beijo na face de Ariane e outro na cabeça do filho, saindo apressado do restaurante. Não tinha cliente nenhum para atender de emergência, mas sua sensibilidade dizia que Ariane tinha algo de importante para conversar com o filho, e ele estava disposto a ajudar. Não só pela moça, mas por Anita também, que estava muito preocupada com o abatimento da filha por causa do que fizera a Flávio. Ela lhe contara sobre o arrependimento de Ariane, e ele não achava justo que ela sofresse tanto por causa de uma irresponsabilidade da qual estava sinceramente arrependida.

Flávio cruzou os talheres em cima do prato e virou o rosto para o outro lado. Tinha que esperar Ariane terminar de comer, mas não estava disposto a lhe dar motivos para conversa. Ela, por sua vez, comia lentamente, de olhos baixos, tentando ganhar tempo e coragem para falar. Ficaram em silêncio por quase quinze minutos, e a comida no prato de Ariane já havia esfriado porque fazia um bom tempo que ela não levava o garfo à boca.

— Já acabou? — perguntou Flávio por fim, em tom bastante irritado.

— Estou acabando — respondeu ela, o rosto corado e em fogo.

— Então ande logo. Tenho um paciente para atender daqui a pouco.

Ela deu uma garfada na comida e começou a chorar de mansinho, sentindo a carne mais salgada do que realmente estava. Flávio não percebeu ou fingiu não perceber que ela chorava, e ficava consultando o relógio a todo instante. Até que, em dado momento, seus olhares se cruzaram, e ela sustentou o olhar dele, deixando que as lágrimas descessem abundantes pelo seu rosto.

— Eu sinto muito... — balbuciou ela, entre soluços.

Ariane soltou o garfo em cima do prato e escondeu o rosto entre as mãos, chorando e soluçando sem parar, para desespero de Flávio. Algumas pessoas no restaurante se viraram para olhar, e ele se viu obrigado a dizer alguma coisa.

— Sente muito pelo quê?

— Por tudo. Pelo mal que lhes causei... a você e a Marcela.

— Não acha que isso é um pouco tarde agora?

— Não sei. Nunca é tarde quando se ama.

— A quem você ama, Ariane? A mim? Duvido muito. E mesmo que me ame, essa não foi a melhor maneira de me dizer, você não acha?

— Não. Mas não é de mim que estou falando. Refiro-me a você e a Marcela.

— Por quê? O que lhe interessa o nosso amor? Você não fez tudo para nos destruir?

— Se quisesse destruí-los, não teria ligado para você no dia em que Marcela tentou se matar novamente.

— É verdade — refletiu ele, por instantes. — Mas tenho certeza de que você só fez isso porque não queria, na sua consciência, o peso de um suicídio.

— Não exatamente. Fiz porque gosto de Marcela e não queria que nada de mal lhe acontecesse.

— Estranho você dizer isso, não é, Ariane? Depois de tudo o que fez.

— Sei que agi mal, mas não fui eu que os separei.

— Não. Foi a sua intriga.

— Eu não contei nada a ninguém. Nem a você, nem a sua mãe.

— Você e minha mãe tramaram tudo. São iguaizinhas e só o que merecem é o meu desprezo.

— Não quero me desculpar acusando sua mãe, e não foi nem para isso que vim procurar você. Não foi para implorar que você me perdoe nem que volte para mim, porque isso, já não quero mais.

— Não? E por que foi que veio me procurar então?

— Apenas para me explicar.

— Não precisa.

— Preciso, sim. Você tem todo o direito de me odiar, se quiser, mas ao menos me dê a chance de me explicar.

— Por que isso é tão importante para você?

— Porque é. Sabe, Flávio, desde que você me deixou, eu...

— Eu não deixei você, Ariane. Nós nunca tivemos nada.

— Tudo bem, que seja. Mas eu pensei que tivéssemos. Estava apaixonada por você e me deixei iludir pelos meus sonhos, achando que íamos nos casar. Só que você começou a esfriar comigo e deixou de ir à minha casa. Depois, apareceu com Marcela, que ninguém sabia de onde tinha surgido. Senti-me traída, fiquei desesperada. Queria você a qualquer custo. — Ela o olhou com uma certa mágoa e prosseguiu: — Na época, era ingênua e imatura, e acreditei que poderia tê-lo de volta simplesmente afastando Marcela de seu caminho. Sua mãe me prometeu ajuda e me convenceu a tomar parte no plano para separar vocês dois. Eu devia fazer amizade com Marcela e descobrir algo em seu passado que maculasse a sua imagem diante de seus olhos. Sua mãe tinha certeza de que Marcela escondia algo, e eu me dispus a descobrir. Sob um falso nome, tornei-me amiga de Marcela e passei a conviver com ela. Mas o que eu não esperava era que me afeiçoasse a ela...

— Não acredito nisso. Você? Afeiçoando-se a sua rival?

— Ela, então, já estava deixando de ser minha rival. Descobri em Marcela uma pessoa tão doce, meiga e amiga, que comecei a refletir no que estava fazendo e percebi que a amizade que sentia por ela valia mais do que o meu desejo de ter você de volta. Eu nunca tive amigos, e Marcela me ensinou o que é ser amiga de verdade. Aos poucos, fui desistindo do plano, mas tinha a sua mãe me pressionando do outro lado. Não quero acusar Dolores, porque eu me deixei envolver deliberadamente. Hoje estou pronta para assumir a minha parcela de responsabilidade nessa história toda e, embora não queira acusá-la de nada, não há como lhe contar o que aconteceu sem tocar no nome dela.

— Sei do que minha mãe é capaz e sei o que ela fez. Você não vai estar me contando nenhuma novidade.

— Não quero que pense que estou tentando me justificar em cima do comportamento dela.

— Não estou pensando nada.

— Muito bem. Pressionada por ela, contei-lhe algumas particularidades da vida de Marcela, mas não todas. Ela sabia de Luciana, mas eu nunca lhe disse que elas haviam vivido juntas.

— E como foi que minha mãe descobriu?

— Através de Cecília, a moça que esfaqueou Luciana. Sua mãe descobriu onde ela estava presa e conseguiu as informações. Depois chantageou Marcela que, com medo do que você faria se descobrisse, pensou até mesmo em se matar. Daí em diante, acho que você já conhece a história.

— Já. Não precisa mais perder o seu tempo para me contar.

— Por que está me tratando assim?

— Conheço as suas artimanhas.

— Não o amo mais, Flávio...

Aquela conversa o estava deixando aborrecido, e ele perguntou de repente:

— Já acabou de comer?

Ela percebeu que havia chegado ao seu limite e não insistiu. Balançou a cabeça afirmativamente, e ele pediu a conta. Pagou-a, e os dois saíram.

— Não precisa me levar em casa — disse ela, não desejando mais a sua companhia.

— Não poderia mesmo. Tenho muito trabalho me esperando.

Despediram-se, cada qual tomando o seu caminho. Ariane ia se questionando sobre a eficácia daquela conversa, e Flávio pensava em Marcela. O que Ariane dissera não o influenciaria em nada. Ele já tinha se decidido a procurá-la e só não o fizera porque a conversa com a mãe, na véspera, o deixara muito irritado, e ele não queria encontrar Marcela com ódio no coração. Preferia se acalmar e se preparar para um encontro amistoso e cheio do amor.

Reconhecia, contudo, que Ariane tivera coragem. O pai já havia lhe falado do seu arrependimento, mas ele não lhe dera importância. Não fosse a raiva que sentia, teria até admirado-a por sua sinceridade. Mas ela agira muito mal, e ele não sabia se conseguiria perdoá-la. Não sabia nem se deveria tentar.

CAPÍTULO 22

Luciana voltou ao trabalho duas semanas depois de retornar do coma. Passou um tempo em casa de Maísa, se recuperando, até que a ferida sarou por completo, e ela pôde retomar suas atividades. Depois desse episódio, parecia mudada. Continuava a mesma mulher forte e decidida de antes, mas uma certa maturidade indizível havia marcado o seu semblante. Começou a reavaliar sua vida e concluiu que precisava de experiências que lhe ensinassem o que fosse, verdadeiramente, o amor.

— Já não tenho mais idade para viver aventuras inconsequentes — disse ela a Maísa. — Preciso de algo novo, bom e duradouro em minha vida.

— Não seja tão rígida — censurou Maísa. — Seu relacionamento com Marcela foi bastante verdadeiro, e vocês só terminaram porque o amor se acabou.

— Não é a isso que me refiro. Não sei explicar, Maísa. Sinto que falta algo na minha vida, mas não sei dizer o que é.

— Não é um amor?

— Não.

— Dinheiro não deve ser. Estamos indo bem financeiramente. Você trabalha no que gosta. Será que é um carro ou casa própria?

— Não é nada disso. Não são bens materiais.

— Mas então, o que é?

— Já disse que não sei. Só sei que sinto um vazio indefinível dentro do peito. Preciso de um objetivo novo e estimulante, que me encha de amor e prazer.

— Bem, não sei o que pode ser isso. Quando descobrir, me avise.

Naquela noite, Luciana foi dormir ainda com esses pensamentos, e Rani lhe apareceu novamente em sonhos. Já mais acostumada à presença do espírito, com quem agora começava até a simpatizar, Luciana logo se desprendeu do corpo físico e foi ao seu encontro.

— Ouvi a sua conversa com Maísa hoje à tarde — comentou Rani.

— Ouviu? E daí?

— Sua alma anseia por novas experiências, algo que lhe ensine o valor da vida e do amor.

— Talvez. Mas não posso amar mais ninguém.

— Você fala de amor físico. Esse você já aprendeu. Falta-lhe a essência do que é divino, do amor verdadeiro que não se acaba e não esmorece nunca.

— Como assim?

— Já pensou em ser mãe?

— Eu?! Não sei... Adoro crianças, mas não me vejo tendo relações com nenhum homem.

Rani sorriu enigmaticamente e retrucou em tom de quem conhecia algum mistério:

— Já pensou em adotar uma criança?

— Não, nunca. Para falar a verdade, por mais que goste de crianças, também não consigo me ver como mãe.

— Isso é porque você não viu ainda a criança.

— Que criança? — tornou ela surpresa.

— Em breve, você vai saber. Mas agora, há outra coisa que preciso lhe perguntar: como vai o seu sentimento em relação a Cecília?

— Bem, não quero mais assunto com ela.

— É compreensível. Mas você a odeia?

Depois de pensar alguns instantes, Luciana respondeu convicta:

— Não. Não pretendo lhe dar a chance de tornar a fazer o que fez comigo, mas não a odeio. Acho até que compreendo os seus motivos.

— Você tirou a vida de Cecília em outra vida, lembra-se?

— É por isso que digo que a compreendo. Deve ser difícil para a alma esquecer uma coisa assim.

— Pois é. Cecília não se esqueceu, assim como o pai dela também não.

— O que o pai dela tem a ver com isso?

— Muita coisa. Ele nunca desconfiou de você em vida, mas, depois que desencarnou e descobriu que você havia matado a sua filha, ficou com muito ódio de você. Ódio esse que precisa ser dissolvido.

— Como?

— A melhor forma de se dissolver ódios e ressentimentos são os laços de família.

— Laços de família? Mas ele não é da minha família... — Ela se calou, temerosa, e começou a gaguejar: — Não pode ser... não o que estou pensando...

— Em que está pensando?

— O estupro... — calou-se novamente, já sentindo lágrimas nos olhos. — Mas eu fiquei menstruada... Por favor, Rani, diga que não é isso. Diga que não estou grávida daquele miserável que me estuprou.

— Não posso dizer nada — objetou Rani, fechando o cenho de repente. — Mas em breve você vai descobrir. Só lhe peço para ter equilíbrio e ponderação. Procure se lembrar de tudo isso que falamos. O pai de Cecília precisa de uma nova chance, e chegou a hora de você provar que não guarda rancor.

— Mas não posso aceitar ser mãe de um filho assim!

— Ninguém está falando isso.

— Você está sugerindo.

— Não estou, não. Estou apenas lhe pedindo para refletir.

— Você está me pedindo demais! Nenhuma mulher pode amar um filho gerado num ato de violência!

— Deus nunca pede demais. Nada que você não possa suportar.

— Mas, mas...

Rani não lhe deu mais ouvidos. Abraçou-a com ternura e partiu. No dia seguinte, quando Luciana acordou, não se lembrava do sonho da noite anterior, mas achava que alguma situação surpreendente e complicada estava por vir. Tomou o café em silêncio e, ao final, um enjoo repentino lhe causou ânsia de vômito. Correu para o banheiro e colocou tudo para fora, arriando no chão com os joelhos trêmulos. O que será que teria comido?

De repente, a ideia de gravidez brotou em sua mente, e ela sufocou um grito. Seria possível? Quando estava no hospital, fora examinada pela sua ginecologista particular e fez exames para saber se havia contraído alguma doença, mas os resultados haviam sido todos negativos. Só não fizera nenhum teste de gravidez, porque isso nem lhe passava pela cabeça.

Estava apavorada ante a ideia de estar grávida, ainda mais daquele canalha. Se estivesse, faria o aborto. Era contra aborto, mas não via outra saída. Se tivesse aquele filho, seria um desastre. Reconhecia que o bebê não tinha culpa de nada, mas ela não podia se impor um sentimento que sabia que jamais seria capaz de sentir. Não seria justo nem com ela, nem com a criança.

Lembrava-se de haver menstruado naquele mês, mas isso não significava nada. Sabia de mulheres que haviam ficado menstruadas e que, ainda assim, estavam grávidas, e, provavelmente, fora isso que acontecera com ela. Não. Decididamente, precisava abortar. Arrancar de suas entranhas aquele ser indesejado e odioso.

Mas aquele ser indesejado era um bebê inocente que nada sabia sobre o caráter do pai e nada tinha de odioso. Nasceria livre de toda aquela sujeira, sem sequer desconfiar de sua procedência. Nesse momento, algo das palavras de Rani lhe veio à mente, e ela começou a pensar na criança como um ser inocente e indefeso que, como todos os seres, só queria viver. Será que ela teria o direito de privar uma pessoa do seu direito de nascer, cortando-lhe as esperanças de vida antes mesmo de ver as primeiras luzes do mundo?

Não, pensando melhor, não faria o aborto. Era contra tudo aquilo em que acreditava como mais sagrado na vida, que era a própria vida. O mais correto seria dá-lo para adoção. Sim, faria isso. Deixaria que nascesse e o mandaria para adoção antes mesmo de vê-lo. Nem queria tomar conhecimento de sua existência. Limitaria sua participação até o parto e depois o entregaria a outras pessoas. Havia muitos casais sem filhos que dariam tudo por um bebê forte e saudável, que era como ela esperava gerá-lo em seu ventre. Ao menos dessa parte iria se encarregar. Daria a ele o sustento da vida intrauterina, e depois ele, ou ela, poderia ser arranjar com outras pessoas e uma verdadeira família. E ninguém poderia culpá-la por isso. Ninguém.

Chegou ao trabalho com ar cansado, e Maísa já estava de saída.

— Precisamos contratar outra secretária... — queixou-se Maísa mas, notando o abatimento de Luciana, indagou aflita: — O que você tem?

Luciana olhou-a com um quase desespero. Precisava dividir aquilo com alguém ou morreria asfixiada na própria dor.

— Você nem pode imaginar. Aconteceu algo terrível.

— O quê?

— Acho que estou grávida.

— Grávida? Daquele bandido que a estuprou?

— Só pode ser dele, Maísa. Não transei com nenhum homem.

— Meu Deus! E agora?

— Não sei.

— Você vai abortar?

— Acho que não. Não tenho coragem.

— Vai ter a criança?

— Vou. E vou dá-la para adoção.

— É, talvez seja o melhor. Abortar é sempre um risco, nunca se sabe. Ainda mais nessas clínicas clandestinas, com esses carniceiros.

— Não é por isso, Maísa. Estou pensando na criança. Ela tem o direito de viver.

— Tem. Mas você também tem o seu direito.

— Desde quando você é a favor do aborto?

— Não sou. Mas no seu caso... A lei lhe dá esse direito, sabia? Não sei qual o procedimento para isso, mas sugiro que você procure um advogado.

— Não vou abortar, já disse. Vou ter o bebê e dá-lo para adoção.

— Tudo bem, se é o que você quer. No fundo, não sou contra. Acho até que é melhor mesmo. Você tem razão quando diz que ele tem direito à vida. Afinal de contas, é um inocente e não tem culpa das maldades do pai. Pensando bem, por que você não fica com ele?

— Ficar com ele?

— Já que vai passar pelos problemas da gravidez e sentir as dores do parto, por que não fica com ele logo de uma vez?

— Você muda de ideia rápido, hein? Há pouco achava que eu devia abortar. Agora me aconselha a ficar com ele.

— Pensei melhor. Também não sou a favor do aborto e, se fosse eu, não teria coragem.

— Mas você não ficaria com ele.

— Não sei. Talvez ficasse. Imagine-se segurando nos braços um bebê lindo e rosado. Você vai se apaixonar por ele... ou ela. Todo mundo se apaixona por bebês.

— É por isso que não pretendo nem colocar os olhos nele.

O primeiro paciente de Luciana chegou, e ela teve que encerrar a conversa.

— Precisamos de uma nova secretária — observou Maísa novamente.

— E eu preciso fazer o teste antes — sussurrou Luciana.

— Amanhã irei com você.

Luciana agradeceu com um sorriso e entrou no consultório com o paciente. Durante o resto do dia, procurou não pensar no assunto, embora sentisse que algo estava prestes a mudar sua vida. E ela bem sabia o que era: um bebê.

A primeira coisa que Luciana fez ao acordar foi ir ao laboratório fazer o teste. Maísa chegou cedo à sua casa e foi com ela. O resultado só ficaria pronto no dia seguinte, e ela teve que aguardar com uma estranha ansiedade. Queria muito que o resultado desse negativo, mas a ideia de se tornar mãe lhe deu uma nova perspectiva de vida. Não desejava estar grávida naquele momento, mas quem sabe, mais tarde, não encontrasse um homem disposto apenas a transar com ela apenas para lhe dar um filho e nunca mais tornar a vê-la? Ela poderia criar o bebê sozinha ou com a companheira que escolhesse para dividir a sua vida. Quem sabe um filho não seria o algo mais que lhe faltava?

No dia seguinte, as duas foram buscar o resultado do exame. Luciana abriu-o avidamente e leu apressada, seu rosto não demonstrando nenhuma emoção.

— Então? — perguntou Maísa, ansiosa. — O que foi que deu?

— Negativo.

— Graças a Deus!

— É, graças a Deus.

Ela estava aliviada e, ao mesmo tempo, decepcionada. O que lembrava do sonho com Rani não era suficiente para que insistisse na possibilidade de gravidez e num possível erro no resultado do teste. Por mais que se recordasse da indiana, não dava crédito a suas palavras e via naquele sonho fragmentado apenas um sonho idiota, que não dizia nada. Não dava importância ao alerta da maternidade.

Maísa seguiu para o trabalho, e Luciana foi resolver outros assuntos. O dia transcorreu normalmente, até que a noite chegou, e ela voltou para casa. Havia deixado de lado aquela história de maternidade e bebês, e estava caminhando pela rua quando um carro parou a seu lado. Instintivamente, ela se afastou, temendo que fosse algum tarado ou coisa pior, e já ia se preparando para correr quando ouviu uma voz conhecida chamar o seu nome:

— Luciana!

Ela se voltou espantada e julgou reconhecer o rosto que a mirava pela janela do automóvel.

— Flávio?

— Eu mesmo. Quer uma carona?

— Não, obrigada. Moro logo ali.

Luciana sabia o que havia acontecido entre ele e Marcela e ficou se perguntando o que ele poderia querer com ela. É claro que não estava ali para lhe oferecer carona, parecendo muito mais que a estava esperando.

— Será que eu poderia falar com você? — tornou ele, um tanto hesitante.

Ela estranhou aquele pedido, mas não quis recusar. Devia ser importante, ou ele não a procuraria assim, uma quase estranha que fora amante de sua noiva.

— É claro — respondeu ela curiosa. — Vamos até a minha casa.

Ela entrou no carro e indicou o seu prédio. Flávio estacionou em frente, e os dois saltaram em silêncio, Luciana tentando adivinhar por que ele a procurara. Já no apartamento, ela fez com que ele se sentasse e se sentou diante dele, fitando-o com curiosidade e expectativa.

— Muito bonito o seu apartamento — observou ele, olhando ao redor.

— Obrigada. Quer beber alguma coisa?

— Não precisa se incomodar. Não pretendo me demorar, porque sei que você teve um dia cheio e deve estar louca para descansar. — Ela não disse nada, até que ele começou a dizer o motivo por que estava ali. — Desculpe-me por vir procurá-la assim tão de repente... Na verdade, estava esperando você chegar.

— Por quê?

— Gostaria de falar com você a respeito de Marcela — Ela aguardou, e ele prosseguiu: — Não sei se você sabe que eu já sei de tudo — Ela assentiu. — Marcela acabou me contando. Gostaria de ouvir a sua versão. O que leva uma moça bonita, inteligente e culta a tomar um rumo desse?

— O que o levou a ser médico?

Ele se surpreendeu, mas respondeu com uma certa vergonha:

— Eu sempre gostei da medicina.

— E nós sempre gostamos de mulheres.

A resposta foi tão direta que o chocou.

— Mas... por quê...? — balbuciou. — Não me parece... natural...

— Também não me parece natural que alguém que adore medicina estude direito só porque o pai assim quer.

— Não estou entendendo.

— A escolha da profissão deve decorrer da vocação, você não acha? Cada um tem uma preferência, e ninguém pode interferir nisso. É natural, faz parte da pessoa. Quando ela segue um outro rumo, porque alguém assim determinou, na verdade, está indo contra a sua natureza, está se forçando a ser alguém que não é. Não é assim? — Ele concordou com a cabeça. — Pois com o sexo é a mesma coisa. Cada um tem a sua preferência, e quando se força a seguir aquela que não é a sua, mas que é a única aceita pela família ou a sociedade, está também forçando a sua natureza e se impondo ser alguém que não é. Vai se sentir frustrado, incompleto e infeliz, assim como os profissionais que optam por carreiras que não são de seu desejo, mas que agradam aos pais ou que só lhe dão dinheiro. Se falta amor no que se faz ou se é, não pode haver felicidade. Só frustração e insatisfação.

— Entendo... — rebateu ele, admirado. — E é da sua natureza, e de Marcela, gostar de mulheres.

— Só posso falar por mim, embora essa seja uma conversa que não me agrade muito, que mexe com a minha privacidade e viola a minha intimidade.

— Sinto muito... — balbuciou ele envergonhado. — Na verdade, não vim procurá-la para saber de sua intimidade. Vim aqui porque gostaria de conhecê-la melhor.

— Por quê?

— Você foi... — calou-se, sem achar a palavra certa, até que emendou encabulado: — namorada de Marcela. Ela foi muito apaixonada por você... não foi?

— Foi. Mas não é mais, se é o que está tentando descobrir.

— Tem certeza disso?

— Por que não pergunta a ela? Já que o sentimento lhe pertence, ninguém melhor do que ela para responder.

— Não me leve a mal, Luciana. Não vim aqui às escondidas para descobrir coisas sobre Marcela. A verdade é que estou confuso, com medo. Eu a amo muito e não gostaria de perdê-la.

— Já lhe disse isso?

— Ainda não.

— Pois se a ama, devia estar falando com ela, não comigo.

— Tem razão. É justamente o que pretendo fazer, mas não sem antes ter a certeza de que ela me ama de verdade, e não a você.

— Já entendi. Pensa que Marcela se afeiçoou a você para suprir a minha falta. É isso?

— De uma certa forma, sim.

— A certeza que você quer, ninguém pode lhe dar. Nem ela. Só o tempo.

— Você ainda a ama?

— Amo, embora não da maneira como você pensa. Hoje somos mais como irmãs. Passamos muita coisa juntas, lutamos para sobreviver na cidade grande e ser alguém na vida. Ambas conseguimos e somos pessoas respeitáveis, temos nossas profissões, nossos empregos. Pagamos nossas contas como todo mundo, damos nossa contribuição à sociedade. Por que precisamos ser tratadas como marginais?

— Não é isso. Não creio que vocês sejam marginais.

— No entanto, terminou com ela só porque soube que ela viveu comigo no passado.

— Eu me senti traído. Ela devia ter me contado desde o início.

— Nisso, você tem razão. Não foram poucas as vezes que a aconselhei. Mas ela teve medo, e você devia entender isso.

— Agora entendo. E, como disse, pretendo procurá-la e me reconciliar com ela. Só gostaria de conhecer você...

— E ter a certeza de que eu não represento nenhuma ameaça.

— Perdoe-me, mas é mais ou menos isso, sim. Amo Marcela demais, contudo, não quero sofrer.

— Entendo. Bem, você já me conheceu. Espero que esteja satisfeito e que isso lhe dê um pouco da segurança que procura.

— Deu. Você me ajudou bastante. Obrigado.

Ele já ia saindo, mas ela o interrompeu:

— Se pretende procurá-la, ela não vai estar em casa. Está procurando apartamento para se mudar.

— Mudar?

— Sim, mudar. Vai estar o dia na rua hoje, olhando uns apartamentos, e me pediu para ir ver um com ela amanhã. Vou lhe dar o endereço e direi que não poderei ir. O resto é com você.

— E se ela não for?

— Ela vai.

O apartamento de Marcela parecia agora reter uma atmosfera pesada, que a fazia se sentir sufocada e triste. Ali, vivera anos de felicidade ao lado de Luciana, e fora ali também que, por causa dela, tentara se matar. Naquele lugar tivera momentos inesquecíveis com Flávio e, novamente ali, desejara mais do que nunca morrer quando soube que o perderia. Não podia mais viver entre aquelas paredes carregadas de lembranças, umas felizes, outras desesperadoras, que insistiam em jogar sua casca de tristeza sobre o que ela, um dia, conhecera como felicidade.

Estava na hora de se mudar, e ela resolveu entregar o imóvel. Avisou o locador de sua intenção e saiu à procura de um novo lugar para morar, longe de todas aquelas lembranças, onde pudesse começar de novo sem a sombra marcante e assustadora do passado. Tinha conseguido juntar um bom dinheiro, com o qual poderia dar entrada num pequeno apartamento. Começou a procurar no jornal e passava os dias visitando apartamentos em vários bairros da cidade. Não fazia questão de nenhum em especial. Desde que pudesse ter algo seu, tanto fazia onde fosse.

Flávio anotou o endereço e o horário em que Luciana disse que se encontrariam com o corretor para visitar o apartamento. Chegou meia hora mais cedo, e não havia ninguém. Estacionou o carro perto do prédio e ficou esperando. Vinte e cinco minutos depois, Marcela chegou com o corretor e entrou no edifício, sem nem se dar conta da sua presença. Ele esperou até que ela entrasse e saltou do carro, subindo atrás dela.

Como era de se esperar, a porta não estava trancada, e o corretor percorria os pequenos cômodos com ela, mostrando-lhe tudo. Eles estavam de costas, apreciando a vista da janela da sala, que dava para um morro ainda verdinho, quando ele se aproximou por trás e falou:

— Não acha um pouco pequeno para nós?

Os dois se voltaram assustados, e Marcela ficou muda, não sabendo se chorava de emoção ou se fugia correndo de pavor. O corretor, por sua vez, achando que ele era o noivo, começou a falar apressadamente, ressaltando as qualidades do apartamento:

— Ah! Mas o lugar é muito bom. Tem comércio, condução, tudo perto. E depois, se o senhor olhar melhor, vai ver que não é tão pequeno assim. É ótimo para o início de vida de um casal...

Flávio não estava mais escutando. Fitava Marcela com um misto de ternura e medo. Sentia o quanto a amava, mas temia que ela, magoada com a forma como ele a tratara, ignorasse a sua presença e o deixasse sozinho ali. Ela, contudo, tremia por dentro de felicidade. Realmente, estava magoada com ele, sentia-se humilhada pela forma como ele a tratara e achava mesmo que nunca mais deveria olhar para ele. Mas o coração falou mais alto, e ela começou a chorar de mansinho, sem coragem de se mexer.

Ele se aproximou dela e tomou o seu pequeno queixo entre os dedos, fazendo com que ela voltasse os olhos para ele.

— Será que pode me perdoar? — sussurrou.

Ao invés de responder, Marcela aproximou dele os lábios e fez com que ele a tomasse nos braços e a beijasse, deixando o corretor embaraçado.

— Bem... — balbuciou o homem — acho que vou deixá-los sozinhos. Talvez queiram conversar sobre o apartamento e...

— Não precisa se incomodar — cortou Flávio, ainda retendo Marcela em seus braços. — O apartamento é bom, mas é pequeno para nós. Agradeço a sua boa vontade, mas não é o que procuramos.

Ainda abraçados, os dois se desculparam com o corretor e deixaram o imóvel. Foram para a casa de Marcela e se amaram como nunca. De tão feliz, Marcela não conseguia nem falar. Nem pensava mais na aversão que sentia de sua própria casa. Naquele momento, parecia um pedaço do paraíso, porque era Flávio que fazia a beleza do lugar.

— Será que você pode me perdoar? — suplicou ele ao final, estreitando-a cada vez mais. — Fui o maior idiota do mundo, mas não posso viver sem você.

— Você me magoou muito.

— Eu sei. Não há justificativa para o que fiz, mas quero compensá-la por tudo. Perdoe-me, Marcela, por favor. Não devia ter falado aquelas coisas nem ter feito o que fiz. Você não merecia.

— O que foi que aconteceu para você chegar a essa conclusão?

— Ouvi alguns conselhos, mas, principalmente, segui o meu coração. Você é a mulher que eu amo, e não poderia perdê-la por uma bobagem.

— Acha bobagem agora?

— Sim. Pessoas amigas me fizeram ver que nada disso importa. O seu passado só a você pertence, como eu mesmo lhe repeti tantas e tantas vezes. O que importa é o que sentimos um pelo outro agora.

— Tem certeza do que diz, Flávio? Não vai me atirar isso na cara depois? Sempre que discutirmos, não vai usar isso como arma para me ferir?

— Nunca! Se estou pedindo para você me aceitar de volta, é porque esse assunto está superado e encerrado. Não é mais importante para mim que você tenha vivido com outra mulher ou não. Só o que lhe peço é que seja somente minha a partir de agora.

— Sou somente sua desde o dia em que o conheci.

— Promete que nunca vai me trair?

— Se vamos começar com desconfianças, então é melhor nem começarmos.

— Tem razão, perdoe-me novamente. Não tenho motivos para desconfiar de você. Você sempre foi leal e sincera, sei que nunca me enganou nem me enganaria com ninguém.

— Acredita no meu amor?

— Acredito. E você? Acredita no meu?

— Confesso que cheguei a duvidar, porque achei a sua conduta incompatível com quem diz amar tanto. Mas hoje, quando você apareceu, não tive mais dúvidas. Ninguém que não ama é capaz de um beijo tão apaixonado como o que você me deu lá naquele apartamento.

Ele a beijou novamente e considerou:

— Você precisa mesmo sair daqui. Vamos logo marcar a data do casamento e procurar uma casa para nós. Não um apartamento pequenininho como o que você arranjou hoje cedo, mas uma casa grande, arejada e confortável. Quero ter muitos filhos, e eles vão precisar de espaço para correr.

— Tem certeza de que é isso mesmo o que você quer? — tornou ela, ainda em dúvida.

— Absoluta! Você é a mulher que eu amo, e é com você que quero me casar.

Passaram o resto do dia conversando e fazendo planos. Falaram sobre Luciana e Ariane, sobre Dolores e suas intrigas. Nada disso, porém, os abalou. Flávio concordou que Luciana era uma boa amiga e admitiu que a admirava. Dolores ficaria furiosa quando soubesse, mas nenhum dos dois se importava. Apenas Ariane os incomodava. Ainda não estavam bem certos sobre suas atitudes mas, por enquanto, preferiam não reatar amizade com ela.

Daquele dia em diante, começaram os preparativos, e a notícia logo se espalhou. Algumas pessoas, ao ver Flávio e Marcela em algum restaurante ou qualquer outro lugar público, riam e cochichavam entre si, mas eles nem se incomodavam. Exibiam as alianças com naturalidade, e Marcela ostentava o anel de brilhante que ele lhe dera com indisfarçável orgulho.

A notícia logo se espalhou, e Dolores não tardou a saber da reconciliação dos noivos. Espumando de ódio, ela começou a ligar para a clínica e o apartamento de Justino, onde sabia que Flávio estava morando. Na clínica, ele não atendia e, no apartamento, ela nunca conseguia encontrá-lo. Ele e Marcela haviam, finalmente, achado uma casa e estavam empenhados em reformá-la, passando lá muitas noites, planejando a decoração e entregues ao seu amor.

Dolores não sabia disso e foi ficando cada vez mais furiosa. Até que resolveu ir pessoalmente ao apartamento de Justino para tentar falar com o filho. Precisava chamá-lo à razão, mostrar a ele algumas fotos em colunas sociais e uma observação maldosa feita numa revista de fotonovelas. Com isso, esperava que ele acordasse e rompesse de vez com aquela aventureira lésbica.

A campainha do apartamento de Justino quase estourou de tanto tocar. Era óbvio que ele não estava em casa, e ela, por pouco, não teve um acesso. Esmurrou a porta, chutou, mas nada. Não adiantava, que ele não estava mesmo, e ela não via outro remédio, senão ir embora. Teve que esperar alguns minutos até que o elevador chegasse e, quando o puxou pelo lado de fora, alguém o empurrou pelo lado de dentro, e a porta quase acertou a sua testa, o que a fez espumar ainda mais. Já ia se preparando para dizer um desaforo quando percebeu quem havia chegado. Justino estava parado no corredor, ainda segurando a porta do elevador e, lá dentro, a figura de uma mulher, que Dolores conhecia vagamente, levando-a a fazer tremendo esforço para se recordar.

— Anita! — gritou ela, finalmente se lembrando de quem era e avaliando a outra. — O que faz aqui com o meu marido?

— Não sou seu marido, Dolores — objetou Justino com frieza. — E Anita não lhe deve satisfações.

Ao ver Dolores ali parada, os olhos chispando fagulhas de ódio, Anita pensou em recuar. Sua velha insegurança havia voltado, e ela se sentiu amedrontada e intimidada com a figura elegante, esbelta e confiante de Dolores.

— Acho melhor eu ir para casa — murmurou ela. — Posso chamar um táxi...

— Nada disso! — protestou Justino. — Você veio comigo, e é Dolores quem não tem nada para fazer aqui.

— Tenho um assunto a tratar, mas não é com você — comentou ela com azedume. — É com meu filho. Onde está ele?

— Ele não está aqui.

— Isso, eu já percebi. Quero saber onde ele está.

— Não é da sua conta.

Justino a empurrou para o lado e abriu a porta, puxando Anita pela mão.

— E agora, se nos der licença, temos muito o que fazer — anunciou ele, entrando com Anita no apartamento. — Até logo.

Diante do ar embasbacado de Dolores, Justino fechou a porta delicadamente. Ela estava perplexa e, ao mesmo tempo, furiosa. Ouvira falar que Justino estava saindo com uma mulher, mas jamais poderia imaginar que fosse com a ex-mulher de seu ex-amante. Ela estava horrível: gorda, velha e malvestida. Justino deveria estar muito necessitado para aceitar sair com uma mulher daquela. Era revoltante e inadmissível! Como podia ele se deixar envolver por alguém sem linha feito aquela Anita?

Do lado de dentro, Anita tremia. Sentia-se pequenininha diante daquela mulher poderosa e cheia de classe. Justino percebeu o seu constrangimento e a abraçou com ternura, passando-lhe amor e confiança.

— Por que está desse jeito? — perguntou gentilmente. — Não se deixe intimidar por Dolores.

— É que sua ex-mulher é tão... tão bonita... tão elegante... tão senhora de si...

— E tão fútil, tão má, tão mesquinha. Por que se diminui diante dela? Ela não é melhor do que você em nada.

— Ela ainda é uma mulher muito bonita.

— Você também é.

— Não sou, não. Envelheci muito depois de meu último filho. Deixei-me engordar e perdi a vontade de me arrumar, frustrada com o fracasso do meu casamento e a indiferença de meu marido.

— Pois eu acho que você está muito bem.

— Você está apenas sendo gentil.

— Se não gostasse de você do jeito que é, não a teria convidado para sair.

— Ainda hoje me pergunto o que foi que você viu em mim...

— Além de achar você uma mulher atraente, interessante, sensível, culta, inteligente e espirituosa? — Ela assentiu, surpresa com tantos elogios. — Apaixonei-me por você.

— Oh! Justino!

Os dois se abraçaram, e ele foi até o bar. Serviu duas taças de champanhe e ofereceu uma a ela.

— Vamos brindar.

— A quê?

— Ao privilégio de sermos pessoas maduras, que sabem o que querem e são livres para viver um amor sereno, confiante e verdadeiro.

Ela sorriu, e ambos estalaram as taças. Anita estava feliz como nunca antes se sentira em toda a sua vida. Sabia que podia confiar em Justino, em suas palavras e no seu amor. Dali em diante, não pensaria mais em si mesma como alguém inferior e procuraria melhorar não apenas a aparência física, mas, principalmente, os seus pensamentos. Não queria mais ser uma mulher insegura. Queria ser alguém forte e corajosa, ciente de seu valor e do valor que Justino conseguia reconhecer nela. Ela o amava, mas não queria fazer isso por ele. Faria por si mesma.

CAPÍTULO 23

    A cada dia que passava, Dolores ficava mais e mais furiosa. Além de o filho estar visivelmente evitando falar com ela, descobrira o caso ridículo de seu marido com aquela mulher insossa e idiota. Não fosse a ex-mulher de Nélson, ela até acharia graça em ver que Justino se envolvera com uma feiosa sem classe. Ficava pensando se ele realmente gostava dela ou se estaria fazendo aquilo somente para humilhá-la. Não acreditava. Justino fazia o tipo gentil e bonzinho, e o mais provável era que tivesse mesmo se apaixonado pela bruaca velha.
    Justino podia ficar para depois. Não tinha tempo para perder em conjecturas sobre as aventuras sexuais do ex-marido. O que lhe interessava no momento era o filho. Flávio estava evitando falar com ela havia semanas. Tinha certeza de que Justino lhe informara de que ela estivera à sua procura, e ele não a procurara de propósito. No entanto, precisava conversar com ele e fazer com que voltasse à realidade.

Não precisou esperar muito. Uma semana depois, Flávio apareceu em sua casa, levando em mãos um envelope alinhado.

— O que significa isso? — rugiu ela entredentes, segurando nas mãos o convite ainda lacrado.

— É um convite de casamento, mãe. Não deu para perceber?

— Quem vai se casar? Você? — Ele assentiu. — Com aquela lésbica aventureira?

— Ela não é lésbica e, muito menos, aventureira.

— Ora, vamos, Flávio, você conhece o passado dessa moça tão bem quanto eu. Todos conhecem. Você vai ser massacrado pela sociedade se se casar com ela.

— Isso não me interessa. Ninguém tem nada com a minha vida.

— Você saiu de casa por causa dessa moça e agora pretende levar adiante um casamento que vai causar a sua ruína.

— Engano seu. Meu casamento tem tudo para ser bem--sucedido, porque nós nos amamos, nos compreendemos e nos respeitamos. Ah! E eu não saí de casa por causa de Marcela. Foi por sua causa que me mudei: por causa de suas intrigas e da humilhação que me fez passar.

— Meu filho, deixemos isso para lá. Já passou.

— Sim, passou, e é por isso que não pretendo mais retornar a esse assunto. Procuro relevar o que você fez, dizendo para mim mesmo que você pode ser orgulhosa, esnobe e intrigante, mas é minha mãe e, presumivelmente, quer o meu bem. Ainda que o meu bem não seja, exatamente, o que você quer me oferecer.

— Mas é claro que quero o seu bem!

— Então, aceite o meu casamento com Marcela como fato consumado.

— Você está me pedindo para abrir mão da nossa dignidade e conviver com uma lésbica?

— Ela não é lésbica. E, ainda que fosse, isso não faria dela essa pessoa desprezível que você quer fazer parecer.

— Está bem, está certo. Concordo que talvez isso não tenha tanta importância. Mas o fato é que Marcela é uma pobretona, uma mulherzinha de classe inferior, sem eira nem beira. O que um homem da alta sociedade como você pode esperar de uma criatura assim?

— Agora você está sendo mais verdadeira. Está claro para mim que o seu problema com Marcela é a sua condição social. Pois então, mãe, deixe que lhe diga o que posso esperar de Marcela: amor. É só isso que me importa.

— Amor, pois sim! Tudo muito bonito enquanto ela não o fizer passar vergonha na frente dos seus amigos.

— Marcela é uma moça culta e educada. Não vai me fazer passar vergonha em lugar nenhum.

— Mas não é do nosso meio, não tem o seu nível! Além de tudo, não gosta de mim.

— Você é quem não gosta dela. E não gosta porque não vai poder manipulá-la como pensava fazer com Ariane.

— Ariane anda meio sumida, contaminada pelas ideias estranhas que Marcela colocou na cabeça dela. Mas ainda é a mulher certa para você.

— Ariane não me quer mais, mãe. Ela mesma me disse.

— É mentira. Ela está apenas escabreada com tudo o que passou. Mas se você a quiser, duvido que ela o rejeite.

— Ela está arrependida. Ao contrário de você, Ariane mostrou senso de dignidade e veio se desculpar comigo.

— E você a desculpou? — Ele não respondeu. — Pois eu acho que você devia. Com o tempo, você vai ver como ainda têm chance juntos.

— Não adianta, mãe. Ariane e eu somos dois estranhos agora. É com Marcela que vou me casar, quer você queira, quer não.

— E veio me convidar para o casamento? — retrucou ela com indignação, exibindo o convite fechado. — Como se eu fosse uma estranha?

— Você não é uma estranha, mas vai ser apenas mais uma convidada. Não a quero no altar junto comigo.

— Eu é que não quero que me vejam no altar, recebendo aquela lésbica como nora!

— Pouco me importa. Só não quero que Marcela se sinta mal no dia que deve ser o mais feliz da sua vida. — Ela o olhava com raiva, e ele finalizou: — Bom, o convite está entregue. Se quiser comparecer, ótimo. Se não quiser, tudo bem também.

Com um sorriso frio, Flávio se despediu. Não tinha mais paciência para as encenações da mãe e não queria lhe dar a chance de encher os seus ouvidos com as suas histórias maledicentes. Entregara-lhe o convite por insistência de Marcela, que era uma pessoa boa e não guardava ressentimentos. Mas não a queria no altar e não pretendia mais lhe dar a chance de lhe causar embaraços ou humilhar sua noiva.

———⚮———

O casamento se realizou conforme o esperado, em uma recepção simples, porém, elegante, para a qual foram convidados todos os amigos e conhecidos de Flávio e Marcela. Ele não queria que dissessem que se casara em segredo, para não expor a noiva lésbica, como dizia a mãe, e, por isso, fez questão de uma cerimônia sem luxo, mas grande o bastante para comportar todos aqueles a quem, supostamente, deveria temer em sociedade.

Ele e Marcela receberam a todos com alegria e satisfação, e não havia quem não elogiasse a beleza, a elegância e a delicadeza da moça. Alguns diziam mesmo que o que se falava sobre ela devia ser invenção, pois uma moça tão bonita e inteligente não se prestaria àquelas coisas. Quem ouviu os comentários foi Luciana que, apesar de entristecida com a hipocrisia das pessoas, não os rebateu nem emitiu qualquer opinião, como teria feito em outros tempos.

— Deixe isso para lá — falou Maísa, a seu lado. — As pessoas falam mal daquilo que temem ou não compreendem. Muitos desses aí devem fazer o diabo às escondidas, mas, como ninguém sabe nem nunca viu, podem se fazer passar por certinhos e moralistas.

— É uma hipocrisia, Maísa. O que beleza e inteligência têm a ver com isso?

— Já disse para não ligar, Lu. Não importa o que elas dizem.

— Não sei nem por que me calei. Devia era ter-lhes falado umas poucas e boas.

— O mundo, infelizmente, é cheio de preconceitos e falsidades, mas isso ainda há de mudar um dia. Esse dia ainda não chegou, e acho que não cabe a você fazer o papel de transformadora. Não sozinha nem nesse momento. Vai se expor sem necessidade, atrair a atenção das pessoas que podem atirar sobre você energias ruins. Para que isso? O importante é que você sabe quem é e conhece o seu valor. Deixe que os outros fiquem com o seu preconceito e a sua hipocrisia, porque nós, que já ultrapassamos esse estágio, podemos nos preocupar com coisas mais úteis.

Luciana olhou-a sem entender e retrucou admirada:

— Você diz cada coisa, Maísa...

— Ah! Deixe para lá.

Nesse momento, a orquestra começou a tocar uma música romântica, e Breno tirou Maísa para dançar, deixando Luciana sozinha à mesa. Em poucos minutos, Marcela estava a seu lado, e as duas começaram a conversar:

— Estou tão feliz por você, Marcela!

— Eu também.

— Você está radiante. Tenho certeza de que vai ser muito feliz.

— Sabe, Lu, amo Flávio imensamente, mas não posso dizer que foi o único que amei em minha vida — Luciana limitou-se a olhá-la, e ela completou: — Você sabe do que estou falando, não sabe?

— Não creio que essa seja uma conversa muito apropriada para o seu casamento — rebateu Luciana, sem entender o porquê daquilo tudo.

MÔNICA DE CASTRO DITADO POR LEONEL   **353**

— Não se preocupe. Sei o que estou falando, e Flávio também sabe. Depois de tudo o que aconteceu, prometi a ele que não lhe esconderia mais nada.

— É o mais sensato. Mas por que está me dizendo isso agora?

— Gostaria que você soubesse. O que sinto por Flávio hoje é único, mas não apaga o que senti por você. Foi único também.

— Eu sei, mas não entendo por que está me falando isso. Nunca lhe cobrei nada nem fiz comparações entre mim e Flávio.

— É claro que não. Estou falando isso por mim mesma, porque preciso assumir, para mim, que posso amar um homem sem precisar negar ou me envergonhar de ter amado uma mulher. Hoje aprendi que o que se ama é a essência, não o corpo físico.

— Bom, esse deve ser o amor verdadeiro, mas eu ainda não consigo amar só a essência... — disse ela, olhando de soslaio para uma moça bonita que vinha passando.

As duas caíram na gargalhada, e Marcela abraçou Luciana com carinho.

— Eu amo você, sabia disso? — declarou Marcela. — Como uma verdadeira irmã.

— Mas que comovente! — disse uma voz irônica atrás delas. — Mas a despedida de solteira não deveria ser hoje, no dia do casamento.

As duas desfizeram o abraço e se voltaram ao mesmo tempo. Dolores estava parada perto da mesa, a essa altura bastante alterada pela bebida, acompanhada de três mulheres que ostentavam sorrisos igualmente irônicos. A surpresa de Marcela foi genuína, porque Dolores garantira que não compareceria ao casamento. Logo um grupinho começou a se formar ao redor delas, e Dolores continuou falando:

— Não sei se todos conhecem Luciana... Luciana de quê, mesmo? Não importa. Luciana é amiga *íntima* de Marcela, não é mesmo?

Ela frisou bem aquele *íntima* e encarou a nora com olhar divertido e maldoso.

— É, sim — concordou Marcela, o rosto em chamas. — Luciana é minha amiga de muitos anos.

— O que você faz, Luciana? — indagou uma mulher, que a olhava com ar malicioso.

— Sou dentista — respondeu ela, devolvendo o olhar com outro, cheio de dignidade.

— Ah! Então é doutora Luciana.

— Doutora, não, doutor — cochichou alguém bem baixinho logo atrás, mas todos ouviram e começaram a rir, inclusive Dolores.

A conversa estava tomando um rumo bastante desagradável, e as duas queriam sair correndo dali, mas não viam como. Luciana ainda sustentava os comentários e os olhares, mas Marcela estava vermelha desde a raiz do cabelo, e seus olhos já começavam a umedecer.

O grupinho estava sendo observado por Justino e Anita, que imaginavam bem o que deveria estar acontecendo. Justino pediu licença à Anita e foi procurar o filho, que cumprimentava um casal de tios idosos do outro lado do salão. Ele chegou bem perto do filho e sussurrou em seu ouvido:

— Acho melhor você vir comigo. Sua mãe está aprontando das dela.

Flávio olhou por cima do ombro, surpreso com o aparecimento repentino da mãe, e imediatamente percebeu o que acontecia. Marcela e Luciana, sentadas a uma mesa, em meio a um grupo de fofoqueiros liderados pela mãe, só podia significar uma coisa: a mãe as estava envolvendo em seus gracejos maldosos, humilhando-as a pretexto de divertir todo o grupo. Na mesma hora, pediu licença e se dirigiu para lá, em companhia do pai, e Anita se juntou a eles. Também não queria mais evitar Dolores. Não tinha por que temê-la.

— Divertindo-se, mamãe? — perguntou Flávio, pondo-se entre Marcela e Luciana e envolvendo o ombro de cada uma com um braço.

— Estávamos apenas conversando.

— É mesmo? E sobre o que falavam de tão engraçado? Conte-me, para que eu possa rir também.

De repente, a conversa parecia ter perdido a graça, e os convidados se sentiam constrangidos com a presença de Flávio, abraçando a noiva e a amiga, demonstrando, nitidamente, o apoio que dava a Luciana. Alguns começaram a se afastar, e outros, muito pouco à vontade, olhavam a cena com um sorriso morto nos lábios.

— Não estávamos falando nada de mais — defendeu-se ela. — Apenas conversávamos sobre Marcela e sua amiga.

— Não vejo que interesse isso possa despertar em nossos convidados.

— Nenhum. É que elas estavam se abraçando... tão bonitinho! Não pudemos evitar. É tão lindo ver uma amizade como essa: tão verdadeira, tão duradoura, tão... *íntima*.

Novamente aquele *íntima* frisado, que irritou Flávio.

— Bom, sinto estragar a sua diversão, mas Marcela e eu ainda temos muitos convidados para cumprimentar. Ah! E Luciana, venha conosco. Quero apresentá-la a alguém.

— Uma namorada nova, como prêmio de consolação para substituir a perdida?

Dolores falou praticamente sem pensar. Estava bêbada e tão contrariada com o casamento e, mais ainda, com a presença de Luciana, que não conseguiu se conter. A indagação mordaz apenas extravasou o que há muito ia represado em seu coração.

— Com que direito você se atreve a fazer julgamentos e comentários sobre a vida de Marcela? — dessa vez, foi Justino quem falou, a voz trêmula de indignação.

Ela lhe lançou um olhar cortante, fitou Anita com desdém e rebateu em tom de zombaria:

— Marcela, por acaso, é sua noiva? Não, claro que não. Você não gosta de mocinhas. Gosta de mulheres maduras e inchadas, que já estão caindo do pé.

Ninguém aguentou. A gargalhada foi geral, deixando Anita roxa de vergonha, Flávio, Marcela e Luciana perplexos, e Justino, furioso. Em meio às risadas, Dolores se virou para o salão, fazendo sinal para que os outros a acompanhassem. O grupo começou a dispersar, mas Dolores foi interrompida pela observação perfurante de Justino:

— Por que não conta a todos qual a sua preferência, já que estamos falando de gostos? Quero dizer, antes de se envolver com rapazinhos.

Ela se virou bruscamente e o encarou com fúria:

— Cale-se! Não lhe dou o direito de falar da minha vida particular.

— Mas você se acha no direito de falar da vida de seu filho, de sua nora, de minha mulher e de outras pessoas, não é mesmo?

— Não estou falando nada de mais. E você não tem nada com isso.

— Graças a Deus, não tenho mais nada a ver com a sua vida mentirosa e libertina.

— Veja lá como fala! — urrou ela. — Não admito que ofendam a minha reputação!

O clima estava horrivelmente tenso, e nem Flávio entendia por que o pai dizia aquelas coisas naquele momento. Dolores estava visivelmente alcoolizada, mas Justino parecia sóbrio e consciente do que dizia.

— Pai, por favor, pare com isso — pediu Flávio, tentando puxá-lo pelo braço. — Deixe-a, ela bebeu demais.

— Eu não estou bêbada! — gritou ela novamente, o rosto totalmente transformado pela cólera. — Só não vou permitir que seu pai, ou qualquer outro homem, tente me desmoralizar!

Ninguém entendia por que Dolores, de repente, ficara tão furiosa. Ninguém, à exceção de Justino. Na verdade, ela tremia de medo de que ele revelasse alguma coisa sobre o seu antigo caso com Nélson.

— Não precisa se alterar dessa maneira, mãe. Vamos acabar com essa discussão por aqui.

— Sua mãe está assim, meu filho — falou Justino —, porque tem medo de que eu revele a todos por que nos separamos.

— Você não ousaria!

— Eu lhe avisei, Dolores. Avisei-a para deixar Marcela em paz, mas você não quis me ouvir. Pensou que eu não fosse capaz de expor as suas sujeiras? Pois se enganou. Eu sou capaz, sim!

— Cale essa boca, Justino! — berrou ela. — Não se atreva a comentar nossa vida particular em público!

— Pai, por favor...

— Não, agora vou falar. Você acha que é melhor do que todo mundo, não é, Dolores? Só porque tem dinheiro, pensa que está acima de tudo e de todos. Mas não está. Seu dinheiro pode comprar rapazolas interesseiros, mas não pode comprar a sua dignidade e, muito menos o meu silêncio!

— Você está louco. Não sabe o que diz!

Ela começou a se afastar rapidamente, mas Justino elevou a voz e disparou:

— Tem medo de que todos saibam por que nos separamos, não é? Tem medo de que todos saibam que nos separamos porque eu descobri que você estava de caso com Nélson Moreira, meu antigo sócio na clínica e ex-marido de Anita!

Fez-se um silêncio geral, e Dolores fechou os olhos, lutando para não voar no pescoço de Justino.

— Justino! — interrompeu Anita surpresa. — Do que é que você está falando?

— É isso mesmo! Dolores tinha um caso com Nélson, e era ela quem sustentava a sua clínica depois que nos separamos. Mas acho que se cansou dele também, porque hoje prefere gastar o seu dinheiro com *playboyzinhos* desocupados e tostados de sol.

Aquilo já era demais. Dolores não conseguiu se conter e se virou para ele, fuzilando-o com um olhar de tanto ódio, que muitos não conseguiram nem olhar para ela.

— Você não tem o direito! — vociferou.

— E você não tem o direito de falar de Marcela ou de Luciana, ou de quem quer que seja. Quem é você para julgar alguém? Como pode acusar os outros quando a sua vida é um mar de sujeiras e intrigas? Que moral você tem para levantar o dedo acusador e decidir o que é certo ou errado na vida? Você não é nada, Dolores.

— Cachorro! — grunhiu ela, avançando sobre ele e desferindo-lhe vários tapas e arranhões no rosto.

Justino não fez nada além de se defender. Segurou as suas mãos, e ela começou a chutá-lo vigorosamente, até que Flávio intercedeu e a agarrou por trás, puxando-a para fora do salão. Ela foi arrastada aos berros e pontapés, completamente transtornada e ensandecida. Do lado de fora, agarrou-se ao filho e desabou num pranto convulsivo e atropelado por palavras desconexas, carregadas de ódio.

— Venha, mãe, vou levá-la para casa — anunciou ele, entrando com ela no carro e partindo pela rua.

O episódio foi a sensação do ano nas colunas sociais. Não havia uma só revista de fofocas que não noticiasse o ocorrido. Para Dolores, foi uma desmoralização total, e ela se fechou em sua casa, recusando-se a receber visitas. Nem o telefone queria atender. Os amigos que ligavam não estavam interessados em levar-lhe algum conforto, mas queriam saber detalhes sobre aquele caso secreto e tão bem oculto, de que ninguém sequer chegou a desconfiar.

Para sua surpresa, as únicas pessoas que foram a sua casa para tentar confortá-la foram Flávio e Marcela. No começo, ela pensou que a nora havia aparecido para tripudiar sobre o seu sofrimento, mas Marcela não fez nada disso. Sentou-se a seu lado e demonstrou um carinho que Dolores nunca antes havia visto, mas que a deixou envergonhada e irritada ao mesmo tempo. Não queria a compaixão daquela mulher.

— Vocês não precisam se incomodar comigo — disse ela em tom arrogante, ainda sustentando uma pose de orgulho. — Estou muito bem.

— Dona Dolores, quero que saiba que não lhe guardo qualquer rancor. Se precisar de alguma coisa, pode contar comigo.

A vontade de Dolores era chamá-la de fingida, mas não conseguiu detectar nenhuma falsidade nas suas palavras, o que a deixou ainda mais desgostosa. Por que a nora tinha que ser tão boazinha daquele jeito? Não podia ser como todo mundo e aproveitar aquela arma para disparar contra ela? Mas não. Marcela se mostrava compreensiva e disposta a ajudar, dando uma facada no seu orgulho.

Flávio, por sua vez, apesar da surpresa que a atitude da mãe lhe causou, logo apiedou-se dela, vendo ali uma mulher decadente e solitária, escrava do dinheiro e das aparências.

— Deixe isso para lá — ele tentou consolar. — Com o tempo, isso passa. As pessoas logo se cansam e arranjam outra coisa para fofocar.

— Seu pai não podia ter feito isso comigo — queixou-se ela. — Só pode ter sido por vingança.

— Meu pai não é homem de se vingar.

— Ele me desmoralizou publicamente.

— Mas também, mãe, você exagerou. Por que foi tentar humilhar Marcela e Anita na frente de todo mundo, no dia do nosso casamento?

Ela ergueu os olhos para Marcela e não disse nada. Não tinha que dar satisfações.

— Acho melhor não tocarmos mais nesse assunto — ponderou Marcela.

— Também acho — concordou Dolores. — E vocês podem ir. Eu estou muito bem e não preciso de nada.

Vendo que não adiantava oferecer-lhe ajuda, Flávio desistiu e resolveu deixá-la sozinha. O tempo daria um jeito naquelas marcas, e ela logo estaria de volta ao seu círculo social de futilidades e aparências. Mas ele não sabia o quanto estava errado. Apesar de não perder a arrogância, desde aquele dia, Dolores se manteve quieta em seu canto, fazendo questão de não ser notada nem se envolvendo em nada que pudesse chamar a atenção sobre ela.

Justino se arrependeu de ter falado aquilo tudo no casamento do filho. De uma certa forma, ele contribuiu para estragar a festa. Depois do ocorrido, partiram o bolo assim que Flávio retornou da casa de Dolores, e a maioria dos convidados se retirou, encerrando a recepção mais cedo do que o esperado.

— Sinto muito, meu filho — disse Justino mais tarde, depois que todos se foram. — Não queria estragar o seu casamento. Estava uma festa tão bonita!

— Não foi culpa sua, pai. Mamãe estava pedindo por isso.

— Mas eu devia ter escolhido um outro momento.

— Não faz mal. Aconteceu no momento que tinha que ser. E depois, ela estava humilhando Marcela, Luciana e até Anita diante dos nossos convidados. Apesar do estrago que fez na festa, foi bem feito para ela. Alguém tinha que lhe pôr um freio.

Depois disso, eles haviam ido viajar em lua de mel, e Justino foi procurar Anita. Ela estava muito abalada, e ele se sentia na obrigação de lhe dar alguma explicação. Anita estava em casa e havia narrado o episódio a Ariane, que não comparecera ao casamento, temendo desgostar os noivos. Nélson também não havia ido. Andava embriagado e metido em jogatinas, afastado do convívio com a sociedade e envolvido com indivíduos de reputação duvidosa.

— Foi horrível — comentou Anita. — Ainda bem que você e seu irmão não estavam lá.

— O que disse ao Huguinho?

— Nada, por enquanto. E nem sei se vou dizer alguma coisa.

— Acho melhor você contar a verdade, mãe. Sabe como são essas coisas: as pessoas comentam em casa, os filhos ouvem e contam tudo na escola. É melhor que ele saiba por você.

— Tem razão. Vou conversar com ele mais tarde.

A campainha soou, e Justino apareceu acabrunhado. Deu um beijo no rosto de Anita, cumprimentou Ariane com um aceno de cabeça e indagou preocupado:

— Como é que você está?

— Melhor do que eu esperava — respondeu Anita. — Ainda estou tentando digerir isso tudo, mas tenho que confessar que, no fundo, não me surpreendi. É como se achasse Nélson e Dolores capazes desse tipo de traição.

— E são mesmo.

— Por que não me contou isso antes?

— Porque achei que não devia. Quando nós começamos a sair, tanto eu quanto você já estávamos separados. Não faria diferença.

— E como foi que você descobriu?

— Eu os surpreendi.

Naquele ponto, já não havia mais por que ocultar as coisas de Anita, e Justino lhe contou exatamente o que acontecera. Anita e Ariane escutaram atentamente, sem fazer qualquer interrupção.

— De meu pai, pode-se esperar tudo — observou Ariane, depois que Justino terminou.

— E de Dolores também — acrescentou ele.

— Deve ter sido muito difícil para você, na época — disse Anita. — Nélson era seu amigo.

— É verdade, foi. Mas eu consegui me recuperar muito bem. Abri a minha própria clínica, juntamente com meu filho, e encontrei uma mulher realmente digna a quem amo. Não posso querer coisa melhor.

Anita corou levemente e falou:

— Quanto a mim, só posso agradecer estar separada dele agora. Se tivesse descoberto isso quando ainda estávamos casados, teria sido muito doloroso.

— As coisas sempre aparecem no momento certo.

Os dois continuaram conversando, e Ariane foi para o quarto. A revelação de Justino não a deixara surpresa nem revoltada, nem entristecida. Ela e o pai nunca haviam se dado bem mesmo, e era até melhor que os pais estivessem separados. Contudo, ficou pensando no casamento de Flávio e Marcela, sentindo uma alegria interna por ver que eles haviam conseguido ficar juntos. A única coisa que a entristecia era não poder compartilhar com Marcela aquele momento.

Sabia que Marcela não confiava mais nela e talvez nunca mais lhe dirigisse a palavra novamente, mas precisava demonstrar o seu arrependimento e o seu afeto de alguma maneira. Resolveu sair e comprar algo para ela. Não havia lhe dado nada de presente de casamento e ficou imaginando o que poderia dar que demonstrasse a sua amizade.

Todas as coisas eram comuns, e ela escolheu um presente pessoal, que não fosse muito caro. Havia uma promoção de lençóis numa loja, e ela acabou comprando um jogo completo, com as iniciais M e F gravadas. Deu o novo endereço deles, que havia conseguido no caderninho de telefones da mãe, e comprou um cartão numa loja. Começou a escrever votos de felicidades e aquelas coisas que sempre se colocam em cartões, quando a emoção a dominou, e ela acabou escrevendo uma mensagem bonita e cheia de sentimento.

Marcela e Flávio só receberam o presente uma semana depois, quando voltaram da lua de mel. Eles ainda nem haviam terminado de desembrulhar todos os presentes quando a campainha tocou, e a empregada que eles haviam contratado entrou com um pacote grande e bonito.

— Este chegou atrasado, dona Marcela — comentou a criada, depositando o embrulho ao lado dos outros.

— Deixe-me ver — pediu Marcela, apanhando o cartão e abrindo-o com curiosidade.

Foi direto na assinatura e se surpreendeu ao ver o nome de Ariane.

— De quem é? — indagou Flávio, com interesse.

— De Ariane.

— De Ariane? Não me diga!

— Vou ler o cartão: *"Querida Marcela. Não sei se deveria lhe enviar nenhum presente, muito menos lhe escrever, mas não posso deixar passar a emoção que me invade nesse momento. Agora que você e Flávio estão casados, e nenhum interesse mais eu poderia ter em você, posso lhe revelar o que realmente sinto. Dizer que me arrependo não é o suficiente, porque eu já lhe disse (e a Flávio também). Não escrevo para falar sobre isso, mas para dizer como me senti quando soube do seu casamento, ao qual não compareci por razões óbvias, que não por falta de vontade. Fiquei e estou muito feliz por você, porque muito mais do que o meu arrependimento, o que me conforta é saber que você e Flávio conseguiram se entender e estão felizes. Isso, para mim, já é motivo de felicidade. Que vocês possam sempre alimentar esse amor, um amor que eu, um dia, espero poder conhecer por um homem que me ame de verdade. Porque o amor que nasce da amizade, esse já conquistei ao conhecer você. Mesmo que nunca mais nos falemos, jamais vou deixar de admirá-la e amar você, porque a considero a melhor amiga de meu coração".*

Marcela soltou o cartão com lágrimas nos olhos e olhou para Flávio, que tinha o olhar vago e refletia nas palavras de Ariane.

— Ela me procurou um dia desses — contou ele.

— Procurou-o para quê?

— Para me falar de você. Disse que estava arrependida e me pareceu bem sincera.

— Também acredito no seu arrependimento. Não sei por quê...

— Meu pai, que fica sabendo de muitas coisas através de Anita, garantiu que ela realmente se arrependeu e que gosta muito de você.

— Você acha que é verdade?

— Acho, sim. Quando ela me procurou, não me pareceu interessada em mim como antes. Só estava preocupada com a sua amizade. Acho que ela, realmente, se afeiçoou a você.

Marcela ficou pensativa. Mais tarde, quando foram dormir, teve um sonho estranho. Nele, ela e Ariane eram irmãs, mas Ariane, por ser a mais velha, tinha que se casar primeiro. Era uma época muito remota, e as famílias da noiva e do noivo haviam acertado o casamento dos filhos assim que eles nasceram, e Ariane era a prometida de Flávio. Eles não se amavam. Como Flávio e Marcela estavam apaixonados, os pais de ambos haviam concordado em transferir o compromisso para Marcela, pois assim o acordo se manteria entre as famílias, mas Ariane não aceitou, forçando os pais a manterem a palavra e concretizarem o enlace. E assim foi feito. Ariane e Flávio se casaram, e Marcela ficou solteira para sempre, mas Flávio nunca a esqueceu e foi infeliz ao lado de Ariane, fazendo-a infeliz também.

No dia seguinte, Marcela contou o estranho sonho a Flávio, que não o compreendeu muito bem.

— Você ficou impressionada com o cartão que Ariane lhe escreveu — explicou ele. — Por isso sonhou essa bobagem.

Não era bobagem. Na verdade, Marcela sonhara com uma vida passada, sem o saber. Algo despertara dentro dela. Desde que lera aquele cartão, começou a sentir compaixão de Ariane. Não que tivesse pena propriamente. Mas conseguia se colocar no lugar da outra e tentou imaginar o que faria se ela mesma estivesse apaixonada por um homem que não a amasse, influenciada por alguém que lhe prometia milagres de amor.

Ela, na certa, faria diferente. Mas ela era outra pessoa. Não tinha aquela fraqueza de Ariane, mas tinha outras. E depois, quem na vida não cometia seus erros? Seria justo condenar Ariane eternamente por ter-se deixado envolver por uma ilusão?

Marcela fora capaz de superar a aversão que sentia por Dolores e lhe oferecera a sua amizade, mesmo depois de tudo o que ela fez. Por que então não fazia o mesmo com

Ariane? A resposta parecia óbvia. Ariane a havia decepcionado, ao passo que, de Dolores, podia-se esperar qualquer coisa.

Mas, se era assim, também estava claro que havia um sentimento por Ariane, o que não existia com relação a Dolores. Marcela se sentira frustrada pela atitude de Ariane justamente porque se afeiçoara a ela. Reconhecia que gostava dela e, se gostava, por que não perdoar?

CAPÍTULO 24

　Ariane não se satisfazia mais com a vida que levava, repleta de ideais vazios e sonhos de casamento. Queria ser alguém diferente. Queria se orgulhar de si mesma, de sua contribuição ao mundo em que vivia. Resolveu estudar, contudo, como a situação financeira de sua família não andava lá muito boa, pensou em arranjar também um emprego, o que não era muito fácil naqueles dias.
　— Você não pode ajudar? — indagou Marcela a Flávio.
　— Não sei. Meu pai sugeriu que o fizéssemos. Tem presenciado o esforço dela e me garantiu que ela está disposta a mudar de vida. Perguntou-me se eu não concordaria em lhe oferecer um emprego em nossa clínica.
　— E o que você disse?
　— Que ia conversar com você primeiro. Nem ele, nem eu queremos fazer nada que a contrarie.
　— Isso não vai me contrariar. Ao contrário, gostaria mesmo de ajudar Ariane. Hoje compreendo a sua atitude e não tenho mais raiva dela.

— Nem eu. Ariane estava perdida e se deixou levar por uma ilusão. Mas não é má.

— É claro que não! Agora que a raiva passou, percebo isso. Sinto que ela, realmente, gostava de mim.

— Posso oferecer-lhe o emprego, então?

— É claro que pode.

— Muito bem. Vou falar com meu pai amanhã mesmo.

Ariane recebeu a notícia com alegria e um certo receio. Gostaria muito de trabalhar na clínica de Justino e Flávio, mas temia que Marcela não se sentisse muito à vontade.

— Não se preocupe com Marcela — informou Justino. — Foi ideia dela também.

— Foi!? — surpreendeu-se Ariane.

— Marcela é uma boa moça. Não guarda raiva de você.

Logo na segunda-feira, Ariane começou a trabalhar como recepcionista. Mostrou-se dedicada e atenciosa, e todos os pacientes gostavam muito da sua companhia. Isso influenciou a sua decisão na hora de escolher o que estudar. Ia fazer faculdade de enfermagem, e Justino lhe garantiu que ela teria uma vaga certa em sua clínica.

Ela e Flávio se viam todos os dias, até que ele resolveu convidá-la para almoçar. Ariane aceitou, embora sem nenhuma outra intenção que não fosse tentar conquistar a sua amizade. Sentaram-se à mesa, e Flávio pediu uns drinques antes de fazerem o pedido.

— Por que não pedimos logo? — indagou ela aflita. — Não quero me atrasar na volta do almoço.

— Não se preocupe. Meu pai está sabendo que você veio almoçar conosco.

— Conosco?

Nesse instante, Ariane levantou os olhos e viu que alguém se aproximava, sorrindo para ela. Ela se levantou confusa e fitou a outra com uma emoção incontida no olhar. Marcela se aproximou e a abraçou com ternura.

— Como está, Ariane? — perguntou ela de forma amistosa. — Faz muito tempo que não nos falamos.

— É verdade... — respondeu a outra, confusa.

— Não vão se sentar? — interveio Flávio. — Acabamos de pedir alguns drinques.

— Hum... — fez Marcela. — Deixe ver... Acho que vou querer um coquetel de frutas, sem álcool.

Flávio fez o novo pedido e esperou até que o garçom trouxesse os drinques.

— O motivo pelo qual a convidei para almoçar, Ariane — começou Flávio a dizer — , é que Marcela e eu estivemos pensando muito em você...

Marcela o interrompeu com um gesto de mãos e acrescentou em seguida:

— Deixe que eu fale, por favor. Afinal de contas, Ariane foi mais minha amiga do que sua. — Fitou a outra, que não sabia em que pensar, e concluiu: — Não foi, Ariane?

Ela tomou um gole da bebida e encarou Marcela de volta, respondendo com toda a sinceridade:

— Sempre fui sua amiga, Marcela.

— Eu sei — concordou Marcela. — Hoje posso compreender. Li o seu bilhete no presente de casamento e compreendi tudo.

— Fui sincera quando escrevi aquilo. Eu realmente gosto muito de você. Tenho-lhe uma amizade que jamais tive por mais ninguém.

— Sei disso e agradeço. No princípio, logo que a verdade veio à tona, fiquei furiosa, sentindo-me traída, mas depois consegui entender a sua ilusão.

— Não quero me desculpar novamente pelo que fiz. Nem quero justificar a minha atitude acusando ninguém. Fiz o que fiz porque, como você mesma falou, deixei-me levar por uma ilusão... — fitou Flávio discretamente e abaixou os olhos — a ilusão de que, afastando-a de Flávio, ele seria meu. Hoje não penso mais assim e sei que o que julgava sentir por Flávio era outra ilusão. Eu não o amo, e você pode acreditar em mim quando digo isso. Tenho-lhe muito carinho, mas não o amo. Do contrário, não poderia estar aqui, conversando sobre isso com vocês dois.

Flávio desviou o olhar, meio sem jeito por estarem falando dele, mas Marcela prosseguiu:

— Sabemos de tudo isso. E não creio que seja saudável revivermos o passado. Fiz com que Flávio a trouxesse aqui hoje para lhe dizer que não estou mais com raiva e que acredito na sua amizade.

— Minha atitude naquela época pode ter sido traiçoeira, mas meu sentimento não foi. E eu me sentia muito mal por ter que fazer aquilo.

— Sei disso.

Durante o resto do almoço, continuaram conversando sobre o passado e os projetos para o futuro, acertando as diferenças e esclarecendo os mal-entendidos. Quando aquele almoço terminou e Ariane voltou para o trabalho, sentia o peito mais leve e o coração livre. A amizade de Marcela era muito importante para ela, muito mais do que o amor que pensara sentir por Flávio.

Com o passar dos meses, as coisas foram retomando a normalidade. Ariane tinha um bom emprego e se preparava para ingressar na faculdade de enfermagem. A mãe e Justino já começavam a pensar em morar juntos, assim que o desquite de Anita se consumasse.

Numa tarde de domingo, Ariane estava em casa dando um jeito em suas gavetas quando o telefone tocou. A mãe e Justino haviam ido levar o irmão ao cinema, junto com alguns amiguinhos, e ela estava sozinha. Ao atender o telefone, prendeu a respiração e escutou em silêncio a voz do outro lado. Sem dizer nada, fez uma anotação num caderninho e, em seguida, colocou o fone no gancho, trocou de roupa e saiu. Na rua, fez sinal para um táxi e deu ao motorista o endereço que havia anotado minutos antes.

Levaram algum tempo para chegar ao local indicado, e Ariane se surpreendeu quando o motorista parou o táxi e, voltando-se para ela, informou:

— Só dá para ir até aqui, madame. O resto, a senhora vai ter que ir a pé.

Estavam parados em uma ladeira, e Ariane constatou que o número indicado no papel ficava na parte que subia o morro, onde não havia mais passagem para carros. Assustada, ela pagou o motorista e saltou. Havia bares dos dois lados da rua, e as pessoas a olharam desconfiadas, mas não disseram nada. Embora pobres, eram, em sua maioria, gente direita e decente, que aproveitava o domingo para tomar uma cerveja e ver jogos de futebol com os amigos, pela pequena TV em preto e branco colocada em um dos bares.

Sem dizer nada, ela começou a subir a ladeira, que agora se estreitava para só dar passagem a uma pessoa de cada vez. O calçamento era precário, e ela, várias vezes, escorregou ou prendeu o salto do sapato nas reentrâncias das pedras. Não precisou caminhar muito até que encontrou o número que procurava. Bateu na porta uma, duas, três vezes, mas ninguém atendeu, até que ela colocou a mão na maçaneta, e a porta cedeu sem maiores esforços.

Ariane entrou num cômodo escuro e sujo, cheirando a mofo e vômito. Imediatamente, sentiu náuseas e recuou, respirando o ar puro da tarde. Encheu o peito de ar e tomou coragem, entrando novamente. Deixou a porta aberta e foi caminhando na semiescuridão, até que viu alguém deitado numa cama perto da parede, roncando sonoramente. Ela se aproximou e fitou o pai ali largado, lutando contra a vontade de fugir correndo. Abaixou-se perto dele e cutucou-o gentilmente primeiro e, depois, com mais força.

— Pai! — chamou. — Acorde, pai!

Ele levou algum tempo para abrir os olhos, piscando-os várias vezes, até que a reconheceu e se sentou na cama.

— Ariane! — surpreendeu-se. — Você veio.

— O que está fazendo num lugar desses? — tornou ela, indicando o ambiente ao redor.

— Estou falido, minha filha — começou a chorar. — Arruinado. Desde que sua mãe me deixou...

— Não culpe mamãe pelos seus erros, pai. E depois, todos sabemos que você não está assim por causa dela, mas sim de Dolores.

Ele arregalou os olhos, admirado, e balbuciou:

— Como... como foi que descobriram?

— Isso não importa agora. Venha. Vou tirá-lo daqui.

Ela o ajudou a se levantar e guardou as roupas dele em uma mala, dando graças a Deus por ainda estarem em bom estado.

— Para onde vamos? — quis saber Nélson, apoiando-se nela para não cair.

— Não sei. Para qualquer lugar com ar fresco e luz. Isso aqui cheira mal, e o ar está viciado.

Quando ela saiu amparando o pai, notou que algumas pessoas os encaravam com uma certa hostilidade e sentiu medo. Estava num lugar distante, e ninguém sabia que ela fora ali. Contudo, ela e o pai passaram em segurança e foram descendo a ladeira, até que alcançaram a rua, e ela pôde chamar um táxi.

— Para onde vamos, moça? — perguntou o motorista.

— Você conhece alguma pensão que não seja cara, mas decente?

— Hum... Deixe ver. Sei de uma no centro da cidade. Normalmente, é utilizada por caixeiros-viajantes para o pernoite. Serve?

— É um lugar direito?

— É. Não é de luxo, mas é limpo e não são permitidos encontros, se é o que está pensando.

— Então serve. Leve-nos para lá.

Seguiram para lá, e o pai começou a chorar, apertando as mãos da filha nos olhos úmidos.

— Não posso ir para minha casa? — choramingou ele.

— Você não tem mais casa, pai. Foi você quem nos deixou, lembra-se?

— Estou arrependido...

Ariane sabia muito bem o que era o arrependimento, mas não podia forçar a mãe a aceitar o pai de volta. Não agora, que ela havia, finalmente, encontrado a felicidade ao lado de Justino.

— Sei que está — respondeu ela. — Mas mamãe tem outra vida agora.

— Ela tem outra pessoa?

— Tem — Ariane não queria tocar no nome de Justino naquele momento e mudou de assunto: — De quem era aquele barraco em que você estava?

— De uma amiga.

Ariane não fez mais perguntas, imaginando que tipo de amiga seria aquela. De qualquer forma, não lhe cabia julgar e devia mesmo agradecer à tal amiga por ter mantido o pai vivo até aquele momento.

Finalmente, chegaram à pensão, e eles saltaram defronte a um prédio antigo no centro da cidade, tombado pelo patrimônio histórico, meio descascado e com janelas altas. À primeira vista, não parecia grande coisa, mas entraram mesmo assim. Na recepção, Ariane se surpreendeu com a limpeza e o bom gosto do ambiente que, embora simples, era bem arrumadinho, com móveis lustrosos e cortinas de rendas nas janelas.

Uma senhora baixinha e gordinha veio atendê-las, e ela pediu um quarto para o pai.

— É para passar a noite? — indagou ela desconfiada, olhando de Ariane para Nélson.

— Não, senhora. É para passar uns tempos. Não se preocupe, pago adiantado. — A mulher ainda os olhava desconfiada, e ela achou melhor esclarecer: — É para o meu pai.

— Ah! Bom, então está bem. Quer com banheiro ou sem banheiro?

— Com banheiro.

Ela apanhou uma chave e levou os dois para o quarto, enquanto ia ditando as regras da pensão. Ariane concordou com tudo e acomodou o pai numa cadeira, satisfeita porque era um cômodo arrumado e limpo. Depois que a mulher se foi, ela falou:

— Muito bem, pai, estou disposta a ajudá-lo porque você é meu pai e não vou deixá-lo largado por aí, em qualquer pocilga. Mas você tem que me prometer que vai parar de beber — Ele assentiu, e ela continuou: — O que houve com a clínica?

— Está fechada. Estou falido, devendo a Deus e o mundo.

— Então, vamos vendê-la e saldar suas dívidas. Com o que sobrar, veremos o que fazer.

— Não vai sobrar nada.

— Não faz mal. Pelo menos, pague o que deve e durma em paz.

— De que vou viver?

— Vai ter que arranjar um emprego.

— Quem é que vai me dar emprego nessa idade?

— Você é médico.

— Sempre fui um péssimo médico.

— Pois então, trate de melhorar. Você tem um diploma, use-o.

— Ah! Minha filha, sou um fracassado. Perdi a clínica, os amigos e a família. Tudo por causa daquela mulher!

— Não acuse ninguém pela sua derrota, pai. Você se envolveu com Dolores porque quis. Sei bem o que é isso.

Embora Nélson não tivesse compreendido muito bem o que Ariane dissera, não fez mais perguntas. Ela o estava ajudando, e ele devia ser-lhe grato. Ainda mais depois de tudo o que havia feito.

— Você está com raiva de mim? — perguntou ele.

— Se estivesse, não teria vindo ajudá-lo.

— É verdade. Sei que a magoei... a você e a seu irmão, principalmente. Mas estou arrependido.

— Compreendo o seu arrependimento, e você vai ter muitas oportunidades de demonstrá-lo. Mas agora, você precisa reagir e sair desse estado lastimável. Ou quer que Huguinho fique decepcionado com você?

— É claro que não! Quero que meu filho volte a se orgulhar de mim.

— Pois então, faça o que eu digo. Por hoje, descanse. Amanhã, depois do trabalho, passo aqui para ver como você está e vou ajudá-lo a procurar emprego.

— Você está trabalhando? — Ela assentiu. — Onde?

— Na clínica de Justino e Flávio. Também eu encontrei quem me ajudasse.

Ele não disse nada. Sentia-se cansado e com vontade de beber, mas tinha que resistir.

— Estou com fome — queixou-se ele.

— Vou ver se arrumo alguma coisa para você comer. E agora, tome um banho e descanse. Já está ficando tarde, e preciso voltar para casa. Qualquer coisa, me telefone.

Ela deu um beijo no rosto do pai e saiu. Pagou uma semana adiantado pelo quarto e, por uns trocados a mais, a dona da pensão arrumou um prato de comida para Nélson. Nos outros dias, ele comeria juntamente com os demais hóspedes.

Nélson sempre foi um médico incompetente, e tornou-se difícil arranjar-lhe emprego nessa área. Mas Ariane contou a Justino e Flávio que o encontrara, e Justino a ajudava, mandando algum dinheiro para as despesas dele, sem que ele soubesse.

Ao menos, ele estava tentando melhorar. Com a ajuda de Ariane, deixou de beber e largou as jogatinas. Perdeu a clínica, que Ariane vendeu para quitar as suas dívidas, sobrando muito pouco para ele. Todos os dias, ela ia visitá-lo na pensão, o que o ia reanimando, até que ele pôde se sentir forte o suficiente para voltar a trabalhar. A muito custo, e novamente com a interferência de Justino, Nélson arranjou um emprego no gabinete médico de uma grande empresa. Não ganhava muito, mas era um emprego decente, e ele ao menos conseguia se manter. Com a ajuda de Ariane, alugou um apartamento de quarto e sala no subúrbio e conseguiu levar uma vida mais ou menos equilibrada, embora dependente dos filhos para não cair na tristeza e na depressão. Ariane e Hugo passaram a ser sua única alegria, e foi a partir de então que ele aprendeu o valor da família.

Quanto a Dolores, o escândalo que provocara no casamento de Flávio, além de arranhar profundamente a sua reputação, afastou-a da convivência com o círculo de fofocas em que vivia. Solitária e sem amigos, confortava-se com a presença do filho e da nora. Não gostava de Marcela, mas ela era a única que realmente se importava, e Dolores se pegava ansiando pela sua visita, a fim de minorar sua solidão.

Aos poucos, porém, sem que ela percebesse, tornava-se dependente da compaixão de Marcela, que a tratava sempre com gentileza e atenção. Mas Dolores, presa ainda ao endurecimento de seu coração, precisaria encarnar novamente para tentar empreender uma modificação. O que importava para o plano espiritual, contudo, é que a semente fora lançada, e seria através de Marcela e dos netos que ela lhe daria que Dolores começaria a semear, embora de forma precária, os sentimentos que a aproximariam, mais tarde, dos verdadeiros valores do espírito.

EPÍLOGO

Já se haviam passado quase nove meses desde que Cecília havia tentado matar Luciana. Como Cecília e Gilberto eram réus primários, conseguiram responder o processo em liberdade, ainda mais porque a vítima não havia morrido. Cecília esperou por longos dias a chegada do advogado prometido por Dolores, mas ele nunca veio. Dolores jamais cumpriu a sua promessa.

Ela agora estava no hospital. Luciana recebeu um telefonema, pedindo que lá comparecesse com urgência, porque Cecília estava entre a vida e a morte e pedia para lhe falar. Luciana entrou no hospital público acompanhada de Maísa, e quando chegaram, souberam que Cecília havia acabado de morrer, após dar à luz um menino.

— Você sabia que ela estava grávida? — sussurrou Maísa ao ouvido de Luciana.

— Não. Nem imaginava.

As duas foram conduzidas a uma sala, onde uma senhora conversava com o médico. Quando elas entraram, o médico pediu licença e as deixou sozinhas.

— Qual de vocês é Luciana? — indagou ela, e Luciana se apresentou. — Pois bem, vou ser rápida. Cecília teve eclampsia e faleceu esta manhã, mas o bebê sobreviveu.

— Perdão — interrompeu Luciana —, mas quem é a senhora?

— Desculpem-me. Na pressa, esqueci de me apresentar. Sou Antônia Macedo, advogada de Cecília.

— Advogada?

— Sim. Fui contratada para defender Cecília. Que coisa estranha, essa moça. Parecia até que sabia o que iria acontecer e pediu que eu viesse às pressas.

Luciana e Maísa se entreolharam sem entender, e foi a primeira quem falou:

— A senhora está querendo nos dizer que, sabendo que ia morrer, Cecília pediu a presença de um advogado?

— O certo seria um padre — comentou Maísa.

— Mas por quê? — questionou Luciana, olhando para Maísa com ar reprovador.

— Cecília queria fazer um testamento.

— Testamento? E desde quando ela tem bens?

— Tem um filho. Como eu disse, parecia que ela sabia o que iria acontecer e pediu-me que fizesse o testamento para ela. Ajudei-a com as formalidades legais para nomear você, Luciana da Silva e Souza, a tutora legal de seu filho.

— O quê?! — Luciana deu um salto para trás e se agarrou em Maísa. — Eu?! Tutora do filho de Cecília? Da mulher que tentou me matar?

— Bem, o filho dela não tentou matar ninguém.

— Mas por que ela fez isso? Por que logo eu?

— Foi a forma de demonstrar o seu arrependimento.

— Essa não! Isso não é sinal de arrependimento. É armadilha!

— E o pai? — interrompeu Maísa. — A criança há de ter um, com certeza.

— O pai não a quer.

— E a família dela? — a advogada meneou a cabeça. — E a dele?

— Ninguém a quer. Desde que Cecília foi presa, todos lhe voltaram as costas. Por isso, ela nomeou você como tutora.

— Isso é um disparate! — objetou Maísa. — Luciana não pode ser forçada a aceitar um encargo desses. Aquela mulher tentou tirar a vida dela.

— Aquela mulher está morta.

— Não posso fazer isso — contestou Luciana. — Não estou preparada para criar uma criança.

— Se não aceitar, o bebê vai para um orfanato.

— E daí? — continuou Maísa. — Alguém há de querer o menino. Tem tanta gente querendo adotar uma criança!

A advogada soltou um largo suspiro e finalizou com desânimo:

— Você é quem sabe. De qualquer forma, tem dois dias para pensar. É o tempo máximo que o bebê ainda pode ficar aqui.

A advogada juntou as suas coisas e foi embora, deixando com Luciana um cartãozinho com o seu telefone.

— Isso é um absurdo — falou Maísa, assim que deixaram o hospital. — Você não vai aceitar, vai?

Luciana olhou para ela sem saber o que dizer.

— Não sei.

— Mas Lu, você não pode!

— Por que não?

— Não acredito no que estou ouvindo! Você está pensando em aceitar?

— Estou considerando a ideia. Afinal, eu ia aceitar ser mãe, se estivesse grávida, do filho de meu estuprador. Adotar o filho de Cecília, depois disso, não me parece assim tão terrível.

— Não sei se há diferença entre eles. A conduta dos dois foi abominável.

As palavras de Rani alcançaram a sua mente, e Luciana as ouvia como se fossem seus próprios pensamentos, alertando-a de algo que sentira acerca da maternidade alguns meses antes, quando se julgara grávida.

— A criança não tem nada com a atitude dos pais — comentou Luciana pensativa. — Que mal ela me fez?

— Nenhum.

— Pois então, é algo a se pensar.

Luciana foi para casa naquele dia refletindo sobre aquela estranha coincidência. Não fazia muitos meses, pensara que estava grávida, mas não estava. E agora, lhe aparecia um bebê, por outro caminho. O bebê não era dela, mas será que não lhe caberia a tarefa de educá-lo?

Ao dormir, logo Rani estava a seu lado. Luciana já se familiarizara com o espírito amigo e sorriu para ela quando a viu.

— Aconteceu, não foi? — perguntou Rani. — Você tem em suas mãos a oportunidade de ser mãe.

— Você sabia que isso ia acontecer! — afirmou Luciana perplexa. — Por que não me disse logo? Por que me deixou pensar que estava grávida?

— Fiz isso para preparar o seu espírito. Se você conseguiu aceitar a ideia de gerar e criar o filho do homem que a estuprou, talvez fosse mais fácil aceitar criar o filho de Cecília. Foi ideia dos espíritos luminosos, e deu certo.

— Realmente...

— Você só precisou de um tempo para se preparar, deixando a ideia germinar em sua mente e no seu coração, tal qual a criança no ventre de Cecília.

— Por quê? Por que teve que ser assim?

— A gente devolve o que a gente tira.

— Nunca tirei a vida daquele bebê, que eu me lembre.

— Tirou a vida da mãe dele e deixou o pai dela feito louco. Tirou dele a alegria de viver porque perdeu a filha amada.

— Você quer dizer...? — Ela se calou, perplexa. — Quer dizer que o filho de Cecília é aquele que foi o pai dela?

— Exatamente como eu a havia prevenido. Cecília está lhe dando a oportunidade de se reconciliar com ele. Por que a recusa?

— Eu... não me recuso.

— Então, vai aceitar ser sua tutora? Mais do que isso: vai ser sua mãe?

Ela não respondeu, mas acordou com as palavras de Rani em sua mente, sentindo a necessidade de aceitar aquele encargo que não havia ido parar em suas mãos por acaso. Ligou para Maísa e falou por telefone.

— Maísa, eu aceitei.

— Sabia que você faria isso. Você está segura do que está fazendo, não está?

— Estou.

— Bom, seja o que Deus quiser.

— Vai comigo buscá-lo?

— Vou.

Depois, Luciana telefonou para a advogada. Cecília foi sepultada naquele mesmo dia, e, no dia seguinte, Luciana e Maísa foram buscar a criança.

— Há alguns procedimentos legais para finalizar, mas eu já tenho uma autorização judicial para você — falou a doutora Antônia. — Entrarei em contato com você assim que tudo estiver pronto.

Estavam paradas em frente ao berçário, e Luciana viu quando a enfermeira apanhou um bebê miudinho e sumiu com ele por uma porta lateral. Em poucos instantes, ela estava a seu lado, com o bebê no colo, estendendo-o para ela.

— Pegue-o — incentivou a advogada. — Ele agora é seu filho.

Meio sem jeito, Luciana estendeu os braços, e a enfermeira neles ajeitou, gentilmente, o bebê adormecido. Ele era lindo. Era pequenino, mas rosado e quase sem cabelo.

— É uma gracinha! — elogiou Maísa, embevecida.

— Gostou do seu afilhado?

— Você quer que eu seja madrinha dele?

— Hum, hum.

As duas se despediram e voltaram para casa, onde haviam improvisado acomodações para o bebê. Haviam lhe comprado as coisas básicas, como roupas e fraldas, mas tinham que esperar até que entregassem o berço comprado às pressas. Depois de acomodado o bebê em sua própria cama, cercado de almofadas e travesseiros, Luciana correu para o telefone e ligou para Marcela:

— Alô? — era a voz de Marcela.

— Oi, Marcela, sou eu, Luciana — foi ela logo dizendo. — Estou ligando para lhe fazer um convite. Você quer vir aqui em casa conhecer o meu bebê?

— Que bebê? — retrucou Marcela, sem nada entender.

— O meu filho.

— Desde quando você tem filho?

— Venha aqui, e eu lhe contarei.

Desligaram e, menos de uma hora depois, Marcela estava em sua casa, louca para saber que história era aquela de filho.

— Você não vai acreditar, Marcela — falou Maísa, levando-a até o quarto, onde Luciana dava mamadeira à criança.

— Quem é esse bebê lindo? — indagou Marcela espantada.

— É o filho de Cecília — esclareceu Maísa.

— Não — objetou Luciana. — Este aqui é o meu filho.

As três se olharam ao mesmo tempo, sentindo fluir entre elas uma compreensão recíproca, e depois se viraram para o bebê, que havia acabado de mamar e dormia agora satisfeito no colo de Luciana.

E, vendo os dois ali reunidos, ninguém teria dúvidas em dizer que era uma mãe acalentando seu filho.

LÚMEN EDITORIAL

Av. Porto Ferreira, 1031 | Parque Iracema
CEP 15809-020 | Catanduva-SP

www.**lumeneditorial**.com.br
www.**boanova**.net

atendimento@lumeneditorial.com.br
boanova@boanova.net

 17 3531.4444
 17 99777.7413
@boanovaed
boanovaed
boanovaeditora

Acesse nossa loja

Fale pelo whatsapp